# Jagdschulen Seibt - Linslerhof

Bildungszentren für Jagd und Natur in Europa
Jägerausbildung mit anschließender Prüfung, 15 x im Jahr

### Jagdschule Linslerhof
Hofgut Linslerhof
66802 Überherrn
Telefon 0 68 36 / 80 73 00
Fax 0 68 36 / 80 73 01
mail jagdschule-linslerhof@gmx.de

### Jagdschule Seibt
Schloß Münchweiler
66687 Münchweiler
Telefon 0 68 74 / 18 21 07
Fax 0 68 74 / 18 25 19
mail jaegerschule-seibt@t-online.de

### Jagdlehrhof Seibt
Cunnertswalderstraße 38
01471 Cunnertswalde bei Moritzburg
Telefon 03 52 07 / 8 99 94
Fax 03 52 07 / 8 99 95
mail jagdlehrhof-seibt@gmx.de

### Jagdschule Seibt
Gut Grambow GbR
19071 Grambow
Telefon 03 85 / 66 66 - 4 22
Fax 03 85 / 66 66 - 4 23
mail jagdschule-seibt-mv@t-online.de

## Effiziente Ausbildung auf Top-Niveau

- Jägerprüfung
- Falknerprüfung
- Schießkurse

- Fallenjagd
- Hundeführerkurse
- Jägerfortbildung

Siegfried Seibt und Linslerhof GmbH, Hofgut Linslerhof, 66802 Überherrn, Tel.: 0 68 36 / 80 73 00, Fax: 0 68 36 / 80 73 01

Ein Buch aus dem Verlag
**die PIRSCH**
**unsere Jagd**

# Inhalt

5 Vorwort

6 Gewehre für die Jagd
7 Unsere Langwaffen
21 »Bock« oder »Quer«
23 Stutzen oder Langrohr?
27 Pflegeleichte Strapazierwaffen
28 Jagdwaffen für Linkshänder
31 Der Abzug
36 Der Schaft
39 Das Waffengewicht
41 Einsteckläufe
44 Bohrungsarten der Schrotläufe
46 Gravuren
48 Die »richtige« Erstausrüstung
52 Waffenaufbewahrung

55 Kurzwaffen für die Jagd
55 Unsere Kurzwaffen
61 Holster für die Kurzwaffen des Jägers

66 Munition für die Jagd
66 Büchsenkaliber praktisch
73 Alte Jagdpatronen
75 Wiederladen
81 Freiflug
82 Welches Geschoss?
87 Geschosswirkung und Wildbretentwertung
89 Herz, Lunge, Träger oder Blatt?
93 Geschwindigkeit oder Masse
95 Schweres Wild
98 Schrotkaliber praktisch
101 Die Schrotgrößen
104 Die Wirkung des Schrotschusses
106 Streupatronen
107 Flintenlaufgeschosse und Postenschrote

110 Optik für die Jagd
110 Optik in Theorie und Praxis
116 Ferngläser
125 Das Spektiv
128 Entfernungsmesser
131 Nachtsichtgeräte
133 Das Zielfernrohr
139 Das Zielfernrohrabsehen
142 Leuchtpunktzielgeräte
143 Zielfernrohrmontagen

149 Schießen auf der Jagd
149 Sicherheit geht vor
154 Anschießen/Einschießen
162 Der Schuss vom Auto aus
166 Knall, Rückstoß und Mündungsfeuer
170 Weite Schüsse
172 Der Fangschuss
176 Anschlagsarten mit der Büchse
182 Flüchtig mit der Kugel
184 Präzision im Revier
187 Die GEE
190 Kimme und Korn
192 Fehlschüsse und deren Ursachen beim Büchsenschuss
193 Flintenschießen

200 Messer für die Jagd
200 Jagdmesser
204 Klingen müssen scharf sein

207 Tipps für die Jagdreise
207 Vorbereitung für die Jagdreise
212 Richtig packen für die Jagdflugreise
216 Checkliste Auslandsjagd
226 Tipps für die Jagdreise

231 Glossar
233 Register

# Vorwort

Waffe und Munition sowie Optik und Messer sind das elementare jagdliche Handwerkszeug. Jede Jägerin, jeder Jäger muss damit (sicher) umgehen können. Einen guten Grundstein hierfür bilden die in den Kursen und durch Fachbücher vermittelten Kenntnisse; Erfahrung kommt mit der Praxis.

Jagen – und der rechte Jäger gibt dies freimütig zu – heißt vor allem Beute machen. Dies gelingt freilich nur dem zufriedenstellend, der sein Handwerkszeug effizient einzusetzen weiß.

Also hat »Jagdwaffen Praxis« sich zwei Aufgaben gestellt, deren Lösungen zusammenlaufen, nämlich die Vermittlung von Tipps und praktischem Wissen über unser wichtiges jagdliches Handwerkszeug, auf dass damit sicher umgegangen und erfolgreich Jagdbeute gemacht werden kann – im heimischen Revier wie auf der Jagdreise.

Werner Reb

50 Jagdjahre liegen zwischen den Bildern. Werner Reb wuchs in einem Jägerhaus auf, machte den Jagdschein mit 16 und befasst sich seitdem mit Jagd, Jagdwaffen, Munition, Wiederladen und Jagdoptik. Der diplomierte Forstingenieur und Oberstleutnant d.R. ist Autor mehrerer Fachbücher und seit Jahrzehnten PIRSCH Experte für »Waffe und Schuss«. Als Jagdleiter in einem Steigerwaldforstamt und Führer von Brandlbracken steht er mitten in der Praxis. Seine Frau Rosemarie ist Jagdreisevermittlerin; regelmäßige Jagdführertätigkeit in Afrika und Nordamerika sowie längere Auslandsjagdreisen verhelfen Reb zu weiteren vielfältigen Erfahrungen.

# Gewehre für die Jagd

# Unsere Langwaffen

Im deutschen Sprachraum haben wir fast ausschließlich das »Revierjagdsystem«. Alle Betreuungs- und Regulationsaufgaben – die in anderen Jagdnutzungssystemen (Beispiel Lizenzjagd) Sache »des Staates« sind, werden vom Jagdrechtsinhaber verantwortlich wahrgenommen. Die ganzjährige Beanspruchung des Jägers führte zur Entwicklung der Kombinationswaffen. Sie erlauben den Schuss mit Schrot und Kugel; man braucht für Schutz und Nutzung des anvertrauten Wildbestandes über alle vier Jahreszeiten hinweg nur ein einziges Gewehr. So jedenfalls der Grundgedanke. Wirklich schien es jahrzehntelang fast die

**Revierjagdsystem brachte die kombinierten Waffen hervor.**

**Die Ausrüstung unserer Vorväter – wir haben es besser.**

Regel, dass der durchschnittliche Jäger nur ein einziges Gewehr, nämlich eine »Kombinierte« besaß, meist einen Drilling. Die Gebirgler hatten mit dem flüchtigen (zweiten) Schrotschuss weniger am Hut und bevorzugten die Büchs- oder Bockbüchsflinte. Später bekamen diese Kombinierten oft einen Einstecklauf, dessen »kleine Kugel« den Gebrauchswert erhöhen soll. Neben den rehwildtauglichen 5,6 x 50 R und 5,6 x 52 R oder der verschlussschonenden, da gasdruckschwachen und geschossschweren 6 x 70 R von Krieghoff, finden sich die .22 Hornet oder die Randfeuerpatronen .22 Magnum und .22 lfB.
E-Lauf-Drillinge unterscheiden sich von den »echten« Bockdrillingen durch den Preis. Selbst Bockdrillinge aus CNC-Fertigung sind teurer, von konventionell (d.h. mit verlötetem Laufbündel) gefertigten Bockdrillingen ganz zu schweigen.

**Drilling**

**Heute meist mit E-Lauf für Rehwild**

Freischwingende Läufe bei mehrläufigen Waffen sind Standard und garantieren auch beim Warmschießen eine stets gleichbleibende Treffpunktlage (links Krieghoff – der Laufspalt kann auf Wunsch mit einer Blende kaschiert werden, rechts Blaser).

Doppelbüchsdrilling und Büchsflintendrilling haben zwei Kugelläufe und einen Schrotlauf.

Blaser Drillinge mit starkem Kippblock-Verschluss

Bockdrillinge nennt man im Alpenraum auch »Triumpf-Bock«. Die zwei Drillingstypen »Büchsdrilling« und »Flintendrilling« werden schon aus Gründen des hohen Preises solcher Einzelanfertigungen kaum gebaut. Wegen der Gleichartigkeit ihrer Läufe (je drei Büchs- bzw. Flintenläufe) zählen sie nicht zu den »kombinierten« Waffen. Für gut besetzte Hochwildreviere mit gelegentlichem Vorkommen von Niederwild gibt es den Büchsflintendrilling und den Doppelbüchsdrilling (DBD). Sie haben je zwei Büchsläufe und einen Schrotlauf, wobei der Büchsflintendrilling (BFD) eine Büchsflinte mit mittig (meist) darunter angeordnetem zweiten Büchslauf darstellt. Der Doppelbüchsdrilling ist ein »Drilling verkehrt« mit zwei Büchsläufen nebeneinander und einem Schrotlauf mittig darunter. Da der DBD zwei Büchsläufe nebeneinander besitzt wird er in Anlehnung an den früher oft für die Doppelbüchse verwendeten Begriff »Expressbüchse« auch »Expressdrilling« genannt.

Von Blaser kommt ein Handspanner-Drilling mit Kippblock-Verschluss. Er ist entweder (mit Büchslauf oben, beide Schrotläufe unten) als Normaldrilling ausgeführt (D99), oder als »Büchsflintendrilling verkehrt«, nämlich mit einem Büchslauf oben, sowie einem Schrotlauf rechts unten und dem zweiten Büchslauf links unten (D99 DUO). Blaser bezeichnet den D99 DUO als Doppelbüchsdrilling, was er zwar von der Funktion her ist, nicht aber von der Laufanordnung. Die Läufe sind zueinander verstellbar, womit den leidigen Problemen beim Warmschießen herkömmlicher Drillinge mit verlötetem Lauf-

An der Mündung verstellbare, freischwingende Läufe sorgen für exakte Übereinstimmung der Treffpunktlage (links Blaser Bockbüchse, rechts Blaser Drilling Duo; die Büchsläufe liegen in einem Trägerrohr).

bündel abgeholfen werden konnte. Dies hilft dem zuerst jagdpraktisch und präzisionstechnisch orientierten Liebhaber der Waffenart Drilling oder »Doppelkugeldrilling« darüber hinweg, dass der vor Technik strotzende und verschlussstarke D99 nicht so schmal daherkommt wie die freilich konventionell (mit verlötetem Laufbündel) gefertigten DBD z.B. von Heym. Die beiden Büchsläufe des Blaser Duo werden auf Wunsch in unterschiedlichen Kalibern ausgeführt, z. B. 5,6 x 50 R für Fuchs und Rehwild, sowie .30 R Blaser für Rehwild und Hochwild. Dies verwandelt den Doppelkugeldrilling in einen leicht justierbaren, dabei präzise schießenden Bockdrilling. Mit dem Blaser Drillingskonzept wurde die Ära der preisgünstigen Doppelkugeldrillinge mit effektiv zueinander verstellbaren Läufen eingeleitet. 2001 stellte Blaser den D99 TRIO vor. Das ist ein Büchsdrilling, der mit drei gleichkalibrigen oder unterschiedlichen Büchsläufen zu haben ist.
Konventionell verlötete DBD werden vor allem von Krieghoff und Heym gebaut. Bei Krieghoff lässt sich das Drillingslaufbündel mit dem des Doppelbüchsdrillings wechseln. Dagegen

Blaser Drilling TRIO mit drei Kugelläufen

Einer von mehreren Vorteilen der im Lauf verriegelnden Repetierbüchsen liegt in der Modulbauweise, hier dargestellt an der Blaser R 93. Schaft, Verschluss und Lauf sind ohne Einbußen bei Präzision und Treffpunktlage austauschbar.

**Hi-Tech: Krieghoff Drilling Plus mit Wechsellauf**

**Traditionalisten steht ein hochwertiges Angebot an Waffen klassischer Konstruktion zur Verfügung: links Sauer 90, rechts Sauer Drilling mit separater Kugelspannung.**

legt Heym die Büchsläufe sehr eng, was die Verwendung eines Drillingslaufbündels ausschließt, jedoch dem DBD fast die Führigkeit einer Bockbüchsflinte verleiht. A propos Wechsellaufbündel: Für den mit freischwingendem Kugellauf »thermostabilen« Krieghoff Drilling PLUS gibt es ein Doppelflinten-Wechsellaufbündel. Ein solches bietet sich an, wenn der zweite Schrotlauf mit einem Einstecklauf »blockiert« ist. Als einmaliges Schmankerl erhält der Praktiker damit eine führige Doppelflinte mit handhabungssicherem Handspanner-System. Doch zurück zu den Gewehren mit konventionell verlöteten Läufen. Leider sind auch die hinsichtlich Ausstattung, Gravur und Schaftholz wertvollsten DBD nicht gegen die besprochenen Probleme der Treffpunktlagenveränderung beim Warmschießen gefeit. Der Hersteller muss die Waffe so »garnieren«, dass die Treffpunktlage des zweiten Kugellaufes dann mit dem Treffersitz des ersten Kugellaufes übereinstimmt, wenn der zweite Schuss innerhalb eines praxisnah bestimmten Zeitraumes nach dem ersten Schuss abgegeben wird. Ansonsten sind Abweichungen der Treffpunktlage in Kauf zu nehmen. Optimal sind natürlich Waffen mit zueinander justierbaren, freischwingenden Läufen.

Die Büchsflinte hat je einen Schrot- und Büchslauf nebeneinander, denn sie entstand als Wechsellaufbündel für Doppelflinten. Sie findet nur vereinzelt Fertiger und Liebhaber. Dies gilt noch mehr für den Vierling mit seinen zwei Schrotläufen sowie zwei unterschiedlichen Büchsläufen. Er ist schwerer und teurer wegen der erforderlichen zeit- und damit kostenintensiven Handarbeit.

Dagegen gilt die Bockbüchsflinte auch weltweit zu den am meisten geführten kombinierten Waffen. Die BBF ist praktisch eine Kipplaufbüchse mit zusätzlichem Schrotlauf, der von guten Schützen auch auf flüchtige oder fliegende Ziele eingesetzt wird.

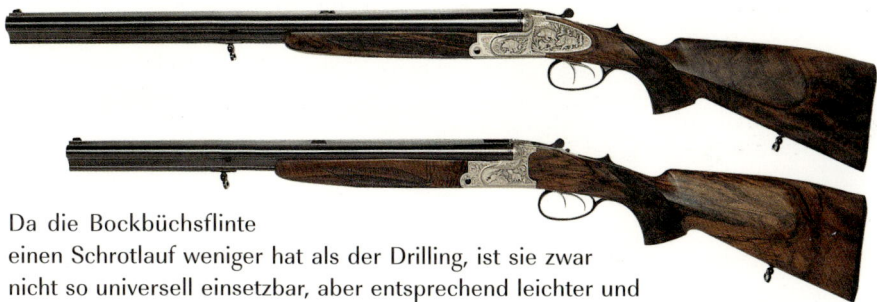

Klassisches Design, progressive Technik (auch als TS) mit thermostabilem Laufbündel zu haben:

Krieghoff 2-Schloss-Handspanner Plus, oben in langer Ausführung mit Seitenplatten, unten mit kurzem Laufbündel.

Da die Bockbüchsflinte einen Schrotlauf weniger hat als der Drilling, ist sie zwar nicht so universell einsetzbar, aber entsprechend leichter und sie kostet weniger. Zudem hat die BBF wegen der günstigen geometrischen Verschlussverhältnisse eine größere Lebenserwartung als der asymetrisch belastete Drilling.

Es gibt dank moderner Materialien und Fertigungsmethoden Bockbüchsflinten bester Technik und Ausführung, sogar mit den schon lange Zeit Standard darstellenden Handspannungs-Sicherheitssystemen und Vorteilen wie Entspannautomatik und Feinabzügen. Dabei kosten die meisten dieser universell einsetzbaren Bockbüchsflinten nicht mehr als eine gute Repetierbüchse, weswegen nicht wenige Jäger auf die Mehrschüssige verzichten. Haben sie sich für eine Bockbüchsflinte mit Bockflinten-Wechsellauf oder für einen Bockbüchsen-Wechsellauf mit seinen zwei Büchsläufen entschieden, oder für einen Bergstutzen-Wechsellauf, so brauchen sie das ganze Jahr hindurch nur ein einziges Gewehr.

Bock-Kombination: eine Waffe für das ganze Jahr

Eine weitere Variante der doppelläufigen Wechsellaufbündel findet man gelegentlich bei den für Schalenwilddrück- und die Großwildjagden so beliebten Doppelbüchsen. Sie können mithilfe eines Doppelflintenwechsellaufes zu einer vollwertigen Doppelflinte umgerüstet werden. Diese Lösung bietet zum Beispiel die Krieghoff Doppelbüchse »Classic«. Bei ihr liegt nach dem Einlegen des Doppelflintenlaufes ein erstrangiger, mit der handhabungssicheren Krieghoff'schen Handspannung aufgewerteter »Zwilling« vor. Dass solche Waffen nicht billig sein können und der Preis eines solchen Laufbündels den einer »einfachen« Flinte übersteigt, liegt auf der Hand.

Ein Gewehr – zwei Waffen: Krieghoff DB »Classic« mit DF-Wechsellauf.

**Für Freunde von Luxuswaffen: Heym Bockdrilling**

**BBF + EL = BS**

Wer den Schrotlauf in der Bockbüchsflinte nicht braucht, wird sich einen Einstecklauf einbauen lassen. Je nach Kaliber und handwerklicher Fertigkeit des Büchsenmachers kann ein solcher für den Schuss auf kleines Wild – bis Fuchs oder Dachs – oder zur Bejagung des Rehwildes eingesetzt werden. Eine solche mit dem Einstecklauf bestückte Waffe ähnelt in der Aufgabenstellung einer Spezialwaffe, die nicht zu den kombinierten Waffen zählt, sondern eine Bockbüchse mit zwei unterschiedlichen Kugelläufen ist: dem Bergstutzen (BS). Dieser kommt aus der Gebirgsjagd, wo die große Kugel für Hochwild durch eine kleine Kugel für den weitreichenden Schuss auf Hahn, Fuchs und Murmel oder Schneehasen ergänzt werden soll.

**Musterbeispiel für die Weiterentwicklung auch bei den Flinten: Krieghoff K 20**

**BS auch außerhalb des Alpenraums beliebt.**

Dafür waren die .22 lfB und die optisch und leistungsmäßig der .22 Hornet nahe kommende 5,6 x 35 R Vierling die Patronen der Wahl. Nicht nur die Herkunft, sondern auch die aus Gründen der Führigkeit immer kurz gehaltenen Läufe erklären den Ausdruck »Bergstutzen«. Inzwischen hat er sich auch in Revieren außerhalb des Alpenraumes etabliert (»Berg + Tal«-Stutzen). Besonders beliebt scheinen die reh- und hochwildwildtauglichen Kaliberkombinationen 5,6 x 50 R oder 5,6 x 52 R plus 7 x 65 R oder .30 R Blaser. Nicht wenige Jäger führen den Bergstutzen in einem Standard- und in einem Hochwildkaliber, wofür sich 6,5 x 57 R plus 9,3 x 74 R anbieten.

Kipplaufwaffen sind nicht auf Randpatronen beschränkt; entsprechend gearbeitete Auszieher ermöglichen die Verwendung auch von randlosen Patronen bzw. Gürtelpatronen. So bietet sich für eine auch im Ausland auf schwerere Wildarten geeignete Kombination die .30-06 plus die .375 H&H Magnum an. Es gibt inzwischen mehrere Hersteller von Bergstutzen mit zueinander justierbaren Läufen, so dass die Schussleistung als Resultat der Einzelschussleistung der beiden Läufe beurteilt werden kann.

**Großkaliber-Bergstutzen**

**Weatherby Repetierbüchse: Sicherungshebel hinten = Waffe gesichert ...**

**... Sicherungshebel vorne = Waffe entsichert (roter Punkt sichtbar)**

**Bockbüchse – zwei Büchsläufe übereinander**

Die nächste Verwandte des Bergstutzens ist die Bockbüchse (BB), eine Kipplaufbüchse mit zwei übereinander angeordneten Büchsläufen. Waffentechnische Laien sagen Bockdoppelbüchse dazu. Doch dieser Ausdruck ist ein »Weisser Schimmel«, denn das von »Aufbocken«, also dem übereinander Anbringen der Läufe rührende »Bock« drückt ja die Tatsache der vorhandenen zwei Läufe bereits aus. Waren Bockbüchsen mit fest verlöteten Läufen wegen des negativen Wärmeschießverhaltens früher meist nicht viel mehr als eine Kipplaufbüchse mit einem nur beim kalten Erstschuss präzisen Lauf und einem lediglich für kürzere Entfernungen tauglichen zweiten »Behelfslauf«, so brachte die Technik der freischwingenden Läufe den Durchbruch. Nur damit können die Schüsse unabhängig von der Länge des Zeitintervalls zwischen ihnen und unabhängig von der Laufwahl mit praxisnah gleichbleibender Treffpunktlage abgegeben werden.

**Doppelbüchse – zwei Büchsläufe nebeneinander**

Die Doppelbüchse hat den praktischen Vorteil vor der Bockbüchse, dass bei ihr die Folgeschüsse bei erwärmter Waffe allenfalls seitlich – horizontal – »auswandern«. Und dafür ist auf dem Wildkörper für Treffer mit tödlicher Wirkung verhältnismäßig viel Raum. Bei der Bockbüchse muss man dagegen mit einem Abwandern in der Vertikalen rechnen, also einerseits Krellschüsse, andererseits Laufschüsse fürchten.

Bockflinte und Doppelflinte (letztere auch »Querflinte« oder

*Krico Repetierbüchse mit Handspannung: Spannschieber hinten = Schloss entspannt ...*

»Zwilling« genannt) können als die Hauptwaffe des Niederwildjägers bezeichnet werden. Fest steht, dass die aufgebockte Anordnung der Läufe überwiegt und Vorteile haben kann. Weltweit sind die zweiläufigen Flinten sicher der am häufigsten geführte Jagdwaffentyp, noch vor der Repetierbüchse.

Bei uns kaum gängig, weil kein echter Bedarfsdecker, hat die einläufige Kipplaufflinte ihr Gegenstück in der beliebteren Kipplaufbüchse. Die Kipplaufbüchse gab es als zumeist wertvoll ausgestaltete, leichte Pirschbüchse zwar schon immer, doch erlebte sie ihren neuzeitlichen Aufschwung erst in den Achtzigern des vorigen Jahrhunderts; nämlich mit dem Auftauchen der Handspannerbüchsen. Ihr weiterer Vorteil ist die Möglichkeit des preisgünstigen Einlegens von Wechselläufen. Beliebt sind die Leichtausführungen, wobei vollwertige, präzise Gewehrchen mit manchmal nur 2-kg-Gewicht von sich reden machen. Kipplaufbüchsen werden gern auf der Bergjagd und auf der strapaziösen Auslandsjagd geführt, weil sie leicht, unkompliziert, rasch zerlegbar und im Rucksack oder in kurzen Flugreisekoffer unauffällig transportierbar sowie sicher sind. Natürlich ist das geringe Gewicht schießtechnisch gewöhnungsbedürftig (eine leichte Waffe lässt »den Herzschlag des Schützen sehen«) und hat seinen Preis im unangenehmen Hochschlag und bei entsprechendem Kaliber erhöhtem Rückschlag, doch dies nimmt ein Liebhaber gerne in Kauf.

»Zwilling«

Wenig gefragt: Einläufige Kipplaufflinte

Für Liebhaber und Spezialisten: Kipplaufbüchse

... Spannschieber vorne = Waffe gespannt (roter Punkt sichtbar). Handspannerwaffen brauchen keine Sicherung.

**Blockbüchse mit Nachteilen gegenüber der Kipplaufbüchse mit Kipp-Block-Verschluss.**

Von der Aufgabenstellung mit der Kipplaufbüchse verwandt, ist die Blockbüchse zu nennen. Auch sie hat mit der Einführung praxisnah gestalteter und für den Gebrauch gasdruck- und leistungsstarker Munitionen geeigneter Modelle in den Siebzigern und Achtzigern eine Renaissance erlebt. Allerdings war der frühere Vorteil der Blockbüchse gegenüber der Kipplaufbüchse, nämlich die stabile, auch für gasdruckstarke Patronen geeignete Verriegelung; spätestens seit der Einführung des Kipp-Blocksystems von Blaser nur mehr Historie. Auch bei den anderen Vorteilen der Kipplaufbüchse wie leichte Zerlegbarkeit und Wechsellaufmöglichkeit kann die Blockbüchse nicht mithalten. Insofern dürfte sie zwar nie aussterben, aber bald nur noch etwas für Liebhaber sein.

**Krieghoff Kipplaufbüchse Hubertus mit Handspannung: Eine praktische Büchse in wertvoller Ausstattung**

Die nachfolgend beschriebenen Waffensysteme gibt es als Flinte und als Büchse. Selbstladeflinten und Selbstladebüchsen werden unter »Selbstladewaffen« geführt. Die von waffentechnischen Laien oder gedankenlos gebrauchten Ausdrücke »Automat«, »Kugelautomat« usw. sollten vermieden werden, auch um diesen »jagdlich-zivilen« Waffentyp gedanklich nicht in die Nähe der verbotenen, automatischen Kriegswaffen zu bringen. Mit denen will der Jäger absolut nichts zu tun haben. Selbstladewaffen funktionieren nämlich nicht »automatisch«: nach dem Abfeuern gehen das Auswerfen der Hülse und der Nachladevorgang zwangsgesteuert vor sich (deswegen auch »Halbautomat«). Wir unterscheiden prinzipiell die Systeme »Rückstoßlader« und »Gasdrucklader«. Jedes hat seine Vorteile, doch scheint sich bei den Flinten der Gasdrucklader durchgesetzt zu haben.

**Selbstladewaffen: Nur zwei Patronen im Magazin zulässig**

Spätestens seit die Selbstladewaffen vom Jagdgesetz auf eine Magazinkapazität von nur zwei Patronen kastriert wurden, haben sie das negative Image als »Vollernter« verloren. Es stehen somit drei Patronen unmittelbar hintereinander zur Verfügung.

Dem an Waffentechnik interessierten Schützen ist es also freigestellt, für die Niederwildjagd eine Selbstladeflinte einzusetzen. Auch beim Saujäger ist sie beliebt, wofür spezielle, für Flintenlaufgeschosse geeignete Wechselläufe angeboten werden. Die

**»Sluglauf«**

sind zur Verwendung von Treibkäfiggeschossen (»Sabots«)

manchmal gezogen und überzeugen auch auf unübliche große Distanzen durch eine fast büchsenähnliche Präzision.
Die Selbstladebüchse sieht man vereinzelt auf Drückjagden und Einzeljagden, wo sie sich bei stetig verbesserter Präzision gut für schnelle Doubletten eignet.
Anders als in den Staaten Amerikas, wo der Verschlusstyp »Pump-Action« als Standard angesehen wird, konnten sich Vorderschaftrepetierflinten und Vorderschaftrepetierbüchsen bei uns noch nicht durchsetzen. Tatsächlich trifft der mit

**Ein Schmankerl deutscher Büchsenmacherkunst: Vom Mittenwalder Alois Mayr konstruierte und gefertigte Drehverschlussbüchse mit Handspannung in ungespanntem ...**

**... und in gespanntem Zustand. Erst im Anschlag wird die Schlossspannung nach oben gedrückt.**

*Selbstladeflinten (hier von Remington im Kaliber 20) sind führige, technisch interessante Waffen. Sie sind dreischüssig und haben den Ruf als »Vollernter« schon längst verloren.*

*Meistens Reptierbüchsen mit Kammerverschluss*

einer »Pump-Flinte« oder »Pump-Büchse« vertraute Schütze mit ihr genauso gut wie mit einem Selbstlader und unterliegt mit einer Kapazität von manchmal fünf Patronen nicht der Beschränkung des Magazininhalts auf nur zwei Patronen wie bei den Selbstladewaffen. Obendrein sind Vorderschaftrepetiergewehre robust und leicht und darüber hinaus billiger.

Vor allem als Büchsen ausgelegt werden die »Lever Action« genannten Unterhebelrepetierer gerne mit dem »Wilden Westen« in Verbindung gebracht. Wirklich haben sie von der Führigkeit und der Flachheit des Systems Vorteile gegenüber der »asymetrisch« ausgeformten Kammerverschlussbüchse. Das Magazin ist teilweise als abnehmbares Kastenmagazin ausgebildet, meistens jedoch als Röhrenmagazin. In Röhrenmagazinen dürfen wegen der Gefahr der Beaufschlagung eines Zündhütchens durch das Geschoss der dahinter befindlichen Patrone und der damit verbundenen Gefahr einer Magazinrohrsprengung nur Flachkopfgeschosse verwendet werden. Die meisten dieser Waffen sind für unsere Verhältnisse sowohl vom Kaliber als auch von der Präzision her überfordert. Eine Ausnahme können die Modelle mit verstärktem Verschluss für die drückjagd- und nachsuchentauglichen »dicken« Patronen .444 Marlin und .450 Marlin darstellen. Repetierflinten mit Kammerverschluss gibt es auch, z.B. die langläufigen und großkalibrigen »Gänsejagdflinten« oder die Slug-Flinten mit gezogenem Lauf, speziell für Flintenlaufgeschosse, doch stellen wohl die Repetierbüchsen mit Kammerverschluss den gebräuchlichsten Büchsentyp. Es ist also die »Repetierbüchse mit Kammerverschluss« gemeint, wenn von der »Repetierbüchse« die Rede ist. Fast alle Repetierbüchsen lassen sich, wenn nicht vom Urtyp der Nikolaus von Dreyse'schen »Kammerladungsbüchse« (1841), in jedem Fall aber vom System »Mauser 98« ableiten. Erst mit den Handspanner-Repetierbüchsen der 1980er und 90er wurden andere

Wege beschritten; vor allem mit dem vom bewährten Drehkammerprinzip konstruktiv und funktionell abweichenden Geradzugverschlussrepetierer R 93 von Blaser. Der kann auf separate Sicherungshandhabe verzichten, weil er mittels Spannschieber schussfertig gemacht und wieder entspannt wird. Dies geschieht praxisnah im Anschlag. Weitere Vorteile der modernen Repetierbüchsen sind die Verriegelung der Kammer im Lauf (nicht im Hülsenkopf wie beim System Mauser) sowie die leichte Möglichkeit des einfachen und preisgünstigen Laufwechsels. Von den zahlreichen Befürwortern der hauptsächlich angeschafften Handspannerbüchsen, z. B. der von Heym, Blaser und Krico wird der Sicherheitsaspekt ganz hoch gehalten, kann man doch die geladene Waffe entspannt führen und ist – nach Vorschieben der Handspannung – schnell schussbereit.

Alle Repetierbüchsen haben ein die Patronen aufnehmendes Magazin. Dieses ist entweder lose (z. B. Blaser) oder fest (z. B. Mauser) in die Waffe integriert (oft mit einem abklappbaren Magazindeckel), oder man kann es zum Auf- oder Abmunitionieren von der Waffenunterseite entnehmen. Manche Magazine lassen sich innerhalb der Waffe laden und entladen. Alle Konstruktionen haben Vor- und Nachteile. So kann ein integriertes Magazin nicht verloren gehen. Befürworter des separaten Magazin führen an, dass es schnell gewechselt werden kann, was die Feuerkraft erhöht, z. B. auf der Drückjagd.

**Vorzüge moderner Repetierbüchsen: Handspannung, Verriegelung im Lauf, Modularbauweise.**

**Die Befürworter von Büchsen mit Wechselmagazinen (hier Krico 902) sehen mehr die Vorteile.**

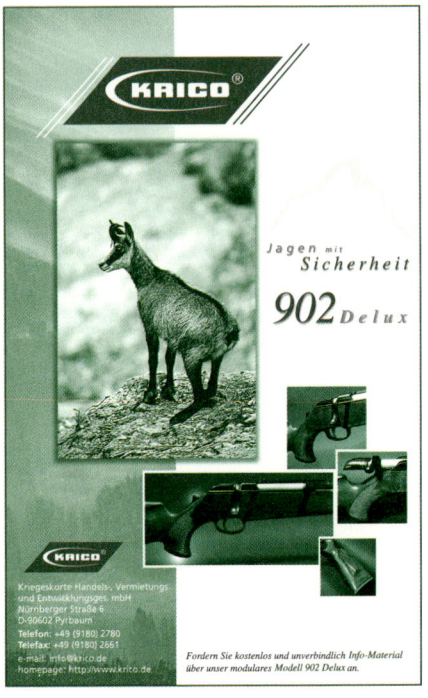

# FEDERAL

**Die präzise, wirkunsstarke und preisgünstige Munition für Büchsen, Flinten und Kurzwaffen**

Wir liefern über den Waffenfachhandel:

| Sorte | Kaliber | Laborierungen |
|---|---|---|
| Büchsen | 36 | über 150 |
| Flinten | 9 | über 50 |
| Kurzwaffen | 11 | über 20 |
| Randfeuer | 2 | über 10 |

Komponenten: Zündhütchen u. Hülsen

FEDERAL-Katalog gegen DM 3.-/€ 1.50, oder den NORIS-Händlerkatalog, die Quelle für Erstausstattung gegen DM 5.-/€ 2.50 in Briefmarken

## WILHELM MEYER
Waffen en gros, e.Kfm.
gegr. 1920

Hans-Bunte-Str. 2, 90431 Nürnberg
Tel: 09 11-32 28 47 0 Fax: 09 11-32 28 47 9

**FEDERAL** – Importeur seit 1975

---

# Seltene Büchsenpatronen

### Die Patronen sind von uns neu gefertigt,
### CIP geprüft und zu 20 Stück verpackt.

6,5 x 41 R * 6,5 x 53 R * 6,5 x 54 M. Sch. * 6,5 x 58 R
6,5 x 70 R * 7 x 72 R * 8 x 50 R * 8 x 56 R * 8 x 56 M. Sch.
8 x 57 J * 8 x 57 R 360 * 8 x 58 R * 8 x 60 S * 8 x 60 RS
9 x 56 M. Sch. * 9,3 x 72 R Schw. Lad. * 9,3 x 82 R (Nimrod)
9,5 x 57 M. Sch. * 11 mm Mauser * 11 mm Werndl
.450 Express * .500 Express * .577/450 Martini – Henry

### Andere Kaliber auf Anfrage.
# WAFFEN–DORFNER

A – 1100 Wien, Jagdgasse 2, Tel. +43/1/604 44 31,
Fax +43/1/604 23 79, e-Mail waffen.dorfner@aon.at

# »Bock« oder »Quer«

Damit ist die Frage gemeint, welche Laufanordnung bei Kipplaufwaffen die bessere ist und welche Vor- und Nachteile ausschlaggebend sein können. »Quer« zeigt an, dass die Läufe einer Waffe nebeneinander liegen. »Bock« kommt nicht etwa von Rehbock, sondern von »aufgebockt«, was auf die übereinander liegende Anordnung der Läufe im Laufbündel hinweist. Neben- und übereinander liegende Läufe gibt es bei Flinten, Büchsen und kombinierten Waffen. Dabei spricht man von »Querflinte« oder einfach »Doppelflinte«, während für eine Waffe mit zwei nebeneinander liegenden Büchsenläufen sich das Wort »Doppelbüchse« eingebürgert hat. Eine kombinierte Waffe mit Schrot und Kugellauf nebeneinander ist eine »Büchsflinte«. Analog dazu gibt es die »Bockbüchsflinte« mit ihrem aufgebockten Laufbündel aus Schrotlauf und Büchslauf. Eine »Bockbüchse« hat demgemäß zwei Kugelläufe übereinander. Der selbst von Profis oft gebrauchte Ausdruck »Bockdoppelflinte« ist ein weißer Schimmel und sollte nicht verwendet werden (weil das Wort »Bock« bereits das »doppel« einschließt). Genauso bei der »Bockbüchse«, der Waffe mit den beiden übereinanderliegenden Büchsläufen, die mit »Bockdoppelbüchse« einmal zuviel und damit falsch definiert ist.

Eine beliebte Variante der Bockbüchse ist der »Bergstutzen« mit seinen übereinanderliegenden, unterschiedlichen Kugelläufen:

> »Bock...« kommt von »aufgebockt«, die Läufe liegen übereinander.

> »Bockdoppelbüchse« = Weißer Schimmel

Praktische Bockkombination von Tikka mit drei Laufpaaren: Bockflinte, Bockbüchsflinte und Bockbüchse. Damit können nahezu alle Jagdarten ausgeübt werden.

**Bergstutzen**

Oben die kleine Kugel für kleines Wild, darunter die normale Kugel. Der Name Bergstutzen wurde geprägt, weil solche Waffen vor allem für die Jagd im Gebirge (kleine Kugel für Auer- und Birkhahn) gedacht waren.

Zweiläufige Waffen vor der Erfindung der Zentralfeuerpatronen waren zumeist in aufgebockter Form, während die Hahnflinten für Stiftfeuer- und später Zentralfeuerpatronen das Zeitalter der »Quer«-, also Doppelflinten markierten. Hähne sind bei nebeneinander liegenden Schlossen leichter anzubringen. Auch die Selbstspanner- oder »Hammerless«-Flinten wurden dann als »Quer« ausgeführt. Nach dem Zweiten Weltkrieg, in etwa einhergehend mit der Serienfertigung im Jagdwaffenbau, kamen die Bockwaffen immer mehr auf. Heute sieht die Verteilung so aus: Bei den kombinierten Waffen dominiert die Bockbüchsflinte gegenüber der Büchsflinte; bei den Flinten überwiegt die Bockflinte gegenüber der Doppelflinte. Im Falle der doppelläufigen Kugelwaffen halten sich die nicht selten als Wechsellaufbündel zur Bockbüchsflinte ausgelegten, deswegen manchmal preisgünstigeren Bockbüchsen mit den in meist gehobener Ausführung gebauten Doppelbüchsen in etwa die Waage. Der Bergstutzen mit seiner großen und kleinen Kugel ist fast nur in aufgebockter Form auf dem Markt.

Doppelbüchse Krieghoff Classic – hier im Kaliber 500/.416 NE mit Zielfernrohr Schmidt und Bender 1,25-4x20

Die Bockwaffen haben folgende Vorteile:
- geringere Verschlussbelastung durch bessere Verschlussgeometrie, dadurch größere Haltbarkeit;
- stärkere Verschlusskonstruktionen möglich, was vor allem bei kombinierten Waffen zum Tragen kommt;
- griffigerer Vorderschaft, dadurch bessere Führeigenschaften und Schutz vor heißen oder kalten Läufen;
- größere Übersicht und damit bessere Äußere Sicherheit, weil das schmale Laufbündel weniger Schussfeld verdeckt.

»Bock« oder »Quer« – beides hat Vorteile

Dagegen stehen die Vorteile der Waffen mit nebeneinanderliegenden Läufen:
- geringerer Öffnerwinkel, dadurch schnelleres Laden;
- geringeres Waffengewicht möglich;
- »klassische« Trageweise in der Armbeuge erleichtert;
- geringere »Segelfläche« bei starkem Seitenwind;
- bei »unzeitigen« Doppelschüssen wandert der zweite Schuss nach der Seite aus, was wegen der Form des Wildkörpers nicht so nachteilig ist wie der dann entstehende Hoch- oder Tiefschuss bei der Bockbüchse.

Bei konventionell verlöteten Doppelkugelwaffen »wandert« der 2. Schuss aus.

Natürlich können die genannten Vorteile nicht ohne weiteres gegeneinander aufgewogen werden. Auch der persönliche Geschmack trägt zur Entscheidung bei. Erlesene wie präzise Gewehre finden sich in beiden Kategorien, ganz gleich ob in »Bock« oder »Quer«.

# Stutzen oder Langrohr?

Die gängige Lauflänge unserer Repetierbüchsen für Standardpatronen liegt bei 60 cm, jedoch mit einer Tendenz zu 58 cm. Für stärkere Patronen bieten die Waffenhersteller bis 65 cm lange Läufe an. Die sind auch sinnvoll, denn aus kurzen Läufen verschossene »Magnums« haben höchstens unerwünschte Nebenwirkungen wie Knall, Rückstoß und Mündungsfeuer; bringen jedoch kaum mehr Leistung als eine Standardpatrone aus dem normallangen Lauf. Die noch bis vor dem 2. Weltkrieg üblichen circa 72 cm langen Läufe sind aus der Mode gekommen und auch im experimentierfreudigeren Ausland nicht gängig: Die z. B. bei den Amerikanern und Skandinaviern erhältlichen »Magnum«-Läufe messen 66 cm. 61 cm gelten dort schon

Für Magnum Patronen sind längere Läufe sinnvoll.

**Kurzläufige Waffen sind führig; lange Läufe nutzen die Patrone besser. Von links Blaser Kippblock-Büchse K95 mit Zeiss 6 x 42, Blaser K77 mit Leupold 2,5-10x50, rechts 98er mit 65 cm Lauf Schmidt und Bender 3-12x50**

als lang und 56 cm als normal. Die Läufe der amerikanischen »Carbine«-Ausführungen messen 46 cm. Dagegen misst der »Ultra- oder Stutzenlauf« des deutschsprachigen Raumes 50 bis 55 cm; mit noch kürzeren Läufen werden eigentlich nur Nachsuchwaffen verlangt.

Bei kombinierten Waffen sind die 63,5 cm nach altem Suhler Muster zu finden, auch 65 oder 68 cm sowie 60 cm und darunter: So haben die Laufbündel der Blaser Drillinge das »krumme« Maß von 57,5 cm. An die Tradition seiner berühmten Kurzdrillinge anknüpfend hat Krieghoff eine führige Version des Drillings »Plus« mit nur 50 cm kurzem Laufbündel. Jagdflintenläufe messen fast immer um die 72 cm, während Trapläufe bis 78 cm und Skeetläufe bis 66 cm gehen.

Bei den Schrotpatronen wird die Mündungsgeschwindigkeit von der Lauflänge viel weniger beeinflusst, als angenommen wird. Bei gleicher Patrone beträgt die Differenz der Mündungsgeschwindigkeit zwischen dem 60 cm-Lauf einer kombinierten Waffe und dem 76 cm-Lauf einer Trapflinte nur etwa 15 Metersekunden, was einer Veränderung von etwa vier Prozent entspricht.

Längere Schrotläufe können durch die bessere Mitschwingfähigkeit und die längere Visierlinie zur Verbesserung der Trefferleistung beitragen. Überlange Läufe jedoch erschweren wegen der durch sie verursachten Vorderlastigkeit der Waffe das Abkommen auf bewegliche Ziele. Dies ist auch der Grund, weswegen sich z. B. die überlangen Entenflinten nicht durchsetzen konnten.

Insofern sind die Standardlauflängen unserer Jagdflinten für den Schuss auf Hase und streichendes Flugwild ideal. Schnelles Wild auf kürzere Entfernungen kann besser mit einem kürzeren Laufbündel erfasst werden kann. Hinterlastigkeit ist hier von zusätzli-

Zierliche Personen benötigen in den Schaftproportionen und Lauflänge sowie im Kaliber passende Gewehre. Wo der Markt diese nur begrenzt vorhält, muss zumindest eine Sonderschäftung in Auftrag gegeben werden.

chem Vorteil, aber nicht ausschlaggebend, was in der Praxis bewiesen wird: Oft sind es die Drillingsschützen mit ihren kurzen Läufen, die sich beim Frettieren auf Kanin oder beim Fuchssprengen durch ihre gute Schießleistung hervortun. Wird die zu enge Bohrung des Drillings mit einer Streupatrone kompensiert, so ist man mit dem kurzen Laufbündel bei »Schnappschuss-Situationen« im Vorteil. Manche Jäger halten sich speziell zum Frettieren eine kurzläufige Flinte.

Lange und überlange Büchsenläufe haben Vorteile, weil sie eine höhere Mündungsgeschwindigkeit bringen. Das zeigt sich bei Patronen, die mit progressiven Pulvern verladen sind. Diese verbrennen oft noch dann, wenn das Geschoss bereits die Mündung verlassen hat, was das zuweilen starke Mündungsfeuer erklärt. Bei gleichen Voraussetzungen zeigen lange Läufe immer ein geringeres Mündungsfeuer, wenn auch besonders behandelte Treibladungspulver in manchen Patronen wie .308 Win., 8 x 57 IS oder 9,3 x 62 mit kürzeren Läufen zurechtkommen. Bei ihnen hält sich der Verlust an Geschossgeschwindigkeit in Grenzen, zumindest im direkten Vergleich mit anderen Standardpatronen oder starken »Magnum«-Hochleistungspatronen. Solche sollten auf keinen Fall aus Läufen unter 60 cm verschossen werden, weil sie dann überproportional an Leistung verlieren. Als Faustregel gilt, dass »Magnums« bei einer Kürzung von 65 auf 50 cm bis zu 100 m/s abfallen und damit praktisch auf die Leistung einer gleichkalibrigen Standardpatrone reduziert

Lange Büchsenläufe bringen mehr Leistung.

Patronen für kurze Büchsenläufe

Faustregel: 15 cm weniger Lauflänge = 100 m/s weniger Geschossgeschwindigkeit

**Außerhalb Mitteleuropas ist das Waffenangebot besser auf die manchmal kleineren Körpermaße mitjagender Ehefrauen und Kinder abgestellt: Links die normale 98er Jagdbüchse, rechts die auf der vorigen Abbildung gezeigte, von Schaft, Lauf und Kaliber minimierte Version (Combrink, Nelspruit, Südafrika – auch US-Hersteller bieten Repetierbüchsen für zierliche Personen an).**

**Kurze Läufe schießen nicht schlechter.**

sind – bei verstärkten Nebenwirkungen: Knall, Rückstoß und Mündungsfeuer werden dabei unerträglich. Normalpatronen verlieren durch die gleiche Laufkürzung nur etwa 50 m/s, sind aber wenigstens noch schießbar. Beim einem Vergleich »langer Lauf – kurzer Lauf« steht hinsichtlich der Schussleistung fest, dass ein kurzer Lauf nicht schlechter schießt! Ausschlaggebend ist vielmehr – neben anderen Faktoren wie dem Schwingungsverhalten – die Dicke des Laufes, wie die Benchrester mit ihren bis 30 mm dicken, aber manchmal nur 50 cm langen, superpräzisen Rohren längst bewiesen haben.

# Pflegeleichte Strapazierwaffen

So gerne manche Jäger mit ihren Waffen hantieren und an ihnen herumfummeln, die meisten träumen von einer Waffe, die keinerlei Pflege bedarf. Allerdings würde es selbst bei absoluter Rost- bzw. Verrottungsfestigkeit von Metall und Schaft immer noch notwendig sein, Metallablagerungen und Rückstände der Treib- und Zündladung aus System und Lauf zu entfernen. Immerhin ist die Technik schon weit fortgeschritten, was die pflegeleichte Strapazierwaffe betrifft. Seit etwa Mitte der achtziger Jahre gibt es von jedem namhaften Hersteller wenigstens ein Modell, das aus »pflegeleichten« Materialien besteht. Dabei kommen »rostfreie« Stähle für Lauf und System sowie Schäfte aus Kunststoff und Schichtholz zum Einsatz. Bisweilen werden auch andere Wege gegangen, z. B. durch das Aufbringen einer brünierschwarzen oder hellen Schutzschicht, die sogar dem aggressiven Meerwasser Paroli bietet. Pionier auf dem europäischen Markt war Steyr: Der Steyr-Mannlicher »Professional« mit einem äußerst strapazierfesten Kunststoffschaft und matt gestrahlten Metalloberflächen kam 1976. Seinerzeit fand diese Idee nur ein schwaches Echo, ebenso wie bei einigen Modellen von Remington. 1982 kam Weatherby mit dem ersten seriengefertigten Fiberglasschaft und 1984 konnte der Verfasser anlässlich eines Besuchs der finnischen Firma Sako als erster Fachjournalist deren »Fiberclass«-Repetierbüchse schießen. Nachdem Remington mit der »MS«-Büchse und ihrem kevlarverstärkten Glasfiberschaft nachgezogen hatte, kam 1986 mit Sauer & Sohn der erste deutsche Anbieter (Mod. 200 »Carbon«).
Mittlerweile war auch der Schichtholzschaft (wieder) salonfähig geworden und gewann gegenüber dem Kunststoffschaft an Boden. Wie der Kunststoffschaft hat der Schichtholzschaft (der im Prinzip schon vor dem II. Weltkrieg bekannt war) den großen Vorteil, sich unter dem Einfluss der Witterung nicht zu verziehen und so die gleichbleibende Präzision und Treffpunktlage der Waffe zu gewährleisten. Allein schon deswegen sind die »pflegeleichten« Schäfte aus Kunststoff oder Schichtholz dem Vollholzschaft überlegen, wenn das auch nicht von allen Benützern und den vielen Freunden besten Schaftholzes so erkannt wird.

*Jägertraum*

*Rückstände im Lauf müssen entfernt werden.*

*»Rostfreier« Stahl ist lediglich rostträge*

*Fiberglasschaft*

*Schichtholz schwerer als Kunststoff*

*Pflegeleichte Strapazierbüchsen sind fester Programmteil bei fast allen Jagdbüchsenherstellern – hier die Sauer 202 LAW*

Allerdings wissen die Büchsenmacher, dass »scheinbar ungeklärte Präzisionsmängel« zu einem großen Anteil mit dem arbeitenden Schaftholz zusammenhängen, und zwar nicht nur durch Verspannung des Vorderschaftes, sondern ebenso durch Spannung zwischen den Systemschrauben. Ausstechen des Schaftes und Ausgießen mit Kunstharz bringt nicht immer Abhilfe; besser wirken da schon in den Schaft eingelassene und vergossene Aluminiumrahmen.

Vollständig rostfreie Waffen sind selten, eher findet man rostgeschützte Systeme mit rost»freien« Läufen. Letztere rosten, d. h. korrodieren zwar kaum, sind aber gegen die materialabtragende und damit präzisionsverschlechternde »Erosion« genauso anfällig wie nichtrostfreie Läufe. Immerhin sind rostfreie oder rostgeschützte Läufe und Systeme ein großer Schritt zur Pflegeleichtigkeit im Sinne reduzierter Korrosion und stellen zusammen mit den »pflegeleichten« Schäften aus Kunststoff oder Schichtholz in Strapazierwaffen eine gute Lösung für den Praktiker dar.

## Jagdwaffen für Linkshänder

*Fast jeder fünfte Jäger ist Linkshänder*

Zumindest was den körpermotorischen Hintergrund betrifft, scheint die kleine Bevölkerungsgruppe der Jäger ein Spiegelbild der Gesellschaft zu sein: Zwar liegen keine gesicherten Daten vor, doch kann angenommen werden, dass fast jeder fünfte Jäger ein Linkshänder ist. Wegen dieses großen Anteils nehmen Medizin und Arbeitslehre die unübersehbaren Bedürfnisse des Linkshänders heute ernster als früher. In der Folge kamen »links« bedienbare Geräte, Maschinen und Arbeitsplätze, doch wuchs und wächst das Angebot an Linkshänderwaffen sehr langsam. Jäger gehören einer konservativ eingestellten Bevölkerungsgruppe an und vielleicht liegt gerade deshalb der Anteil »bekennender« Linkshandjäger unter dem allgemeinen Durchschnitt.

Dementsprechend ist die Nachfrage verhalten und das Angebot mager. Allerdings sind einige gute Waffenhersteller in der Lage, ihr gesamtes Programm »links« anbieten zu können.

Ein Linkshänder ist nicht nur geschickter mit den linken Extremitäten: Wenn er ein »echter« Linker ist, hat er auch ein linksdominantes Augenlicht. Wer sein »starkes« Auge nicht kennt, der kann seine Augendominanz ganz einfach mit dem bekannten »Daumensprung« feststellen: Man fixiere mit beiden Augen einen über den Daumen des ausgestreckten Armes anvisierten Punkt und schließe dann das rechte Auge. Springt der Daumen nach rechts, so ist das rechte Auge dominant. Bleibt der Daumen jedoch auf dem Punkt stehen, so ist das linke Auge dominant. Ist bei motorischen Linkshändern das rechte Auge dominant, so können sich manche Jäger beim Umgang mit der Waffe oder anderem Gerät auf rechts umgewöhnen bzw. wurden bereits von Kindesbeinen zur Rechtshändigkeit angehalten und haben somit bei der Benützung »normaler« Rechtshänderwaffen keine Nachteile. Jedoch müssen echt linkshändische, das heißt linksmotorische und linksäugige Jäger dementsprechend mit Linkswaffen ausgerüstet sein.

»Linkswaffe« heißt zumindest Linksschaft, was wegen der Schränkung wichtig ist. Wird nämlich der Linksschütze gezwungen, eine »verkehrt« geschränkte Waffe zu führen, so hat er nicht nur eine beispielsweise um 7 mm »falsche« Schränkung, sondern es fehlen weitere 7 mm zum »richtigen« Maß. Somit schießt er mit einer – in diesem Beispiel – 2 x 7 mm = 14 mm »verkehrt« geschränkten Waffe! Ein solcher Schaftfehler kann durch die Schießhaltung nicht ausgeglichen werden.

Die Bedienungselemente von Flinten und anderen Kipplaufwaffen wie Umschaltungen und Sicherungen sind zwar allesamt für den Rechtshandgebrauch ausgelegt. Sie sind aber nach einiger Übung auch »mit links« zu bedienen. Dies gilt selbst für den fast immer nach rechts beweglichen Verschlusshebel. Der Einabzug ist seitenneutral und stellt deswegen kein Problem dar.

Während Blockverschlusswaffen wegen ihrer Seitenneutralität schon immer bevorzugte Linkshandwaffen waren, stehen auch Vorderschaft-Repetierer sowie Selbstladebüchsen und Selbstladeflinten in dem Ruf, besonders für »links« geeignet zu sein. Dies hängt damit zusammen, dass solche Waffen

»Starkes« Auge mit »Daumensprung« feststellen

Linkshänder brauchen »Linkswaffen«

»Falsche« Schränkung!

Verschlusshebel immer nach rechts zu öffnen.

Blockverschlusswaffen seitenneutral

Selbstladewaffen auch für »links« geeignet

nahezu ausschließlich ohne Schränkung geliefert werden (was immerhin besser ist, als mit einer falsch geschränkten Waffe schießen zu müssen). Es kommt aber auch daher, dass die größere Magazinkapazität solcher Waffen weniger Ladegriffe nötig macht.

Bei den Repetierbüchsen darf sich der Linkshänder niemals mit Halbheiten begnügen – zum Beispiel »Schaft zwar links, System jedoch normal rechts« – sondern er hat unbedingt Anspruch auf eine »totale« Linkswaffe, d. h. auf eine solche mit seitenverkehrt angesetzten Bedienungselementen und mit einem spiegelverkehrten System (Kammerstängel links).

Waren US-amerikanische Modelle von Remington, Winchester, Ruger und Savage früher die einzigen in »links« erhältlichen Repetierer, so folgten europäische Hersteller langsam nach, voran die Finnen mit Sako und Tikka.

Insgesamt füllt der Markt das wichtige Verkaufssegment »Linkshand« noch nicht voll aus, wo ja, profitiert er davon auf höchst unterschiedliche Weise: Einerseits werden für manche Modelle horrende Aufpreise genommen – meistens für Kipplaufwaffen – andererseits gibt es aus Gründen des Wettbewerbs – vor allem bei Repetierbüchsen der unteren Preis- und Ausstattungsklassen – überhaupt keine Mehrforderungen. Bei den Kipplaufwaffen zeigt sich Krieghoff kundenfreundlich: Man bekommt für den obligatorischen Linksschaft-Aufpreis einen echten, d. h. handgearbeiteten Maßschaft, den sich andere Hersteller mit bis zu mehreren Tausendern teuer bezahlen lassen. Bei Repetierbüchsen moderner Bauweise d. h. mit Baukastensystem, beträgt der Aufpreis für eine »totale« Linkswaffe meistens weniger als der Mehrpreis für einen Linksschaft an einer Kipplaufwaffe, in einigen Fällen sind Links- und Rechtsausführung preisgleich.

*Besonders freundlich zu Linkshändern sind Blaser und Krieghoff: oben Maßschaft »links« für Drilling »Plus«, unten R 93 in Linksversion.*

*»Links« und »rechts« manchmal preisgleich.*

# Der Abzug

Man sagt auch »Drücker« und analog ist es der Drückerfinger, der über den Abzug den Schuss auslöst. Eigentlich müsste die Überschrift zu diesem Abschnitt »Abzugsvorrichtungen« oder »Abzugssysteme« lauten, denn es geht nicht nur um den »Abzug« an sich. Letzterer ist nämlich (z. B. BLV-Jagdlexikon) in der Fachliteratur so beschrieben: »Abzug – Als Teil der Abzugsvorrichtungen bei Schusswaffen ist der Abzug der zur Auslösung des Schusses bestimmte Hebel. Besteht aus dem eigentlichen Abzug (Züngel) und dem Abzugsblatt.«

*Abzug oder Drücker*

Das Wirkungsprinzip des Abzuges ist einfach, denn durch seine Betätigung wird die Abzugsstange aus ihrer Rast gehoben, was das Schlagstück oder den Schlagbolzen frei gibt. Letzterer steht unter der Federkraft der Schlagfeder und schlägt jetzt nach vorne, aktiviert über die Schlagbolzenspitze oder einen Schlagstift das Zündhütchen und leitet so die Schussentwicklung ein. Dabei hängt die Genauigkeit des Schusses von einem möglichst schnellen und störungsfreien Verlauf dieses Auslösevorgangs ab.

*Rast
Schlagstück
Schlagfeder
Schlagbolzenspitze
Schlagstift*

Nahezu ohne Störfaktoren mechanischer Art arbeitet der elektronische Abzug, wie er bei Matchbüchsen schon länger bekannt ist (1986 Krico, seit 1999 Remington). Beim elektronischen Abzug fällt der Schlagbolzen weg; die Anzündung erfolgt thermisch über eine Elektrode, die hohe elektrische Spannung auf das im Zündhütchen sitzende Zündmittel fließen lässt. Optimisten meinen, dass diese Abzugsart keine Sackgassenentwicklung ist und man in den nächsten Jahren noch von ihr hören wird.

*Elektronischer Abzug*

Doch zurück zu den Störfaktoren des Auslösevorgangs bei den mechanischen Abzügen. Hier wirkt sich insbesondere ein zu großer Abzugswiderstand aus. Er ließ sich bisher nicht beliebig verkleinern, weil dies eine Verkleinerung der Rasttiefe bedeutet hätte, was mit der Erhaltung der Funktion und der Sicherheit unvereinbar wäre.

*Abzugswiderstand
Rasttiefe*

Eine wichtige Problemlösung ist die von Blaser (1988) eingeführte und im Zuge der Erfindung des »Stütz- und Leitklappen-Abzugssystems« entwickelte Abzugsgestaltung. Bei diesem System stützt sich der weitaus überwiegende Teil der Schlagfederkraft nicht auf die Abzugsrast ab, sondern auf die Stützklappe, bzw. eine feste Schräge im System, so dass der Abzug

*Stützklappe*

Blaser Bockbüchse B97 mit Einabzug (präziser, sicherer und anwenderfreundlicher stecherloser Feinabzug, links); rechts Krieghoff Bockbüchse Ultra mit einem vorbildlichen, auch ohne Stecher benutzbaren Doppelabzug (UAS-System).

**Rückstecher Kombinationsabzüge Flintenabzug**

nach Belieben fein eingestellt werden kann, ohne dass die Sicherheit darunter leidet. Schon vorher wurden Anstrengungen unternommen, um den Abzug herkömmlicher Art zu verbessern, und zwar sowohl hinsichtlich der allgemeinen Qualität als auch bezüglich der Sicherheit. Hierunter fallen z. B. die Rückstecher für Repetierbüchsen, welche als sogenannte Kombinationsabzüge sowohl (von hinten eingestochen) als Feinabzug als auch (ungestochen) als Flintenabzug verwendet werden können. Meist sind diese Kombiabzüge mit zwangsgesteuerten Entstech- oder Sicherungs-Mechanismen ausgestattet, bei manchen wurde nicht durch »Rückstechen«, d. h. Vordrücken des Abzugs eingestochen, sondern mit Hilfe eines am Schlösschen oder Kolbenhals befindlichen, externen Stecherspannhebels. Generell sollen die Kombinationsabzüge für Repetierbüchsen vor allem die Bediengleichheit mit dem Rückstecher der kombinierten Waffen sicherstellen.

**Deutscher Stecher oder Doppelzüngelstecher**

Eine Verwechslung letzterer mit dem Deutschen Stecher oder Doppelzüngelstecher war schon Anlass für Unfälle bzw. für das ungewollte Abschlagen eines »falschen« Schlosses mit dem hinteren Abzug. Eine weitere Fehlerquelle: Drückt man den hinteren Abzug des Doppelzüngelstechers einer Repetierbüchse nach vorne, so löst dies den Schuss aus! Überhaupt ist der Stecher einer der größten Unfallverursacher im Jagdbetrieb und deshalb war es richtig, dass nach neuen Wegen gesucht wurde. Inzwischen haben viele Jäger erkannt, dass sie mit einem nicht eingestochenen Gewehr viel bequemer umgehen und ohne Zeitverzögerung und störende Geräusche beim Ein- und Entstechen schießen können.

Neben der größeren Sicherheit kommt noch ein Umstand hinzu, den die immer weniger werdenden Stecherfreunde ungern zugeben: Man kann mit einem gut stehenden Direktabzug besser schießen! Der Beweis sind die Sportschützen einschließlich der für ihre minimalen Streukreise bekannten Benchrester, die allesamt mit Direktabzügen schießen und die schon immer ohne Stecher ausgekommen sind.

Die Abkehr vom Stecher ist das Zeichen für eine normale technische Weiterentwicklung. Zu ihrer Zeit waren die Stecher nicht schlecht und stellten manchmal sogar das einzig Machbare im Sinne einer guten Abzugskonstruktion dar. Fast ausschließlich im deutschsprachigen Raum verwendet, begann der Stecher auch hier zunehmend an Popularität zu verlieren. Wer gegen Ende der achtziger Jahre das Angebot an Repetierbüchsen unter die Lupe nahm, konnte nur noch ganz wenige Modelle finden, welche ausschließlich mit dem Deutschen Stecher lieferbar waren.

Außerhalb des deutschsprachigen Raumes legte man die Verbesserung des militärischen Druckpunktabzuges, wie er etwa mit der Einführung des Repetiersystems M/88 im Jahre 1888 bzw. ähnlicher Systeme (Mauser 98, Springfield, Enfield) auftrat, auf die Schaffung von gut einstellbaren Direktabzügen.

**Besser ohne Stecher**

**Abkehr vom Stecher**

**Der Rückstecher darf erst im Anschlag bedient werden. Kommt man nicht zu Schuss, ist sofort zu entstechen. Dazu muss die Waffe gesichert und ggf. geöffnet werden. Mit etwas Übung lassen sich gute Waffen (hier Sauer Drilling) auch ohne den gefährlichen Stecher schießen.**

**Direktabzug**

Da diese durchaus befriedigten, sah man im Ausland keinerlei Bedürfnis für den Stecher deutscher Art. Insofern scheint die »Stecherabzug-Epoche« sich dem Ende zuzuneigen, wenngleich dieser Schwachpunkt der Jagdwaffentechnik wegen der großen Zahl präsenter Altwaffen noch ziemlich lange mit uns sein wird. Besonders bei den kombinierten Waffen wird es noch eine Weile dauern, bis sich das Wirkungsprinzip des bei großer Sicherheit einstellbaren stecherlosen Feinabzugs durchgesetzt hat.
Doch der Anfang ist gemacht: So hat Blaser überhaupt keinen Stecherabzug mehr im Fertigungsprogramm – weder in Repetierbüchsen noch in Kipplaufsystemen – und Krieghoff bietet

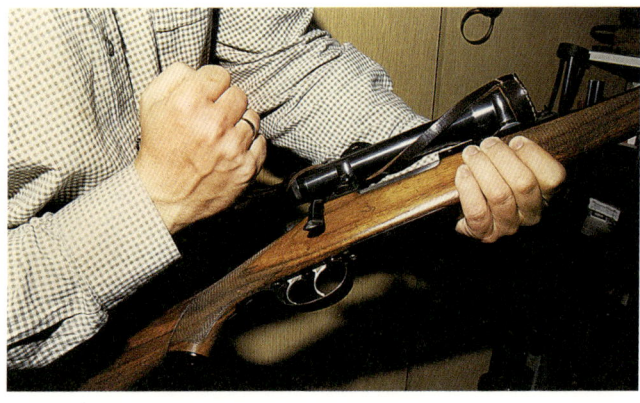

**An Neuwaffen ist der Doppelzüngelstecher glücklicherweise nicht mehr zu finden. Gebrauchte Waffen mit Stecher sind vom Fachmann auf Sicherheit zu überprüfen (manche Stecher gehen bereits beim Anstoßen an den Schaft los!). Alles spricht für die Umstellung auf den Direktabzug!**

**UAS**

**Fehlerquelle Stecherabzug**

mit dem Universal-Abzugsystem (UAS) einen hervorragenden Kompromiss von Stecher und Direktabzug für seine Kipplaufgewehre an. Beim UAS wird von den meisten Jägern – besonders aus der jungen Generation – die Stecheroption gar nicht mehr wahrgenommen.

Nochmals muss in aller Deutlichkeit auf die Gefahren hingewiesen werden, die mit dem Stecherabzug zusammen hängen. So werden der Deutsche Stecher (Doppelzüngelstecher) und der Rückstecher (französischer Stecher) in gerade gegenläufiger Bewegung gespannt. Ein Verwechseln der Handgriffe kann unbeabsichtigte Schussauslösungen zur Folge haben und war schon oft Ursache für schwere Unfälle.

Zum Entstechen ist die Waffe zumindest zu sichern, besser zu öffnen. Da dies aus Bequemlichkeit oder in Unkenntnis der möglichen Folgen oft unterlassen wird, sind unbeabsichtigte Schussauslösungen programmiert. Manche unbedarfte Zeitgenossen stehen oder sitzen stundenlang mit gestochener Waffe an. Dabei fordern die Vorschriften für die Unfallverhütung ganz unzweifelhaft, dass eine gestochene Waffe sofort zu sichern und zu entstechen ist, falls der Schuss nicht abgegeben wurde (in Deutschland einschlägig ist die UVV/VSG 4.4 §3(2)). Schon alleine deshalb, aber auch wegen der Unmöglichkeit, den Stecher mit Handschuhen benützen zu können, ist eine Stecherwaffe für Drückjagden völlig ungeeignet!

Ist bei kombinierten Waffen der Kugellauf eingestochen und soll mit Schrot geschossen werden, so ist unbedingt zu entstechen, weil sonst ein Doppeln zwangsläufig eintritt. Versehentliche Kugelschüsse auf Schrotschussziele sind ein Sicherheitsrisiko! Manche Konstruktionen sind nach einem gewissen Abnutzungsgrad bestimmter Schlossteile gemeingefährlich, weil sich bereits beim Entsichern einer vorher gestochenen Waffe der Schuss lösen kann! Rückstecher, die unter starkem seitlichen Druck abgezogen werden, lösen nicht immer zuverlässig aus, weil der Abzug nicht nach hinten wegschnellen kann. Dies ist eine weitere Handhabungsunsicherheit. Manche Stechersysteme sind empfindlich gegen Verschmutzungen, z. B. durch verharzende Öle, und können zeitlich verzögert oder völlig unbeabsichtigt auslösen. Deswegen nur unmittelbar vor dem Schuss im Anschlag stechen und die Waffe immer auf einen Kugelfang richten!

Wo immer es geht, sollten kombinierte Waffen mit Stecherabzügen nach Überarbeitung des Abzugssystems durch einen guten Büchsenmacher ungestochen geschossen werden.

Im Falle des deutschen Stechers hat man ungestochen meist einen Druckpunktabzug vorliegen, der schießtechnisch bei vielen Waffen nicht leicht zu beherrschen ist. Dann bietet sich der Einbau eines nachrüstbaren Kombistechers an, wenn ein älterer Jäger sich nicht vollends umgewöhnen und auf den Stecher – zumindest beim aufgelegten Schuss von sicherer Kanzelbrüstung – nicht verzichten will. Man muss sich nur im Klaren darüber sein, dass ein solcher Kombiabzug weder Fisch noch Fleisch ist und man ohne viel Übung bei Benützung der beiden Abzugsarten gleichzeitig zu keinen guten Schießergebnissen kommen kann. Deshalb sollte gleich der – für viele alte Jäger zugegebenermaßen gewaltige – Sprung zum ganz einfach besseren Direktabzug gewagt werden. An den bescheidenen Umbaukosten darf es jedenfalls nicht liegen!

*UVV!*

*Gefahr des Doppelns*

*Stecherabzüge sind empfindlich*

*Kombiabzug weder Fisch noch Fleisch*

*Bescheidene Umbaukosten*

**Abzug darf nicht »kriechen« und keinen »Vorzug« haben**

**Ein leichter Abzug ist schwer kontrollierbar.**

**Abkommen**

Bei Kombinierten sollte man sich vom Büchsenmacher den vorderen Abzug so nacharbeiten lassen, dass er wenigstens kriech- und vorzugsfrei steht, wenn schon beim Abzugsgewicht aus Sicherheitsgründen nicht viel unter etwa 1600 g gegangen werden kann. Generell zum Thema Abzugsgewicht wäre es falsch zu sagen, dass »je leichter desto besser« wäre. Abgesehen von sicherheitstechnischen Aspekten ist ein zu leichter Abzug viel schwerer kontrollierbar als ein mit gewissem Widerstand eingestellter. Schließlich kommt es für die Präzision nicht darauf an, den Schuss möglichst schnell und leicht auszulösen, sondern darauf, den Abzug und damit das Abkommen mit der richtigen Schießtechnik kontrollieren zu können. Dass bei einem Stecherabzug in diesem Sinne »Null Kontrolle« ausgeübt werden kann, ist ein weiterer wichtiger Grund für seine strikte Ablehnung.

# Der Schaft

**Nussbaumholz**

**Maserholz Wurzelmaserholz**

**Kunststoffschaft**

**Schichtholzschaft**

Der Schaft bildet die Handhabe der Waffe, er trägt und verbindet die Bauteile Lauf und System. Jagdgewehrschäfte sind meist aus gutem Nussbaumholz gefertigt. Die Eigenschaften dieses Holzes machen es besonders für die Bettung der Metallteile geeignet. Dieser Umstand verteuert das nur begrenzt vorhandene, gute Nussbaumholz immens. Besonders schönes Schaftholz wird als Maserholz bezeichnet oder als Wurzelmaserholz, wobei letzterer Ausdruck in die Irre führt: Es ist zwar richtig, dass schön gemasertes Holz oft aus dem Wurzelbereich kommt, jedoch nicht immer. Bei dem für Schäfte verwendeten Nussbaumholz mit lebhafter Zeichnung handelt es sich meistens um das Holz des Kaukasischen oder türkischen Nussbaums. Hauptsächlich US-amerikanische Waffen sind mit dem Holz der neuweltlichen Schwarznuss ausgestattet.
Etwa seit Mitte der achtziger Jahre finden vermehrt Kunststoffschäfte und auch wieder Schichtholzschäfte Verwendung (Schichtholzschäfte an Militärwaffen gab es schon im 2. Weltkrieg). Beide Werkstoffe sind dem Experimentierstadium längst entwachsen und haben unbestreitbare Vorteile hinsichtlich der Stabilität und Präzision.

Die Schaftausformung ist zwar hauptsächlich eine Geschmacksfrage, doch überwiegend folgt die Form der Funktion des Waffentyps. So lässt sich zum Beispiel ein Drilling mit dem die Hand ausfüllenden, dickeren »Biberschwanzvorderschaft« besser führen als mit dem schmalen Normalvorderschaft. Ein stark gesenkter, also nach hinten stark abfallender Hauptschaft wird den Rückstoß einer starken Patrone nach dem subjektiven Empfinden des Schützen noch mehr erhöhen, zumal wenn er mit einem spitzen Kamm und einer im Querschnitt relativ kleinen Schaftkappe ausgeführt ist. Bei der Büchse spielt die Schaftform zwar keine so wichtige Rolle wie bei der Flinte; trotzdem führen viele Jäger Büchsen mit – für sie – viel zu langen Hinterschäften. Das kommt auch daher, dass die Waffenhersteller ihre Schaftnormmaße lieber etwas länger wählen, denn kürzen ist einfacher als anstückeln. Bei der Schaftlänge ist natürlich die Jagdart bzw. das Schaftmaß im Zusammenhang mit der dabei getragenen Kleidung zu berücksichtigen.

**Starke Senkung erhöht Rückstoß und Hochschlag**

**Der Hinterschaft in der Form mit leichtem Schweinsrücken und Bayerischer Backe wird am meisten verlangt.**

Der Unterschied in der Hauptschaftlänge zwischen einer »hemdsärmelig« zur Blattzeit oder für den winterlichen Fuchs- oder Sauenansitz geführten Büchse kann mehrere Zentimeter betragen. Jagdwaffen, die während des gesamten Jahres benützt werden, sollte man vom Büchsenmacher mit auswechselbaren Schaftkappen versehen lassen.

Den Abschluss des Hauptschaftes bildet die Schaftkappe. Die kann aus Holz, Metall, Leder, Kunststoff oder Gummi sein, die Geschmäcker sind verschieden. Bei »flintenähnlich« d. h. im schnellen Anschlag für den Flüchtigschuss geführten Büchsen bzw. Kombinationswaffen und bei Flinten haben sich glatte Kunststoffkappen bzw. mit Glattleder überzogene, gut gleitende Schaftkappen bewährt.

**Schaftkappe**

**Backe ist Zierrat**

Die Backe an Büchse und Flinte ist vornehmlich verteuernder Zierrat und eigentlich überflüssiger Ballast, weswegen sie bei Gebrauchs- und Leichtschäften weggelassen werden kann.

Zur funktionellen Ausstattung gehören die Schaftmagazine in verschiedenen Ausführungen sowie die Fischhaut, die dem

**Rückstoßstarke Waffen sollten zur Vergrößerung der Aufstandsfläche mit einem groß dimensionierten Schaft, und einer breiten Rückstoßkappe ausgestattet werden.**

**Fischhaut**

sicheren Griff des Schützen dient, auch mit schwitzenden Händen. Eine gute Fischhaut ist arbeitsaufwändig und darf daher teuer sein; ihre Ausführung kann Hinweise auf die Qualität der gesamten Waffe geben, nicht nur im Zusammenhang mit anderen Verschneidungen und Gravuren: Eine große Rolle spielt der Pistolgriff (auch Pistolengriff). Er fehlt bei Waffen

**Englischer Schaft**

mit dem sogenannten englischen Schaft, und zwar mit der Begründung, dass der bei solchen Flinten weit überwiegende Doppelabzug nur durch möglichst behinderungsfreies Verrutschen der Schießhand benützt werden kann. Analog dazu war auch bei den Büchsen mit dem inzwischen veralteten

**Pistolengriff**

Deutschen Doppelzüngelstecher der Pistolgriff relativ langgezogen.

Mit dem Aufkommen des Flinten-Einabzuges und des Fein- oder Direktabzugs bei den Büchsen wurde auch der Pistolgriff steiler und fülliger (Kaisergriff), was einen bequemen und sicheren Griff gibt. Die Schaftform bei den Flinten ist deshalb wichtig, weil mit diesen viel mehr körperbezogen geschossen wird als mit den visierversehenen Büchsen.

Wichtige Maße sind dabei die Schaftlänge, die Senkung

**Schränkung**

und die Schränkung. Letztere ist für Rechts- und Linkshänder

»seitenverkehrt« angelegt, d. h. beim Linkshänder zeigt die Ausbiegung des Hinterschaftes nach links, beim Rechtshänder nach rechts (Schränkung »aus dem Gesicht«). »Die Läufe schießen, der Schaft trifft« (der Satz stammt von Krieghoff) ist eine alte Jäger- und Schäfterweisheit.

Schäfterweisheit

## Das Waffengewicht

Das Gewicht des Jagdgewehrs zählt bei einer Neuanschaffung manchmal als wichtiges Entscheidungskriterium, wobei weniger die Zweckmäßigkeit, als persönliche Präferenzen mit hineinspielen, vor allem im Zusammenhang mit Statur, Gewicht und körperlicher Leistungsfähigkeit des Schützen. So wird sich eine zierliche Jüngerin Dianas kaum mit einem schweren Langrohr ausstatten. Und auf der Schulter eines schwerathletischen Nimrods dürfte sich ein leichter Stutzen wie Spielzeug ausnehmen. Innerhalb dieser persönlichen Kriterien gibt es Faustregeln. Man rechnet bei den Flinten nach der Formel »Schrotvorlage mal 100 ist gleich Waffengewicht«. Was bedeutet, dass eine Waffe, aus der auch die schweren 40 g-Ladungen noch ermüdungsfrei geschossen werden sollen, um die 4 kg wiegen sollte. Andererseits weist die Formel auf den umgekehrten Bezug hin: Bei einer Masse der Flinte von nur 2,8 kg sollte man keine schwereren Vorlagen als etwa 28 g verschießen.

Persönliche Einstellung

Faustregel: optimales Flintengewicht nach der Formel »Schrotgewicht x 100«

Bei den Büchsen gilt es jedesmal von neuem einen Kompromiss zu finden zwischen Führigkeit und Masse sowie Leistung und Länge. Die größte ballistische Leistung bringt nämlich ein relativ langer Lauf und die beste Präzision hat ein solcher mit beträchtlichem Durchmesser. Und je schwerer eine Büchse ist, desto besser schießt man auch mit ihr. Andererseits soll die Waffe zum Gebrauch möglichst führig, d. h. leicht und kurz sein, z. B. zum stunden- und tagelangen Pirschen vielleicht sogar in schwierigem Gelände.

Kompromiss

Die beliebte Kürzung des Laufes macht die Waffe zwar schön führig, Gewichtsersparnis bringt das jedoch kaum. Zudem opfert der kurze Lauf zu viel an Leistung, um so mehr, je stärker die Patrone.

Kaum Gewichtseinsparung durch Laufkürzung

Die Kunst des Herstellers liegt darin, am Lauf gerade so viel Gewicht einzusparen, dass die jagdlich erforderliche Leistung

## Gewehre für die Jagd

*Leichte Waffen sind bequem, aber von Ungeübten nur schwer zum Schießen zu bringen (sie lassen »den Herzschlag des Schützen sehen«!). Wer auf leichtes Gepäck achten muss, z. B. am Berg oder auf Jagdflugreisen, muss mit der leichten Waffe viel üben.*

und Präzision noch gewahrt bleibt, aber die Waffe bequem geführt werden kann.

Die bei manchen Herstellern erhältlichen kannelierten Läufe sind leichter als runde Läufe. Leichtbau ist bei ihnen nicht Selbstzweck, vielmehr haben diese (neudeutsch:) gefluteten d. h. mit Längsrillen versehenen Läufe eine wesentlich vergrößerte Oberfläche, strahlen dadurch mehr Hitze ab und kühlen schneller ab. Außerdem sind kannelierte Läufe längsstabiler. Weitere Möglichkeiten der Gewichtseinsparung ergeben sich am Schaft – durch leichteres, nicht zu »dichtes« Holz und den Verzicht auf ausladende, »barocke« Formen oder durch die Verwendung von Kunststoff – und vor allem beim System:

Durch zweckdienliche Formen und leichtbauende Konstruktionen sowie durch die Verwendung von Leichtmetall (Duralumin) lässt sich allerhand abspecken.

*Leichtbüchsen mit vielen Vorteilen – doch das Schießen mit ihnen will gelernt sein!*

Die leichtesten gebrauchstüchtigen und trotzdem voll für die Hochwildjagd tauglichen Büchsen wiegen um die 2,0 kg und sind in der Kategorie »Kipplaufbüchsen« zu finden. Diese schnittigen, wegen ihrer raschen Zerlegbarkeit beim Transport unauffälligen und deshalb beim jagenden Globetrotter höchst angesehenen Einzellader haben trotz ihrer bauartbedingt geringen Gesamtlänge einen normallangen Lauf (und damit die volle Patronenleistung) und sie verblüffen durch ihre gute Präzision. Freilich muss der Schütze sein Gutteil dazu beitragen, denn eine so federleichte Waffe »lässt den Herzschlag des Schützen sehen« und das jagdpraktische Schießen mit ihr will gelernt sein.

# Einsteckläufe

Unser Reviersystem brachte neben den kombinierten Waffen auch die Einsteckläufe. Sie sollen die kombinierten Waffen universeller machen. In erster Linie werden Einsteckläufe dazu verwendet, meist kleinkalibrige Kugelpatronen aus Schrotläufen zu verschießen. Technisch ebenso mögliche Reduzierungen »Schrot auf Schrot« und »Kugel auf Kugel« sind jagdpraktisch selten sinnvoll, selbst wenn hier gute technische Lösungen angeboten werden wie die Schrotreduzierläufe »12 auf .410/36« oder die KK-Einstecksysteme für Repetierbüchsen System 98.

**E-Lauf für größere Universalität**

Der erste erfolgreiche Einsteckauf war der Krieghoff »Semper« in .22 lfB, welcher nach dem Erscheinen der .22 Winchester Magnum auch für diese Patrone ausgelegt wurde. Inzwischen gibt es den Krieghofflauf in der ursprünglichen Länge von 22 cm und als »extra lang« in 44 cm. Letzterer hat zwar den Vorteil, die Patronenleistung nahezu total auszunutzen, aber auch den Nachteil der schlechteren Verstaubarkeit, wenn der Lauf im Revier gewechselt werden soll. Beim kurzen Krieghoff-Läufchen ist das dank des speziell dafür angelegten Schaftmagazins leicht möglich.

**Der erste E-Lauf war der »Semper« von Krieghoff**

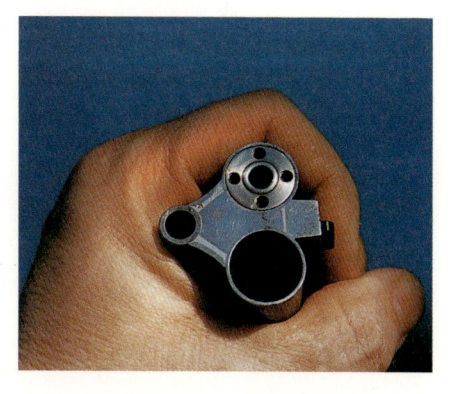

Während viele kurze und lange E-Läufe ohne Veränderung der Präzision oder Treffpunktlage gewechselt werden können, gibt es häufig doch erhebliche Abweichungen. Diese machen Kontrollschüsse notwendig. Insofern ist der eine oft zitierte Vorteil des Einsteckaufes zumindest fraglich, nämlich die schnelle Wechselfähigkeit. Ein weiterer Nachteil ist die veränderte Treffpunktlage der »großen« Kugel mit und ohne eingebautem Einsteckauf.

Die großen E-Läufe, besonders die mit leistungsfähigen, rehwildtauglichen Kalibern, beanspruchen den Verschluss der Waffe über Gebühr, vor allem beim asymmetrischen Laufbündel des Drillings. Bei häufigem Gebrauch werden die Verschlüsse klapprig.

**Drilling mit Einstecklauf – »einer für alles«!**

Richtig eingebaut und vom Schützen richtig behandelt, ist der Einstecklauf durchaus geeignet, die Waffe universeller zu

**E-Lauf rechts**

**Patrone
»6 x 70 R Rehwild«**

**E-Lauf links**

**Für Drillinge sind nur gasdruckschwache Patronen geeignet.**

**Beim Wechsel mündungslanger E-Läufe kann sich die TPL der großen Kugel ändern.**

machen. Dies gilt vor allem für den Drilling, bei dem man meist den rechten Schrotlauf mit dem E-Lauf belegt. Somit bleibt der hintere Abzug immer dem Schrotlauf vorbehalten. Mündungslange E-Läufe werden meist als .22 Hornet, aber auch in .22 Magnum Randfeuer, .222 Remington, 5,6 x 50 R, 5,6 x 52 R sowie sogar in den Büchsenkalibern 6,5 x 57 R, 7 x 57 R und 8 x 57 IRS angeboten. Ende der Neunziger Jahre kamen E-Läufe in dem Kaliber »6 x 70 R Rehwild« dazu. Diese Patrone entstand in Gemeinschaftsarbeit von Krieghoff und Norma; maßgeblichen Anteil an der Entwicklung hatte die Fa. Wolfgang Romey.

Während die Schonzeit- und Rehwildkaliber als Ergänzung zur großen Kugel des Drillings oder der Bockbüchsflinte zu sehen sind, sollen E-Läufe mit hochwildtauglichen Patronen aus der Bockbüchsflinte eine Bockbüchse und aus dem Drilling einen Doppelbüchsdrilling machen. Im letzterem Fall wird der Einstecklauf meist in den linken Lauf eingebaut, damit ohne Umschaltung Doubletten geschossen werden können. Wegen der starken Beanspruchung des asymetrischen Drillings-Verschlusses raten die Büchsenmacher vom Einbau eines E-Laufes mit starken und geschossschweren Patronen ab und empfehlen für die meisten »Dreiläufer« nur noch verschlussschonende Patronen wie .22 Hornet oder 6 x 70 R.

In der Praxis haben sich folgende Kaliber als besonders geeignet für Einstecklaufe erwiesen: .22 lfB für die Bejagung von kleinem Wild wie Tauben oder Kaninchen bis etwa 60 m Entfernung, wenn auf die Verwertbarkeit von Balg und Wildbret großes Gewicht gelegt wird. Die 22 cm-Krieghoff-Läufe beanspruchen die Waffe am wenigsten, können im Schaftmagazin verstaut werden und ermöglichen so den wahlweisen Einsatz des Schrotlaufes gemäß der Waffenkonstruktion.

Die .22 Magnum ist meist in den 44 cm-Krieghoff-Läufen zu finden. Bereits bei diesen kann es bei ein- oder ausgebautem E-Lauf wechselnde Treffpunktlagen der großen Kugel geben. Die .22 Magnum wird mit Kleinwild auf kurze Entfernung nicht immer wildbretschonend umgehen und ist für den Fuchs bereits überfordert, wenn es über etwa 80 m hinausgeht.

Die .22 Hornet ist fast nur in mündungslangen Einstecklaufen zu finden und fast immer im permanenten Einbau, vor allem im Drilling. Gute Einstecklaufe schießen mit guter Munition so gut wie Repetierbüchsen dieses Kalibers. Die .22 Hornet ist

Ein Einstecklauf kann die kombinierte Waffe vervollkommnen: Die hier im Krieghoff Drilling Plus 16 gezeigte Version »Einstecklauf rechts, kleine Patrone .22 Hornet« ...

für Rehwild nicht zugelassen. Wer sie verbotenerweise verwendet, wird sehr bald an ihre ballistischen Grenzen stoßen und schlechte Erfahrungen mit der in diesem Maße nicht erwarteten Wildbretentwertung machen.

Die 5,6 x 50 R ist von den rehwildtauglichen Patronen für Einstecklläufe die bekannteste. Mit schweren Geschossen ist sie der gasdruckschwächeren 5,6 x 52 R gleichzusetzen. Mit der von Krieghoff und Norma auf den Weg gebrachten verschlussschonenden Spezialpatrone 6 x 70 R Rehwild erfährt der Einsteckllauf eine Aufwertung.

Kleine Patronen garantieren nicht automatisch eine geringe Wildbretentwertung.

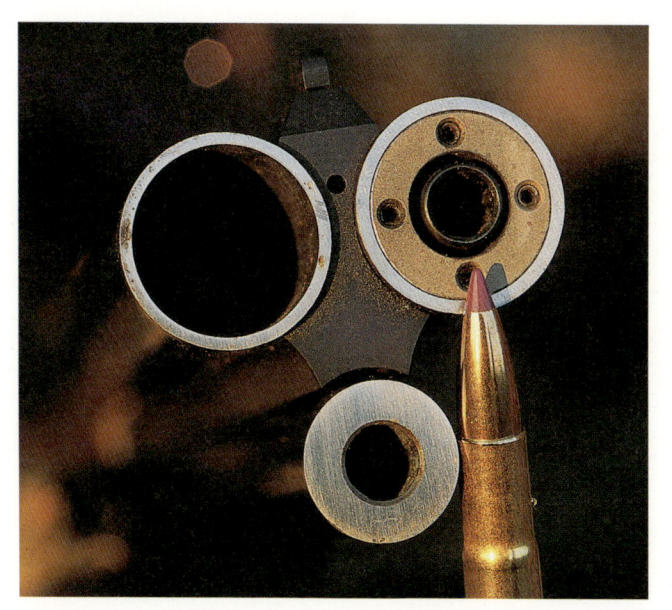

... ist inzwischen von der (vom Wunsch nach dem schnellen Folgeschuss diktierten) auf Rehwild tauglichen Version »Einstecklauf links, kleine Patrone rehwildtauglich« fast abgelöst (hier Drilling Plus 12 mit E-Lauf und Patrone 6 x 70 R »Rehwild« von Krieghoff).

**Typisch für den präzisen Tornado-EL (Theo Jung, Lohmar) ist die Lagerkralle.**

Eine ähnliche Aufgabenstellung wie die Einstckläufe haben die Einsteckpatronen, die waffenrechtlich wie diese behandelt werden. Technisch unterscheiden sie sich von Einstckläufen dadurch, dass das Geschoss vom Lauf der Waffe geführt wird. Sie sind daher eigentlich Einsteck-Patronenlager mit den

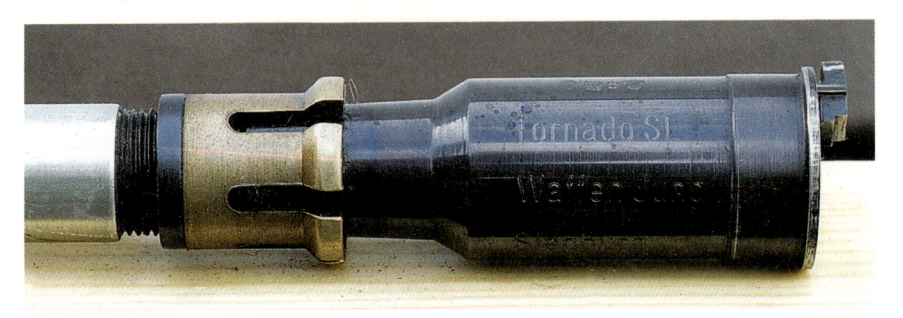

**Reduzierhülsen**

Außenmaßen des Patronenlagers der Waffe und den Innenmaßen für die kleinere Patrone. Solche »Reduzierhülsen« gibt es im Kal. 5,6 mm auch mit einem Zündstücküberträger von »Zentralfeuer« auf »Randfeuer«, der den Schlag des zentral auftreffenden Schlagbolzens zum Rand der kleineren Patrone umleitet. Reduzierhülsen können günstigenfalls genauso präzise schießen wie Einstckläufe, man muss das aber bei jeder Waffe gesondert herausfinden. Wegen bleibender Sprengverformungen beim ersten Schuss sind sie nur für ein einziges Patronenlager geeignet.

**Fangschussgeber nur für kürzeste Distanz**

Die Fangschussgeber haben einen superkurzen Lauf und benützen den Lauf der Waffe nicht zur Führung des Geschosses. Sie sind daher tatsächlich nur für den eigentlichen Fangschuss auf kürzeste Entfernung geeignet, z.B. mit der Revolverpatrone .38 Special aus der Flinte – oder im Kal. .22 lfB aus einem Revolver .357 Magnum für den balgschonenden Schuss bei der Baujagd.

## Bohrungsarten der Schrotläufe

**Choke = Würgebohrung**

Um eine bessere Verdichtung der Schrotgarbe zu erhalten, wendet man die auch als Choke bezeichnete Würgebohrung an. Bis zu einem gewissen Maß lässt sich die Mündung der Flinte verengen, wobei im Kaliber 12 eine Würgebohrung von bis zu einem Millimeter den Vollchokelauf ergibt. Vereinfacht ausgedrückt entsprechen die Verengungsmaße von 0,75 mm dem $3/4$-Choke, 0,50 mm dem $1/2$-Choke, 0,25 mm dem $1/4$-Choke. Die sog. Verbesserte Zylinderbohrung (Improved Cylinder) ist nicht abgesetzt gebohrt wie die Würgebohrung, sondern verläuft konzentrischkegelförmig. Sie verdichtet die Garbe mehr als die Zylinderbohrung und wesentlich mehr als die Skeet-1-Bohrung, aber streut mehr als Skeet-2 oder $1/4$-Choke.

Traditionell wird meist die zu enge Bohrungskombination »$1/2 - 1/1$« geführt, die sich nur zäh von den besser geeigneten Universalbohrungen $1/4 - 3/4$ verdrängen lässt. Offene Bohrungen sind für Entfernungen bis etwa 35 Meter und durchschnittliche Jagdverhältnisse optimal, auch im Zusammenhang mit

**Traditionelle Kombination Vollchoke/Halbchoke für die meisten Gegebenheiten zu eng.**

**Offene Bohrungen und feinere Schrote sind besser.**

der empfehlenswerteren Verwendung kleinerer Schrote. Lieber mit weiter Bohrung neun von zehn Stück Niederwild bis etwa 35 Meter sauber treffen und lediglich ein Stück auf vierzig Meter unbeschossen lassen, als mit enger Bohrung letzteres Stück (vielleicht) bekommen, dafür aber von den anderen neun Stücken wegen der zu kleinen Streuung einen Teil fehlen und den Rest zu Mus schießen!

Streupatronen bringen zwar Abhilfe, aber warum nicht gleich die technisch einfachere Lösung in Form von offenen Bohrungen wählen? Moderne Waffenkonstruktionen ermöglichen auswechselbare Chokeeinsätze für einläufige Flinten und auch für doppelläufige und Kombinationswaffen.

Jeder Lauf und jede Laborierung reagiert anders. Die Wirksamkeit der Laufbohrung auf Deckung und Verdichtung muss deshalb durch Probeschießen herausgefunden werden – am besten auf die 16-Felder-Scheibe oder notfalls auf eine vor jedem Schuss gekalkte Stahlblechscheibe.

**Mündungsbilder von Flintenläufen: rechts Vollchokelauf mit Rundkorn auf Laufschiene, Mitte Sluglauf für Flintenlaufgeschosse mit Perlkorn auf Kornsockel, links Lauf mit variablen Bohrungen (Multichoke-Einsätzen) zum Wechseln.**

**Schrotläufe probeschießen**

# Gravuren

Über Gravuren und sonstige Aufwertungen im Sinne von »Verschönerungen« an Jagdwaffen sind schon ganze Bücher vollgeschrieben – und gelesen – worden. Auch würde eine tiefergehende Behandlung dieses weiten und zweifelsohne interessanten Themas den Rahmen eines praktischen Ratgebers »Tipps für Revier und Reise« bei weitem sprengen. Deshalb nur soviel: Gravuren sind überwiegend durch Handarbeit hergestellte Verschönerungen an den Metallteilen der Jagdwaffen, meist an Kipplaufgewehren, selten bei Langwaffen mit Repetiereinrichtung, noch seltener bei Kurzwaffen.

**Eine unsichere und unpräzise Waffe bleibt auch mit der tollsten und teuersten Gravur eine unsichere, unpräzise Waffe. Dagegen kann eine sichere, praktische, präzise und wertvolle Waffe wie diese Krieghoff Kipplaufbüchse durch eine kapitale Gravur noch gewinnen.**

Im Unterschied zu den meist bei Waffen der unteren Preis- oder Ausführungsklasse eingewalzten oder sonstwie maschinell aufgebrachten »Gravuren« erscheinen die künstlerisch-handwerklich gefertigten Handgravuren »gestochen« scharf.

Im Wesentlichen wird bei der Technik nach »Tiefstich« und »Flachstich« unterschieden. Eine besonders wertvolle Flachstichversion ist die so genannte. »Bulino-Gravur«. Erhabene Gravuren sind plastisch herausgearbeitet; bei der Bulino-Gravur entsteht der plastische Eindruck durch Unterschiede in den Schattierungen. Bei den Motiven differenziert man nach Jagdstück-Gravuren einerseits – oder entsprechend gegenständlichen Ausführungen auch außerhalb des Jagdbereichs – und andererseits nach Arabesken-Gravuren. Diese wiederum werden in »englische« und »deutsche« Arabesken eingeteilt. Manchmal sind die Übergänge zwischen den verschiedenen Techniken und Ausführungen fließend, denn selten werden Gravuren in ihrer ursprünglichen Reinform verlangt oder angeboten.

**Flachstichgravur**
**Tiefstichgravur**

**Arabesken**

Ein mit besonders wertvoller Gravur ausgestattetes Gewehr sollte auch hinsichtlich der übrigen »Zutaten« wie Schaftqualität und -bearbeitung, der Fischhaut oder Schaftverschneidung sowie der Holzpassung und der Metalloberflächen hervorragend gearbeitet sein, um als nicht nur finanziell, sondern auch als ästhetisch wertvoll angesprochen werden zu können. Ein nachlässig ausgeführtes anspruchsvolles Motiv wirkt viel schlechter als eine nette, aber sauber gestaltete einfache Gravur. »Weniger ist manchmal mehr!« gilt auch bei den Gravuren. »Nur präzise schießende Waffen sind interessant!« ist ein weiterer, unter Waffenkennern gern zitierter Kernspruch. Soll heißen, dass eine mäßig oder gar nicht schießende Waffe auch mit der teuersten Gravur oder dem besten Schaftholz nicht »besser« gemacht werden kann. Andererseits ist es naheliegend, eine präzise schießende, funktionelle und führige Waffe mit einer hübschen und individuell auf den Geschmack (und den Geldbeutel!) des Besitzers abgestimmten Gravur aufzuwerten.

**Ausgeglichenheit der Ausschmückung**

**Lange auswechselbare Seitenplatten mit Themengravur für eine Großwildbüchse.**

## Die »richtige« Erstausrüstung

**Meist vom »Geldbeutel« abhängig**

Natürlich hängen Art und Umfang der Waffen-Erstausstattung von den »Finanzen« ab, auch von der allgemeinen Einstellung zu Waffen. In der ersten Hälfte des vergangenen Jahrhunderts kam auf die Frage nach dem »richtigen« Gerät wahrscheinlich der Satz »Ein Drilling, was sonst!«. Wirklich war der Drilling

**Früher: Schwerpunkt Niederwild**

mit seinen zwei Schrotläufen und einem Büchslauf in dieser Epoche »Einer für alles« – und man konnte ihn vom Erlös weniger Fuchsbälge kaufen. Die Komplettierung mit zum Beispiel einer für Hochwild geeigneten Repetierbüchse und einer Doppel- oder Selbstladeflinte könnte dann der nächste Schritt gewesen sein. Minimalisten mit geringen Ansprüchen an die Größe und Ausstattung des Waffenbestandes schien es aber damals häufiger gegeben zu haben als heute. Nach den bescheidenen Anfängen des Wirtschaftswunders zu Beginn der zweiten Hälfte des letzten Jahrhunderts lautete die Empfehlung durchwegs »Repetierbüchse plus Bockflinte plus Schonzeitgewehr«. Kombinierte Gewehre waren ganz einfach zu teuer geworden.

**Meilensteine: CNC-Fertigung und Duralumin**

Dies änderte sich erst mit dem Erscheinen von auf modernem CNC-Gerät gefertigten Gewehren mit Leichtmetallbasküle und ist dem Waffenpionier Horst Blaser zu verdanken. Seine Handspanner-Bockbüchsflinten sind seit 1964 auf dem Markt; weitere bahnbrechende Konstruktionen folgten. So mancher Minimalist begnügte sich in diesen für die Meisten gar nicht so rosigen Zeiten mit der Bockbüchsflinte als einziger Waffe, vielleicht noch ergänzt durch einen preiswert umgebauten 98er-Karabiner und eine billige Doppelflinte. Besser betuchte Jäger fanden Gefallen an den »kapitalen« Konstruktionen dieser Zeit. So brachte Mauser die wegweisende Repetierbüchse Modell 66 mit ihrem kurz bauenden Teleskop-Verschluss samt Laufwechseloption. Diese für die Reise kurz zerlegbare Büchse war – aus heutiger Sicht trotz konzeptioneller Mängel – nach den britischen »Take Down« der Kolonialzeit ein Glanzlicht in Sachen Jagdreisen und avancierte zum Liebling der (damals wenigen) Auslandsjäger.

**Heute: Schwerpunkt Schalenwild**

Aus Gründen geänderter Waldbewirtschaftung hat sich der Schwerpunkt jagdlicher Aktivitäten weg vom Niederwild – sprich der Flintenjagd – hin zum Rehwild und Schwarzwild, sprich der Jagd mit der Büchse hin verlagert. Zu Beginn des 2. Millenniums werden im deutschsprachigen Europa inzwischen mehr Rehe als Enten und Hasen zusammen erlegt(!), mit einer Rehwildstrecke wie nie zuvor – nur in Deutschland mehr als eine Million. Dies hat selbstverständlich Einfluss auf die Auswahl geeigneter Waffenarten.

In der Verbreitung an der Spitze steht uneinholbar die Repetierbüchse, welche wegen des in vielen Revieren gleichzeitigen Vorkommens von Schwarzwild ein hochwildtaugliches Kaliber hat. Moderne Konstruktionen haben den Vorteil des preisgünstigen Laufwechsels, verbunden mit der auf Reisen vorteilhaft kurzen Transportfähigkeit.

Die guten Seiten der Jagd, ja nicht einmal ihre gesetzlich vorgegebenen Wege und Ziele sind der heutigen Gesellschaft nur noch schwer vermittelbar, oft überhaupt nicht.

**Eine Million Rehe**

**Guter Einstieg:** Drilling mit sauentauglichem Kaliber und rehwildtauglichem Einstecklauf sowie dämmerungsstarkem Zielfernrohr (hier Krieghoff Plus 12 mit EL 6 x 70 R und Carl Zeiss 3-12 x 56 mit Leuchtabsehen). Dazu ein Carl Zeiss Ansitzglas 8 x 56 oder 10 x 56.

**Wer die Repetierbüchse als Einstieg wählt, ist mit einer der Konstruktionen mit Verriegelung im Lauf und Modulbauweise wie Blaser, Heym, Krico, Sauer & Sohn gut beraten. Das Zielfernrohr wird nach den Jagderfordernissen gewählt (hier Sauer 202 mit Zeiss 3-9 x 36).**

Immer weniger Jäger wollen sich deshalb in ihrem privaten und geschäftlichen Umfeld als solche outen und da kommt die praktische Unauffälligkeit gerade Recht, mit der ein kurz zerlegtes Jagdgewehr transportiert werden kann. Dies gilt umso mehr für Auslandsjäger, die auf den Flieger angewiesen sind. Kipplaufwaffen hatten schon immer den Vorteil der schnellen, sich nicht negativ auf Schussleistung oder Treffpunktlage auswirkenden leichten Zerlegbarkeit; jetzt schmücken sich auch Repetierbüchsen damit.

Auch die sich im Laufe der Jahre verändernden Jagdmethoden bestimmen Typ und Ausstattung der Jagdwaffen. Erlegte man früher das Rehwild fast ausnahmslos auf der Einzeljagd, so nehmen heutzutage die Bewegungsjagden auf Rehwild zu. Ja, sie haben in manchen Landstrichen bereits die Nachfolge der früheren Niederwild-Gesellschaftsjagden angetreten und bieten gleichfalls Jagdvergnügen sowie immer höhere Streckenanteile. Diese die Jagd und die Einstellung des Jägers zur Technik völlig umkrempelnde Entwicklung wird nicht von Jedermann begrüßt, ist aber kaum noch umkehrbar. Bewegungsjagd stellt andere Anforderungen an die Technik der Waffe als die Einzel- bzw. Ansitzjagd: Zum einen hat der schnelle Folgeschuss zum Beispiel aus einem Geradezugrepetierer oder einer Doppelkugel immense tierschützerische Vorteile. Zudem hat der Stecher aus jagdpraktischen und Sicherheitsgründen endgültig ausgedient. Jetzt zur Optik: Auf richtig durchgeführten Bewegungsjagden wird das Wild vor dem Schuss sauber angesprochen, sowohl nach Geschlecht als auch nach dem Alter. Dazu ist eine gewisse Vergrößerungsleistung (etwa 6–7fach) und die auch im Bestandsdunkeln ausreichende Bildhelligkeit eines etwa 42 bis 50 mm großen Objektives erforderlich. Aus diesem Grund ist auf den für die Bewegungsjagd optimierten Waffen die gering vergrößernde Drückjagdoptik einerseits und andererseits die großobjektivige Dämmerungsoptik mit ihrem kleinen Gesichtsfeld ungeeignet. Gefragt sind daher Zielfernrohre mit »mittleren« sowie notwendigerweise variablen Kenndaten, vorzugsweise mit einem nicht zu viel vom Ziel abdeckenden und dieses keinesfalls überstrahlenden Tageslicht-Leuchtpunktabsehen. Solche Zielfernrohre können optimal auf Bewegungsjagden eingesetzt werden. Auch auf dem Ansitz in nicht zu tiefer Dämmerung haben sie Vorteile und mit niedriger Vergrößerung und großem Sehfeld sind sie sogar für die kurzen Schussdistanzen der Sautreibjagden geeignet oder für den Kirrplatzansitz. Derart ausgestattete Büchsen können den wichtigsten Teil der Erstausrüstung eines Jungjägers darstellen. Ob es sich dabei um eine – wegen des Geradzugverschlusses »schnelle« – Repetierbüchse, um einen »klassischen Repetierer« oder um eine »Doppelkugel« in Form von Doppelbüchsdrilling, Drilling mit Einstecklauf, Doppelbüchse oder Bockbüchse handelt, oder ob einer Selbstladebüchse der Vorzug gegeben wird, hängt zu sehr von den technischen Vorlieben des Einzelnen ab, als dass hier eine Empfehlung gegeben werden könnte.

Ergänzen wird man das somit gleichermaßen für den Ansitz, die Bewegungsjagd und die Saujagd brauchbare Gewehr auf Grund der persönlich-jagdlichen Einzelumstände durch eine kombinierte Waffen sowie durch eine (Doppel-, Bock-, oder Selbstlade-)Flinte für die Niederjagd. Spezialwaffen für das jagdliche Übungsschießen, oder leichte Büchsen für die Bergjagd können die Ausstattung abrunden.

**Schwerpunkt Bewegungsjagd**

**Stecherabzug hat ausgedient**

**Sauber ansprechen ein Muss!**

**Von Vorteil: Zielfernrohre mit Tageslicht-Leuchtpunkt absehen**

**Mehrschüssige Büchsen wichtiger Teil der Erstausrüstung**

# Waffenaufbewahrung

**Haftung bei Missbrauch**

Der legale Waffenbesitzer hat nicht nur Rechte, sondern gegenüber der Allgemeinheit ebenso selbstverständliche Pflichten. Diese sollten vom Jäger schon wegen der fälligen Haftung bei fahrlässig verschuldetem Missbrauch seiner abhanden gekommenen Waffen und damit aus Gründen des nackten Eigenschutzes erfüllt werden. Die dringende Empfehlung zur zweckdienlichen Pflichteinhaltung kommt aber auch daher, dass die moderne medienbestimmte Gesellschaft dem staatlich priviligierten Waffenbesitz gegenüber immer kritischer wird. Abgesehen davon, dass eine solche demagogische Entwicklung aus rechtsstaatlicher Sicht bedenklich scheint, weil die allgemeine Aversion gegen Waffen selbst vor Polizei und Militär nicht mehr haltmacht, muss ihr eine nicht zu unterschätzende Gefährlichkeit für den Erhalt des Rechtsinstituts des legalen Waffenbesitzes zugesprochen werden, zumal in Zeiten schwieriger Wählerstimmenbeschaffung vor wichtigen Wahlentscheidungen.

**Kritik an Waffenbesitz von seiten der Gesellschaft nimmt zu.**

**Gegen unberechtigten Zugriff schützen**

Zur Hauptverantwortung des Waffenbesitzers gehört die sichere Aufbewahrung der Waffen. Unabhängig von den viel detaillierteren Bestimmungen der Waffengesetzgebung muss die Aufbewahrung jedenfalls so erfolgen, dass die Waffen möglichst jederzeit vor unberechtigtem Zugriff geschützt sind. Früher blieb die Art der Aufbewahrung weitgehend freigestellt, wenn nur die Verhinderung einer schnellen Wegnahme gewährleistet war. Damit konnte sich der Jäger innerhalb seines räumlichen und personenbezogenen, privaten Umfeldes die sicherste Aufbewahrungslösung aussuchen. So stand das alte Waffengesetz grundsätzlich nicht dagegen, Langwaffen zum Beispiel in einem Holzschrank oder die Kurzwaffe im Schreibtisch zu verwahren, wenn die Waffe samt Munition ausreichend gegen schnelle unbefugte Wegnahme gesichert war. In Empfehlungen des Bundesministeriums des Innern wurden schon lange für Langwaffen Sicherheitsbehältnisse nach der Norm VDMA 1 24992 Stufe A sowie für Kurzwaffen Stufe B empfohlen und diese Empfehlungen auchweitgehend befolgt. Leider gab es einige wenige, von den Massenmedien jedoch zum großen Nachteil des legalen Waffenbesitzes ausgeschlachtete Fälle von unzureichend gesicherter Aufbewahrung mit nachfolgender Wegnahme samt Waffenmissbrauch mit teilweise tödlichem Ausgang, bei denen

**Altes WaffG Stufe B**

# DER PLATZHIRSCH
## UNTER DEN KOMBINIERTEN

**Überlegene Systemtechnik
nach dem „Prinzip Universalwaffe":**

Inklusive Universal-Abzug-System.
Der richtigen Abzugsmechanik für
jede jagdliche Situation.

Inklusive Kombi-Handspannung.
Der perfekten Verbindung der Vorteile
von Handspannung und
Selbstspannung.

**Laufbündel Thermo TS Stabil®:**

Konstante Treffpunktlage des
Kugellaufes – auch bei mehreren
Schüssen in beliebigem Zeitabstand.
Kugellauf zum Schrotlaufbündel
justierbar.
Als Option mit Laufblenden.
Ganz aus Stahl.
Oder als „Steingaß" mit Stutzenschaft.

**Wirklich thermostabil auch als „Bockdrilling"
in unschlagbarem Preis-/Leistungsverhältnis:**

Die "Universalkombination" mit
Einstecklauf EL 65.

Optimiert für unsere Hauptwildart
im neuen Kaliber 6x70R Rehwild.

**Der Plus Thermo TS Stabil®
ist der Drilling für die echte Jagdpraxis.**

Als Plus 20 im Schrotkaliber 20.
Und neu als Plus 12 im Schrotkaliber 12.

## KRIEGHOFF
*Perfektion in Jagd und Sport*

H. Krieghoff GmbH · Jagd- und Sportwaffen · Postfach 2610 · D-89085 Ulm
Telefon 0731 / 4 01 82-0 · Telefax 0731 / 4 01 82-70
www.krieghoff.de · info@krieghoff.de

PLUS THERMO TS STABIL®

## Gewehre für die Jagd

**Neues WaffG schreibt Stufe »Euro 0« vor und stellt auf die Anzahl der Lang- und Kurzwaffen ab.**

die Besitzer für die Folgen haftbar gemacht werden mussten. Die Bundeswaffengesetzgebung von 2001 sieht wesentlich schärfere Maßnahmen zur Sicherung von Waffen und Munition im privaten Bereich vor. Dabei unterscheiden die Vorschriften nach Langwaffen und Kurzwaffen einerseits, sowie nach deren jeweiliger Anzahl. Wenn vorher bei den Waffenbehältern die Klassifizierung in »A« und »B« eher nach versicherungstechnischen Brandschutzklassen denn nach Sicherheitsklassen erfolgt war, so wurde nach 2001 in der Regel die Schutzbehälterklasse »Euro 0« gefordert. Diese entspricht der früheren Klasse »B«. Anknüpfend an § 42 des früheren Waffengesetzes regelt § 33 des neuen Gesetzes die sichere Aufbewahrung von Waffen und Munition. Vorgeschrieben ist deren getrennte Aufbewahrung, wodurch dem Täter die Möglichkeit des sofortigen Missbrauchs einer entwendeten Waffe genommen werden soll. Für die Verwahrung von Schusswaffen ist ein Behältnis nach der europäischen Norm DIN/EN-1143-1 im Widerstandsgrad 0 (dem niedrigsten Widerstandsgrad dieser Norm) oder ein gleichwertiges Behältnis vorgeschrieben. Die Norm VDMA 1 24992 Stufen A und B gilt zum 31.12.2002 zu Gunsten der europäischen Norm als aufgehoben. Stufe B entspricht einem Behältnis nach DIN/EN 1143-1 Widerstandsgrad 0.

**Getrennte Aufbewahrung von Waffen und Munition.**

**Nur der Befugte darf Zugriff haben!**

Waffenbehältnisse sollten am Gebäude verankert sein, damit sie möglichst nicht als Ganzes abtransportiert werden können. Der Aufbewahrungsort des Waffenbehältnisschlüssels bzw. die Kombination eines Zahlenschlosses darf Unbefugten nicht zugänglich sein. Wie dies innerhalb der Privatsphäre bewerkstelligt werden soll, lässt der Gesetzgeber offen.

Sichere Waffenaufbewahrung beschränkt sich nicht auf den Bereich der Wohnung, dazu gehört auch der getrennte Transport von Waffe und Munition auf dem Weg zur Jagdausübung.

**Vorteilhaft: Fest im Fahrzeug verankertes Transportverhältnis, getrennt nach Waffe und Munition**

Dafür gibt es keine Vorschriften; es empfiehlt sich jedoch ein fest im Fahrzeug verankertes Waffen- bzw. Munitionsbehältnis. Der von der Waffe getrennte Transport wesentlicher Teile z. B. die Kammer einer Repetierbüchse oder der Vorderschaft einer (Selbstspanner)Kipplaufwaffe oder die Trommel eines Revolvers trägt dem Sicherheitsgedanken ebenfalls Rechnung.

# Kurzwaffen für die Jagd

## Unsere Kurzwaffen

Bei den Kurzwaffen, die der Gesetzgeber dem Jäger bei der Jagdausübung zu führen erlaubt, muss man nach dem Verwendungszweck unterscheiden. Da sind zunächst die Pistolen und Revolver, die wegen ihrer handlichen Kürze und Möglichkeit der unauffälligen Holsterung bei der Bau- und Fallenjagd Verwendung finden. Da sie nur auf kürzeste Entfernung verwendet werden, sind vor allem solche im Kaliber .22 l.f.B und gegebenenfalls noch großkalibrige Revolver mit Reduzierhülsen bzw. mit einer Schrotvorlage sinnvoll und angebracht.

Alle anderen im Jagdbetrieb verwendeten Kurzwaffen sollen für den Selbstschutz des Jägers brauchbar sein: Zwar hat im Jagd- und Selbstschutz die Vermeidung eines legalen persönlichen Waffeneinsatzes gegen Sachen und Personen absoluten Vorrang, doch wenn es denn nicht mehr anders geht, muss sich der Jäger zur Vermeidung persönlicher Nachteile an Leib und Leben einer optimalen Ausrüstung sicher sein. Die Verteidigungswaffe ist nicht Selbstzweck sondern wird auch zum Fangschuss auf Schalenwild eingesetzt, der ja dem tierschutzgerechten raschen Töten des Wildes ohne vermeidbare Schmerzen dienen soll. Dafür hat der Gesetzgeber eine Mindest-Mündungsenergie von 200 Joule vorgeschrieben. Für

**Kurzwaffen des Jägers für:**
1. Bau- und Fallenjagd
2. Fangschuss
3. Selbstschutz

$E_0$ **für den Fangschuss auf Schalenwild min. 200 Joule**

**Der Korth im Kaliber .357 Magnum ist ein kapitaler wenngleich teurer Revolver für den Liebhaber wertvoller Gebrauchswaffen.**

den Fangschuss auf anderes Wild als Schalenwild gilt diese Mindest-Mündungsenergie von 200 Joule gemäß der zweifelsfreien Intention der Väter des BJagdG übrigens nicht, auch wenn der Wortlaut des Gesetzestextes in den so genannten »Sachlichen Geboten« des BJagdG (wegen einer inzwischen als falsch erkannten Interpunktion) eine andere Auslegung zulassen könnte.

Wenn von Kurzwaffen gesprochen wird (früher sagte man auch Faustfeuerwaffen), so sind mehrschüssige Waffen d. h. (Trommel)Revolver und (Selbstlade)Pistolen gemeint. Einen Sonderfall stellen die Kipplaufpistolen dar. Sie sind wegen ihrer Größe zwar kaum für die Bau- und Fallenjagd geeignet und wegen ihrer Einschüssigkeit nur eingeschränkt selbstschutztauglich, dafür aber wegen der Möglichkeit des Verschießens starker Patronen um so mehr geeignet für den

**Die Fangschusswaffe für Schalenwild muss ein starkes Kaliber haben; das Jagdgesetz schreibt mindestens 200 Joule vor. Die Frage »Revolver oder Pistole«, hängt von der Vorliebe für die eine oder andere Waffenart ab.**

## Kurzwaffen für die Jagd

Fangschuss selbst auf stärkstes Schalenwild. Vor allem die aus den USA stammende Encore-Pistole (früher Contender) hat sich einen guten Namen gemacht.

**Für den Fangschuss geeignete Revolver ab .357 Magnum fassen sechs Schuss, die Kompaktmodelle fünf Schuss. Teilmantelpatronen verwenden!**

Was den Fangschuss auf Schalenwild mit Selbstladepistole und Revolver angeht, so tritt die oft gestellte Frage »Pistole oder Revolver« hinter die Frage nach der geeigneten Fangschussmunition zurück. Der Gesetzgeber hat freilich, über die genannte Mindest-Mündungsenergie hinaus (die von vielen Experten noch als zu niedrig angesehen wird), nichts über die zu verwendende Munition gesagt. Glücklicherweise, denn zuviel Bevormundung schadet nur. Der aufgeklärte Jäger und Benutzer von Kurzwaffen weiß, dass zum erfolgreichen Fangschuss auch das richtige Geschoss gehört, wobei gegenüber einer Mindest-Energieforderung die Auswahl der richtigen Konstruktion Priorität haben sollte: Deformationsgeschosse sind gefragt, während die bei den Munitionen für Selbstladepistolen üblichen Vollmantelgeschosse als nachteilig angesehen werden müssen, weil diese beim Auftreffen selbst auf harte Zielwiderstände weitgehend unverformt bleiben. Dies steigert zwar ihre Durchschlagsleistung, verhindert aber auch die optimale Energieabgabe und somit Tiefenwirkung (die zielballistisch betrachtet nicht mit Durchschlagsleistung gleichzusetzen ist). Somit ist die Wirkung von Vollmantelmunition

**»Pistole oder Revolver« ist eher eine Frage der effektivsten Munition!**

**Für den Fangschuss geeignete Geschosse sollen deformieren!**

**Vollmantelgeschosse nicht gut geeignet!**

## Kurzwaffen für die Jagd

**Gefährdung durch Abpraller**

gering, jedoch die Gefährdung Unbeteiligter wegen möglicher Durchschüsse und Abpraller umso größer. Munitionen mit Vollmantelgeschossen sind für den Fangschuss ungeeignet und damit auch untauglich für einen effektiven Selbstschutz, der den Angreifer ja tunlichst schnell und wirksam stoppen soll.

Bei Teilmantelgeschossen sieht es hinsichtlich der zielballistisch erzielbaren Wirkung schon besser aus. Durch den weicheren, »offeneren« Geschosskopf sprechen sie besser an, der Geschossquerschnitt wird schnell vergrößert und somit mehr Energie an das Zielmedium abgegeben. Allerdings setzen einfache ballistische Gesetze feste Schranken vor derart theoretische Überlegungen: Die wegen der kurzen Läufe bescheidene Geschwindigkeit der meisten Kurzwaffengeschosse ist bei der

**»Vollmantel-Effekt«**

relativ großen Härte der Mantel- und Bleikernmaterialien meist viel zu gering, als dass sich mit normalen Teilmantelkonstruktionen eine echte Geschossdeformation ergeben könnte. »Vollmanteleffekte« sind bei langsamen Teilmantelladungen nicht die Ausnahme, sondern fast die Regel. Es bleibt also nur, entweder schnelle Patronen oder speziell konstruierte Fangschussgeschosse zu verwenden..

**Pistolenpatronen (hier 9 mm Luger) gibt es mit Teilmantelmunition für den Fangschuss auf Schalenwild. Vollmantelgeschosse haben eine zumeist unzureichende zielballistische Leistung und eine höhere Abprallergefahr.**

Bei den Pistolen bieten sich wegen der Präsenz guter Waffen und der hohen Mündungsgeschwindigkeit die 9 mm Luger, die .357 SIG und die .40 S&W an, sofern Teilmantelgeschosse Anwendung finden. Teilmantelgeschosse mit Sollbruchstellen sowie Hohlspitzgeschosse sind allerdings bei uns für Kurzwaffen verboten und sogar (noch) mit Besitzverbot belegt. Allerdings hat in diesem Zusammenhang ein Umdenken in höheren Stellen begonnen – was sich zum Beispiel in der seit 2001 eingeführten effektiven Polizeimunition niederschlägt – denn gerade solche Deformationsgeschosse mit Hohlspitze und Sollbruchstellen sind viel besser für den Fangschuss geeignet als normale TM-Geschosse. Solange die gesetzliche Verbotsregelung besteht, sollte man zu so gut geeigneten Ladungen wie der mit dem CEPP-Geschoss von Lapua greifen.

**Für den Fangschuss von anderem Wild als Schalenwild – sofern es nicht anderweitig abgetan wird – zum Beispiel auf der Baujagd haben sich für KK-Patronen eingerichtete Kurzwaffen bewährt.**

Ungeeignet für Fangschuss und Selbstschutz sind die gängigen »Taschenpistolenpatronen«, selbst wenn sie die in den Sachlichen Geboten des BJagdG für den Fangschuss auf Schalenwild geforderten 200 Joule erreichen, wie die 7,65 mm Browning oder die 9 mm kurz. Für sie sind nur Vollmantelladungen bzw. höchstens Bleigeschoss-, aber keine Teilmantelladungen erhältlich.

**Taschenpistolenpatronen ungeeignet**

Fasst man zusammen, so stellt sich die einschüssige, ohne ergonomische Einbuße auch von Linkshändern bedienbare

*Revolver meist in .357 Magnum*

*Korth-Revolver absolute Oberklasse*

*Pistolen meist in 9 mm Luger mit Teilmantelgeschossen*

Kipplaufpistole (vom Typ Encore/Contender) als eine inzwischen von Schweißhundführern akzeptierte Fangschusspistole heraus, weil vergleichsweise starke Büchsenpatronen wie z.B. .30-30 mit guter zielballistischer Leistung verschossen werden können. Bei den Revolvern, schon wegen der einfachen Bedienung zumindest für den Rechtshänder, rangierte lange der »Achtunddreißiger« an erster Stelle, auch im Zusammenhang mit einem preisgünstigen und gut sortierten Patronenangebot Kaliber .38 Special. Aber immer mehr Jäger wählen einen Revolver .357 Magnum, denn dieser ermöglicht das Verschießen nicht nur der weicheren .38 Special zu Übungszwecken oder für den Fangschuss auf leichtes Schalenwild, sondern auch der ziemlich schnellen Teilmantelpatronen .357 Magnum. Für schwerstes Schalenwild stehen »noch dickere« Revolverpatronen wie .44 Magnum oder .454 Casull zur Verfügung.

Wenn vorher von der »einfachen« Bedienung des Revolvers zumindest für den Rechtshänder« die Rede war: Die Korth Revolver sind wegen ihres zentral hinten auf dem Rahmen platzierten Trommelöffners gleichermaßen für Rechts- wie Linkshänder geeignet und stellen überhaupt von Design, Verarbeitung (und Preis) die »absolute Oberklasse« unter den Jäger-Revolvern dar.

Wer technisch versiert ist und die im Holster kaum auftragenden Selbstladepistolen mag, greift zu den bei manchen Modellen von rechts auf »links« umrüstbaren Polizeipistolen, die »geladen, aber entspannt« geführt werden können und keiner manuellen Sicherung mehr bedürfen. Als Kaliber kommt 9 mm Luger in Frage. Auch die im Querschnitt größere, leistungsstärkere .40 S&W ist gut für den Jäger geeignet, sowie die aus der 10 mm Auto weiterentwickelte, außen- und damit zielballistisch besonders leistungsfähige .357 SIG.

# Holster für die Kurzwaffen des Jägers

Das Tragebehältnis für die Kurzwaffe heißt Holster (nicht Halfter, denn das bleibt Pferden vorbehalten!). Holster werden heute noch traditionell aus Leder gefertigt, aber immer öfter aus Textilstoff (zum Beispiel Cordura) sowie aus formgepresstem Kunststoff. Wichtig ist, dass man sich für ein funktionelles, genau auf das Waffenmodell abgestimmtes Holster entscheidet. Jede Kurzwaffe ist in einem sicheren Holster zu führen. Sicher heißt dabei, dass die geholsterte Waffe in jeder Lage am Körper verbleiben und gegen ein Herausfallen gesichert sein muss. Dies erreicht man formschlüssig durch mechanische Zuhaltungen wie Strapse oder druckknopfgehaltene Laschen, besser jedoch kraftschlüssig durch den straffen Passsitz eines modellangepassten Holsters. In keinem Fall darf die Waffe aus dem Holster fallen (auch nicht bei extremer Körperhaltung) noch sich das Holster von seiner Befestigung lösen. Lose in den Hosenbund gesteckte »Innenbundholster« sind deshalb ab-

*SIG-Sauer P 225 in einem trotz der einfachen Konstruktion verliersicheren und unauffällig zu führenden Yaqui-Holster, hier auf der Führarmseite (»über Kreuz«) getragen. Pistolen von SIG-Sauer sind seit Jahrzehnten beim Jäger beliebt.*

**Abzug muss vom Holster verdeckt sein.**

zulehnen. Wichtig ist, dass der Abzug vom Holsterrand verdeckt ist, damit man nicht bereits beim Ziehen der Waffe den Finger in den Abzug steckt. Da gab es schon böse Selbstverstümmelungen, nicht nur bei ungeübten Personen.

Die individuell für ihn »richtige« Trageweise der Kurzwaffe wird der Jäger schnell herausfinden. Grundsätzlich unterscheiden wir folgende Trageweisen:

**Beliebt: Gürtelholster auf der Führarmseite «Cross draw-Holster«**

- im Schulterhoster, wobei dieses zwangsläufig auf der Führarmseite getragen werden muss, das heißt vom Rechtshänder auf der linken Brustseite
- im Wadenholster unter der langen Hose, wobei diese Trageweise nur für kleine bzw. kurzläufige Waffen bis etwa 5 cm/2" Lauflänge oder Taschenpistolen möglich ist
- im Gürtelholster auf der Schießarmseite d.h. rechts beim Rechtshänder, dabei gibt es die grundsätzlichen Positionen »hoch am Gürtel, Griff nach vorne geneigt« sowie »tief am Gürtel, Griff nach oben oder hinten geneigt«
- im Gürtelholster auf der Führarmseite, das heißt beim Rechtshänder auf dem linken Hüftknochen; zwangsläufig zeigt die Mündung schräg nach hinten/unten und der Waffengriff ist nach vorne geneigt
- in der Gürteltasche, wobei diese weniger »martialisch« aussehende, aber auf kleinere Kurzwaffen (Lauflänge bis ca. 8 cm / 3 Zoll) sich beschränkende Trageweise keineswegs nur unsere jagenden Damen begeistert.

**Die Contender/ Encore Kipplaufpistole trägt der Schweißhundführer auf oder unter der Oberbekleidung im Umhängeholster.**

Kurzwaffen für die Jagd **63**

**Schwere Revolver vor allem mit langen Läufen sind besser im Schulterholster untergebracht als im Gürtelholster.**

Die Trageweise in der Gürteltasche – ob unter oder über der Oberbekleidung – wird immer mehr favorisiert und hat bereits begonnen, die ansonsten früher beliebtere Trageweise im Gürtelholster auf der Führarmseite abzulösen. Letztere (also beim Rechtshänder »Waffe links mit nach vorne geneigtem Griff«) hat gegenüber der Trageweise auf der Schießarmseite den großen Vorteil, dass die Waffe trotz der normalerweise dicken jagdlichen Oberbekleidung noch einigermaßen bequem erreicht werden kann. Obwohl dies theoretisch auch für die im Schulterholster geführten Waffen gelten könnte, hat sich dieses beim Jäger allgemein nicht durchgesetzt. Wenn es um Unauffälligkeit geht, so hat sicher die Trageweise in der Gürteltasche die Nase vorne, gefolgt von den sogenannten Yaqui-Gürtelholstern. Das sind 100%ig für das Waffenmodell maßgeschneiderte Gürtel»schlaufen«. Sie halten die Waffe formschlüssig, das heißt ohne weitere Zuhaltungen fest und können immer am Gürtel bleiben: Wegen ihrer Unauffälligkeit werden sie – ohne Waffe – nicht ohne weiteres als Holster erkannt.

**Bequeme Gürteltasche**

**Yaqui-Holster**

*Leichter 2"-Revolver auf der Schießarmseite im »Pfannkuchen«-Holster hinter dem Hüftknochen getragen.*

Das Führen oder Transportieren einer Kurzwaffe außerhalb eines Holsters, zum Beispiel in einer Tasche der Bekleidung oder gar lose in den Hosenbund gesteckt, ist gefährlich. Geht so eine Waffe verloren, kann die Zuverlässigkeit des Waffenträgers in Frage gestellt und im Extremfall der Jagdschein entzogen werden.

Der oft auf die Kurzwaffe angewiesene Nachsuchenführer wird sich im Laufe der Jahre eine individuell-optimale Trageweise erarbeiten. Manche dieser Spezialisten benützen die im Polizeieinsatz bewährten »taktischen Westen«, manche haben sich einen »Nachsuchengürtel« zusammengestellt. Beide Möglichkeiten haben den Vorteil, dass sie über oder unauffällig unter der Oberbekleidung getragen

*Besonders Jägerinnen bevorzugen die praktischen Gürteltaschen ...*

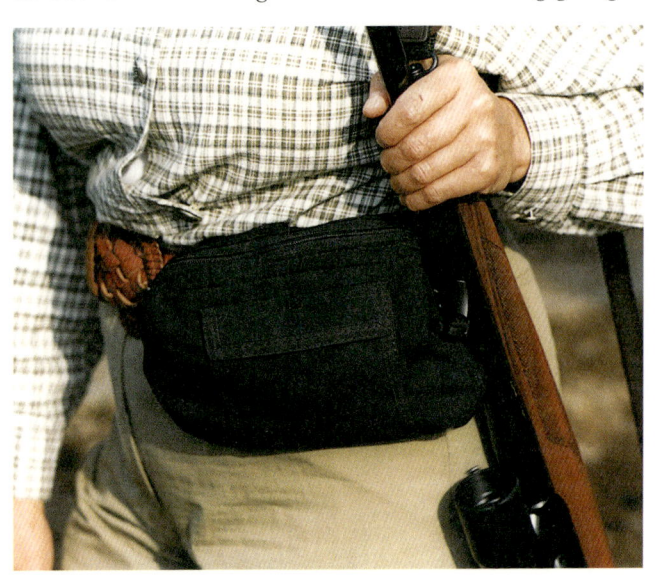

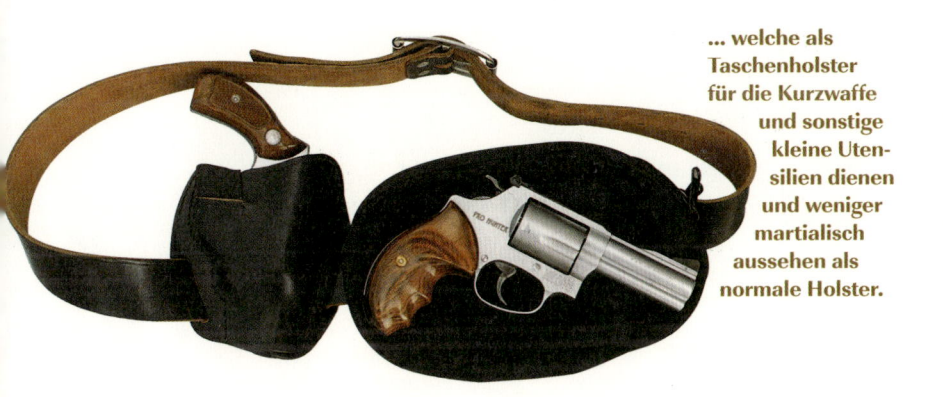

# Kurzwaffen für die Jagd 65

... welche als Taschenholster für die Kurzwaffe und sonstige kleine Utensilien dienen und weniger martialisch aussehen als normale Holster.

werden können. Vor allem können sowohl in der taktischen Weste wie am Nachsuchengürtel auch andere wichtige Ausrüstungsgegenstände wie Taschenlampe, Verbandspäckchen, Mobiltelefon, Messer, Revierkarte, Reservepatronen usw. ständig arbeitsbereit gehalten und bei einem Einsatz ohne langes Herumkramen schnell mitgeführt werden.

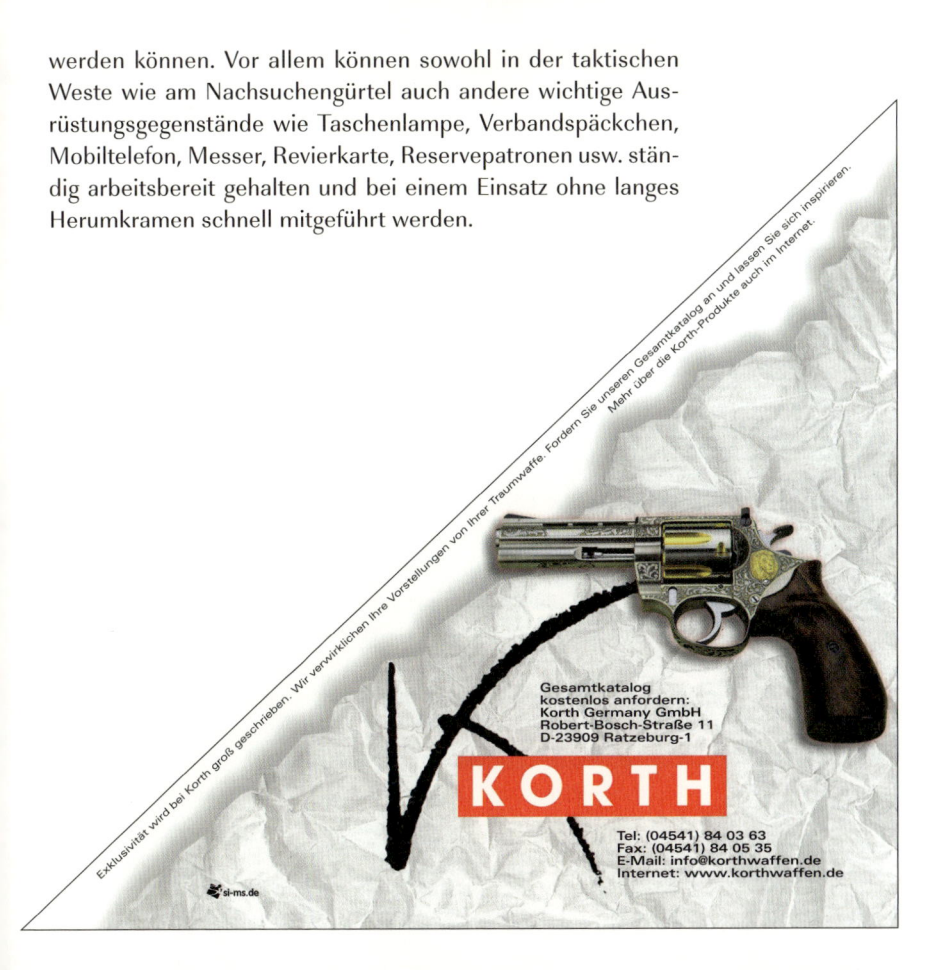

Exklusivität wird bei Korth groß geschrieben. Wir verwirklichen Ihre Vorstellungen von Ihrer Traumwaffe. Fordern Sie unseren Gesamtkatalog an und lassen Sie sich inspirieren. Mehr über die Korth-Produkte auch im Internet.

Gesamtkatalog kostenlos anfordern:
Korth Germany GmbH
Robert-Bosch-Straße 11
D-23909 Ratzeburg-1

**KORTH**

Tel: (04541) 84 03 63
Fax: (04541) 84 05 35
E-Mail: info@korthwaffen.de
Internet: www.korthwaffen.de

# Munition für die Jagd

## Büchsenkaliber praktisch

**Keine tabellarische Auflistung möglich**

Wer in diesem Kapitel eine tabellarische »ja/nein«-Auflistung oder Kaliberempfehlungen für diese oder jene Wildart oder Jagdart zu finden hofft, wird vielleicht enttäuscht sein. Es ist aber nicht möglich, solche Empfehlungen ohne nähere Durchleuchtung der Umstände und ohne Berücksichtigung wichtiger Leistungsparameter abzugeben. Schon gar nicht pauschal. Bei der Kaliberauswahl spielen zudem soviel persönliche Vorlieben mit hinein, dass ein noch so gut gemeinter und technisch fundierter Rat von vorneherein auf unfruchtbaren Boden fallen müsste. Manchmal sogar ohne negative Auswirkungen, denn der Erfolg »des Kalibers« – und mag es noch so gut und geeignet erscheinen – hängt auch von der Waffe, vor allem vom Geschoss, von den äußeren Umständen beim Schuss, vom Ziel und nicht zuletzt von der Einstellung des Schützen zur verwendeten Patrone ab. Letzteres ist in der Psyche des »Benutzers und Besitzers« zu suchen und gipfelt meist in dem, was wir Subjektivität nennen. Insofern bleibt auch die nachfolgende Beschreibung nicht davon verschont, sich subjektiv zu lesen.

**subjektive Auswahlkriterien**

Wenn in der Kapitelüberschrift von »Kaliber« die Rede ist, so sind weniger die Lauf- oder Geschossdurchmesser gemeint, sondern die verschiedenen handelsüblichen Patronen, bzw. noch genauer, die in großer Vielfalt vorkommenden Laborierungen. Damit kommen wir zu einem Kernpunkt: Man kann nicht sagen »Das Kaliber 6,5 mm schießt schlecht, weil es Freiflug hat«. Man kann auch nicht pauschalieren »Hochwildkaliber beginnen erst ab 8 mm«. Denn von den enorm unterschiedlichen Laborierungen der vielen 6,5-mm-Patronen sind nur wenige dabei, deren Geschosse wirklich Freiflug haben und von denen wiederum gibt es welche, die trotz Freiflugs genauso gut oder besser schießen als andere. Genauso wenig sachkundig wäre die Aussage »... 8 mm ist jedenfalls besser!« Bei Licht besehen würde das bedeuten, dass eine 8 x 57 IR mit $E_{150}$m von gerade noch 2000 Joule wirkungsvoller wäre als eine .300 Win. Mag. mit 11,7 g TIG und $E_{150}$m von 4200 Joule. Im Prinzip kann man »ein Kaliber« überhaupt nicht bewerten, nicht einmal »eine Patrone«. Ganz korrekt dürfte man bei jeder Beurteilung ausschließlich von einer bestimmten »Laborierung« sprechen. Dazu ein Beispiel: Im 7-mm-Kaliber gibt es von der 7 x 57 R über die 7 x 57, 7 x 65 R, 7 x 64, .280 Remington und 7 mm Remington Magnum ca. zehn verschiedene Ladungen mit Brenneke-TI-Geschossen. Deren Leistungsspielraum reicht bei unterschiedlichem Aufbau der mit zwei unterschiedlichen Geschossgewichten (10,5 und 11,5 g) angebotenen Spezialgeschosse von 750 m/s bis 910 m/s Mündungsgeschwin-

»Kaliber« kann mehrerlei bedeuten

Nur die Laborierung kann beurteilt werden.

»Büchsenkaliber praktisch« ist von der Beute und der Waffenart abhängig. Bei Leicht- oder Kurzversionen ist die Patronenwahl zu berücksichtigen. So empfiehlt Blaser für die kurzläufige R 93 Attaché vor allem die .243 Win., die 6,5 x 57 und die .308 Win.

Kleine Patronen dürfen nicht überfordert werden: Zwar zeigt das RWS TM-Geschoss der .22 Magnum (hier stark vergrößert) eine hervorragende zielballistische Reaktion – man beachte den im Wildkörper sauber aufgepilzten, nur wenig Masse verlierenden Geschossrest – doch befindet sich die Patrone z. B. für den Fuchs bei größerer Distanz als etwa 80 m auf der unsicheren Seite.

Wettkampfschießen der Jägerschaft

.22 Magnum für den gelegentlichen Küchenhasen

digkeit und von 3200 bis 4800 Joule Mündungsenergie. Keine sehr sachgerechte Vereinfachung, wenn ernsthafte Empfehlungen etwa lauten: »Für schweres europäisches Hochwild ist das Kaliber 7 mm nur mit schwerstem Geschoss tauglich«, oder?

Andererseits führt gerade dieses Beispiel zu einem weiteren Kernpunkt: Es wird zu wenig geschossabhängig gedacht. Wenn man die Tauglichkeit des Kalibers 7 x 64 im Vergleich zur 7 mm Remington Magnum betrachtet, so bringt die letztere bei gleichem Geschoss zielballistisch nicht mehr als die kleinere Patrone. Anders bei den Weitschusseigenschaften, denn die Magnum weist die gleiche kinetische Leistung bei gleichem Geschoss noch auf eineinhalbfacher Entfernung auf. Andererseits hieße es Äpfel mit Birnen vergleichen, wenn jemand ein einfaches Teilmantelgeschoss mit einem zwar gleichschweren, gleichkalibrigen, gleichschnellen, aber doch mit ganz anderen Zielen konstruierten Deformationsgeschoss vergleichen würde.

Doch nun zu den Verwendungsgruppen und den zugehörigen Laborierungen. Bei den Übungs- und Wettkampfschießen der Jägerschaft ist es schon lange so, dass man ohne Spezialwaffe und Spezialladung kaum mehr »aufs Treppchen« kommt. Es dominiert die .22 Hornet mit Matchgeschoss und die .222 Remington mit den preisgünstigen Scheibengeschossen.

Beim Schuss auf Wild müssen an das Geschoss andere Bedingungen gestellt werden als beim Schuss auf die Scheibe. KK-Munition gleich welcher Laborierung taugt nur für ganz einfache Verhältnisse, hat sich aber beim nicht zu weiten Schuss auf Kanin ganz gut bewährt. Für den gelegentlichen Küchenhasen kann man die .22 Magnum mit dem Teilmantelgeschoss nehmen. Ansonsten gilt als Kleinwildpatrone die .22 Hornet mit Teil- oder Vollmantelgeschoss, wobei letzteres zielballistisch oftmals hinter den Erwartungen zurückbleibt, vor allem beim Fuchs.

## Munition für die Jagd

Für Kleinwild sind die .222 Rem. Teilmantel-Ladungen unnötig stark, es sei denn auf größeren Entfernungen. Dasselbe trifft für die schnelleren 5,6-mm-Patronen ab 5,6 x 50 (R) zu, auch für die nicht mehr so geläufige .17 Remington.

Unsere kleinste Schalenwildart, das Reh, kann bereits mit der .222 Remington bejagt werden, doch ist diese selbst in den Laborierungen mit schweren Geschossen ab 3,4 g als unterste Grenze anzusehen. Besser mit Reserven ausgestattet sind geschossschwerere 5,6-mm-Patronen z. B. die .223 Rem oder die 5,6 x 50 (R) mit 3,6 g bis 4,1 g TMS oder die 5,6 x 52 R mit 4,6-g-TMS. Je höher das Geschossgewicht, desto besser! Gute Rehwild-/Fuchspatronen für alle jagdlichen Entfernungen sind die 5,6 x 57 (R) mit dem 4,8-g-KS und die .22-250 mit festen Geschossen ab 3,6 g. Achtung bei den weichen Geschossen der sehr schnellen .22er Patronen z. B. .220 Swift oder .22-250 Remington! Sie sind nicht für den Schuss auf Schalenwild konzipiert, wenngleich von manchmal spektakulärer (aber leider nicht konstanter) Wirkung.

**.222 Rem.: Minimum für Rehwild**

**»Lieber eine Nummer schwerer!«**

**Rehwild kommt mit vielerlei Kalibern, Ladungen und Geschossen zur Strecke. Dabei muss nicht »kaliberspezifisch« gedacht werden, doch bieten spezielle Rehwildladungen einen Kompromiss zwischen tierschutzgerecht schneller Augenblickswirkung und geringer Wildbretentwertung (Krieghoff Drilling mit Einstecklauf 6 x 70R, zu sehen ist der Ausschuss des schräg beschossenen Stückes).**

Gut im Rennen um die Gunst des Rehwildjägers liegt die 6 x 70 R »Rehwild«. Der große Vorteil dieser für die Verwendung speziell für Einstecklaufe bewusst verhalten laborierten Patrone ist der niedrige, deshalb verschlussschonende Gasdruck. Die .243 Winchester mit ihrer Geschosspalette von etwa 4,5 Gramm bis etwa 6,5 Gramm ist wie die 5,6 x 57 eine

**Festen Geschossen den Vorzug geben.**

Rehwildpatrone auch für weite Entfernung, wobei den festen Geschossen (z. B. 6,2-g-KS oder Nosler Partition) der Vorzug gegeben werden sollte. Mit ihr kann nämlich gleichzeitig leichtes Hochwild (Gams, Rotwild) mitbejagt werden, wo das erlaubt ist, z. B. in Österreich. Das gleiche gilt für die hülsenlängeren und für weite Schüsse tauglichen Patronen des Kalibers .243/6,2 mm von 6 x 62 Fréres bis .244 Weatherby Magnum.

**Minimum für Hochwild 6,5 mm und 2000 Joule**

Die in Deutschland auf Hochwild zugelassenen 6,5 mm Patronen von 6,5 x 55 über 6,5 x 57 (R) und 6,5 x 65 (R) über 6,5 x 68 (R) bilden den Übergang zu den »Hochwildpatronen«. Während die leichten Laborierungen der verschiedenen 6,5 mm Patronen mit 6 oder 7 g leichten Geschossen als weitreichende Reh- und Gamspatronen angesehen werden, sollten für schwereres Wild Geschossgewichte ab etwa acht Gramm zur Anwendung kommen.

Als nächstes zu nennen wären die .270- und 7-mm-Patronen, wobei deren leichtere Geschosse (bis etwa neun Gramm) sowie die einfachen Teilmantelgeschosse auch größerer Masse für schwächeres Wild gedacht sind. Ausreichende Festigkeit

**Die Beliebtheit der gut mit Ladungen versorgten .308 Win. beruht auch auf ihrer Eignung für Waffen mit kurzem System und kurzem Lauf (hier Steyr Scout).**

und kontrollierte Deformation vorausgesetzt, beginnen die Hochwildlaborierungen bei etwa 7 x 57 (R) und .308 Winchester (kurze Entfernungen) bzw. 7 x 64/7 x 65 R und .30-06. Letztere Patronen können als »universell« angesehen werden, zusammen mit den im gleichen Spektrum befindlichen hül-

senkürzeren 8-mm-Patronen wie 8 x 57 IS/IRS. Es wird immer wieder behauptet, solche »großen« Patronen seien »unnötig stark« für Rehwild: Das ist vor allem auf die Wildbretentwertung bezogen.
Untersuchungsreihen und Erfahrungen aus der Praxis haben dagegen ganz klar ergeben, dass mit diesen mittelschnellen, mittelschweren Universalgeschossen Rehwild sehr wohl effektiv und wildbretschonend erlegt werden kann. Bisweilen zeigen die größeren Geschosse wie z. B. 7-mm-10,5-g-KS oder 8 x 57 I(R)S 12,8 g-TIG weniger Wildbretentwertung als Laborierungen mit leichten, schnellen Geschossen weichen Aufbaus.
Direkt nach der »Universalpatrone für Reh- und Hochwild« gefragt, werden viele Praktiker »7 x 64/7 x 65 R bzw. .30-06« antworten. Letztere Patrone scheint auch für den Jagdreisenden interessant zu sein, weil die Munition weltweit zu haben ist. Es versteht sich aber von selbst, dass die Universalität wie eingangs beschrieben, stark geschossabhängig ist, wobei für Hochwild immer ein genügend festes Deformationsgeschoss verwendet werden sollte. Darunter sind z. B. zu verstehen das 7-mm-10,5-g-KS oder das .30"-11,6-g-Nosler Partition. Etwas über der .30-06 und in Leistung und Gasdruck unterhalb der .300 Win.Mag. liegt die .30 Rand Blaser. Das ist eine für Kipplaufwaffen konstruierte, da ausziehsichere Alternative zur randlosen .30-06.
Übrigens haben die »gute alte« 8 x 57 IS und ihre Randschwester 8 x 57 IRS noch lange nicht ausgedient, aber der Schritt zu den nächst stärkeren Patronen scheint logisch, z. B. zum Kaliber .338"/8,5 mm, dem die in Nordamerika als Big-Game-Patronen bekannten .338 Win. Mag. und .340 Weatherby Magnum angehören sowie die universellen deutschen Hoch-

**»Dicke« Patronen oft Wildbret schonender**

**Büchsenkaliber privat** – die vom Verfasser hauptsächlich verwendeten Patronen: Bei den Randpatronen sind es (von rechts) die 6,5 x 57 R für Rehwild und die .30 R Blaser sowie die 8,5 x 63 R als Universalpatrone. Für schweres Afrika-Wild geht die 500/.416 NE mit auf die Reise.

**Universell z.B.** .30-06 und .30 R

**.338"/8,5 mm:** Bei uns unterbewertet

## Munition für die Jagd

**Von Werner Reb entwickelt: 8,5 x 63 und 8,5 x 63 R**

wildpatronen 8,5 x 63 und 8,5 x 63 R. Diese wurden in den Jahren 1983 bis 1987 vom Verfasser entwickelt und füllen etwa die Lücke zwischen 7 x 65 R/.30-06 und 9,3 x 74 R/9,3 x 62, wobei die genannten Patronen leistungsmäßig mit abgedeckt werden, da Geschosse von etwa zehn Gramm bis etwa neunzehn Gramm zur Verfügung stehen. Darunter sind ausgesprochene Deformations- und Spezialgeschosse wie die Nosler Partition 13,6 g und 16,2 g oder die Barnes-X von 10,6 bis 16,2 g, sowie Vollmantelgeschosse für »Pelzträger« und Großwild. Die 8,5 x 63 (R) hat die CIP-Zulassung und ist maßlich festgelegt da in den Anhang zum BWaffG aufgenommen, aber eine Wiederladerangelegenheit.

Etwas über die Eignung der 9,3 x 62, der 9,3 x 64 und der Randpatrone 9,3 x 74 R für Hochwild sagen zu wollen, ist überflüssig. Zur Abrundung des Standard-Geschossangebots von etwa 17 bis 19 g sind auch

**Büchsenkaliber privat: Im Repetierer verwendet der Verfasser die auf Weitschüsse spezialisierte 6,5 x 68 (links) sowie die .30-06. und die universelle 8,5 x 63. Die .416 Remington Magnum hat sich auf schweres und gefährliches Wild bewährt.**

gute Geschosse geringerer Masse am Markt, z. B. das 14,6 g DK von RWS, das 15,0-g-Vulcan von Norma oder das 16,0-g-KS von RWS. Alle 9,3 mm Patronen haben sich für Auslandsreisen etwa nach Canada oder Alaska eingeführt und die 9,3 x 64 konnte selbst in Afrika ihren Anteil gegenüber der .375 Holland & Holland halten, zumal Zimbabwe

**Schenken sich nichts: 9,3 x 64 und .375 H&H Magnum**

und andere Jagdreiseländer die schon früher umstrittene Mindestkalibergrenze für starkes Großwild von 9,5 auf 9,2 mm herabgesetzt haben.

Die dicken Geschosse der 9,3 haben genügend Reserven auf Großkatzen, große Bären oder starkes Schalenwild. Die in der gleichen Klasse wie die 9,3 x 64 liegende .375 Holland & Holland wird von vielen weltweit reisenden Großwildjägern als die universelle Großwildpatrone überhaupt angesehen.

Über die Leistung der 9,3 x 64/.375 H & H hinausgehend gibt es die .416er Patronen von Remington, Rigby und Weatherby, denen eine gute Wirkung bescheinigt wird. Dies gilt auch für die in der Doppelbüchse Krieghoff Classic geführte Randpatrone .500/416 N.E.

Patronen Kaliber .458 oder noch stärkere müssen nur der intensiv Großwild jagende Gast und die afrikanischen oder alaskanischen Berufsjäger haben. Dabei kommen besonders die .458 Win.Mag., die .460 Weatherby Mag. und die .470 N.E. oder .500 N. E. zur Anwendung.

Nie sollte man sich dazu verleiten lassen, die untere Grenze einer Leistungskategorie anzusteuern. Es ist weder sportlich noch tierschutzgerecht, mit zu schwacher Ladung zu schießen. Also bei allen Kalibern, Patronen und Laborierungen lieber »eine Nummer« größer wählen.

*Patronen ab Kaliber .416 nur für schweres und wehrhaftes Großwild*

*Zu schwache Leistung ist weder sportlich noch tierschutzgerecht*

## Alte Jagdpatronen

In den Sechzigern und Siebzigern des 20. Jahrhunderts nannte man technisch überholte oder auf Grund des fehlenden Angebots an dafür eingerichteten Waffen nicht mehr gebräuchliche Munitionen auch »auslaufende Patronen«. Die Bezeichnung stammt vom DJV-Ausschuss für Waffen und Munition, der sich 1956 Gedanken über ein »Rationalisierungsprogramm« bei der Herstellung von Jagdbüchsenpatronen gemacht und dabei drei Gruppen gebildet hatte: »Standardpatronen«, »Spezialpatronen« und »Auslaufende Patronen«.

Die Liste derjenigen Patronen, die nach Meinung des Ausschusses nicht mehr gefertigt werden sollten, fand sogar ihren Niederschlag im Waffengesetz von 1968, in dem vielen Patronensorten bis 1972 eine letzte Frist eingeräumt wurde. In den Gesetzen von 1972 und 1976 verschwand diese Regelung jedoch wieder. Glücklicherweise, denn die Erhaltung von historischen Patronen ist ein Anliegen ihrer Liebhaber und auch ein kulturhistorisches. Durch die Herausnahme der auslaufenden Patronen aus dem Gesetz bleibt es der Munitionsindustrie überlassen, welche der in der Anlage zur WaffVO aufgeführten und normierten Patronen sie herstellen will. Hier liegt auch der Grund, warum Munitionsproduzenten wie Dynamit Nobel von Zeit zu Zeit und der Nachfrage ent-

*Kategorisierung der Patronen glücklicherweise nicht mehr waffenrechtlich reglementiert*

*Alte Patronen sind ein wichtiger Bestandteil der Waffenhistorie und Munitionsentwicklung*

## »Auslaufende« Sorten ab und zu neu aufgelegt

sprechend die ursprünglich »auslaufenden« Sorten 6,5 x 54 Mannlicher Schönauer, 8 x 57 I, 8 x 57 IR, 8,15 x 46 R, 9,3 x 72 R und 10,75 x 68 wieder auflegen und so die zahlreichen noch in gutem Zustand befindlichen Waffen dieser Kaliber versorgen.

Stehen keine fabrikfrischen Patronen mehr für Opas Donnerbüchse zur Verfügung, ergeben sich immer noch mehrere Möglichkeiten: Die sicher unbeliebteste ist die Stilllegung der Waffe die jedoch bei einem schlechten sicherheitstechnischen Zustand in Erwägung gezogen werden muss. Die nächste Möglichkeit ist

## Futterlauf krititsch

der Umbau in ein gängigeres Kaliber, z. B. durch Einlegen eines Futterlaufes oder eines neuen Laufes oder eines Laufbündels. Umbauten sind aus zwei Gründen kritisch:

1. wegen sicherheitstechnischer Aspekte: Viele Waffen gehen nach dem Umbau wegen technischer Mängel nicht mehr durch den Beschuss (was gleichzeitig einen finanziellen Aspekt darstellt, denn die Waffe wird wertlos),
2. wegen des Wertverlustes: Überarbeitete Waffen sind schwer an den Mann zu bringen, wenn sie einmal veräußert werden müssen,
3. wegen des Verlustes an Originalität: Dieser jagdkulturhistorische Aspekt trifft weniger den Einzelnen, sondern eher das Gesamtgebiet der Waffen- und Munitionshistorie.

## Keine alten Patronen verschießen!

Die Munitionsbeschaffung auf antiquarischem Wege kann wegen Überalterung und oftmals ungeklärter Herkünfte der alten Patronenbestände und einer möglichen Gefährdung des Schützen keinesfalls empfohlen werden und würde zudem das sowieso schon begrenzte Potenzial an Sammlerpatronen empfindlich schwächen. Daher bleibt das Wiederladen die beste Möglichkeit der Munitionsbeschaffung.

Es gibt heute ein so umfangreiches Komponentenangebot, dass im Prinzip jede alte Patrone wiedergeladen werden kann. Stehen lediglich alte oder keine Hülsen zur Verfügung, so besteht die Möglichkeit der Hülsenumformung. Die erledigt man manchmal mit nur einem einzigen Durchgang in der Kalibriermatrize, z. B. die Formung einer 8 x 72 R aus einer 9,3 x 72 R moderner Fertigung oder Formung einer Hülse 9 x 57 aus einer 8 x 57 IS. Natürlich gibt es wesentlich schwierigere Umformungsarbeiten, z. B. 6,5 x 58 R aus 9,3 x 72 R oder die Formung einer randlosen Hülse, z. B. 8 x 75 S aus einer Randhülse 9,3 x 74 R, doch auch diese sind machbar.

## Hülsenumformung

Demgegenüber bereiten Zündhütchen und Treibladungspulver kaum Schwierigkeiten. Für viele der alten Patronen gibt es erprobte Ladungsrezepturen mit modernen Komponenten, nachzulesen z. B. in den Veröffentlichungen der DEVA oder im Buch »Wiederladen« von Dynamit Nobel.

**Moderne Komponenten für alte Patronen**

Bereitet die Geschossbeschaffung Kopfschmerzen, z. B. wegen eines unüblichen Durchmessers der alten Waffe, kann man existente Geschosse mit Umpresswerkzeugen auf das gewünschte Maß bringen. Auch gibt es Gießwerkzeug zur »heissen« oder Presswerkzeug zur »kalten« Herstellung von Bleigeschossen. Diese dienen meistens für leichte, »reduzierte« Ladungen und ermöglichen den Gebrauch des »guten Stücks« wenigstens auf der Scheibe.

**»Kalte« und »heisse« Herstellung von Bleigeschossen**

»Alte Patronen« können also vom Wiederlader mit neuen Komponenten belebt werden – und damit die entsprechenden Waffen. Hat man jedoch den geringsten Zweifel am technisch einwandfreien Zustand des alten »Püsters«, so muss ein Beschuss oder zumindest eine sachkundige Überprüfung durch den Büchsenmacher vorausgehen, bevor mit den ersten Wiederladeversuchen begonnen wird!

**Oft ist ein Beschuss nötig**

Alte Patronen sind oft unsicher und sollten nicht mehr verwendet werden. Aber nicht entsorgen (oder gar wegwerfen – ungesetzlich!), sondern dem Sammlermarkt zuführen. Das Beispiel »360 D« ist eine 9,3 x 72 R.

## Wiederladen

Viele Jäger laden ihre Jagdmunition selber, nicht weil sie mit den in bester Qualität lieferbaren werksgeladenen Patronen nicht zufrieden wären, sondern aus anderen Gründen, auf die noch

**Wiederladen – die Hülse wird ein weiteres Mal verwendet.**

eingegangen wird. Jedenfalls ist die Wiederladerei aus dem jagdlichen Munitions- und Schießwesen nicht mehr wegzudenken und es gingen schon zahlreiche Impulse für die kommerzielle Patronenfertigung davon aus. Beim Wiederladen wird die aus der gleichen Waffe stammende Hülse ein weiteres Mal verwendet, d. h. in vorbildlicher Weise wiederaufbereitet (»recycled«) und mit neuen Komponenten – Zündhütchen, Treibladung und Geschoss – versehen.

*Handladen mit neuer Hülse*

Von Handladen spricht man, wenn jeweils neue statt gebrauchte Hülsen verwendet werden. Handladen ist naturgemäß teuer – wegen des relativ hohen Preises für eine Neuhülse – und wird daher seltener betrieben. Das Handladen oder Wiederladen war bereits vor dem Zweiten Weltkrieg beliebt. Es beschränkte sich damals allerdings auf nur wenige Kaliber und Patronen, vornehmlich die »Försterpatrone« 9,3 x 72 R und die seinerzeit beliebte Schützenpatrone 8,15 x 46 R. Nach dem Zweiten Welt-

*Keine »schwarze Magie« mehr*

krieg begann man ziemlich zaghaft mit dem Wiederladen – den wirtschaftlichen und politischen Umständen entsprechend – bis sich gegen Ende der sechziger Jahre und bis jetzt unvermindert anhaltend, ein regelrechter Industriezweig aufbaute. Wiederladen hat nichts mehr mit dem Sektierertum der Nachkriegszeit zu tun, zumal sich die kommerziellen Munitionshersteller schon seit Ende der Siebziger munter beteiligen und nahezu ihr volles Komponentensortiment anbieten.

Die Gründe für das Wiederladen sind vielfältig. So kann man, wenn es der technische Zustand der Waffe erlaubt bzw. wenn dieser durch einen vorsichtshalber freiwillig durchgeführten Be-

*Wiederladen für alte Waffen*

schuss bestätigt ist, Munition für alte Waffen laden. Das soll nun nicht heißen, dass jede verrostete Donnerbüchse mit aller Gewalt wieder zum Schießen gebracht werden soll, aber es macht schon Spaß, im Handel längst nicht mehr gängige Munition für eine spezielle Waffe maßzuschneidern. Viele potenzielle Wiederlader sehen die Kosteneinsparung als wichtigsten Grund und haben recht, wenn man sich die Preise für manche Patronen ansieht. Bei betriebswirtschaftlicher Denkweise wird jedoch

*»Billiger, öfter, besser schießen!«*

schnell klar, dass wegen der langwierigen Amortisation und der hohen Werkzeugpreise unter dem Strich vom Gewinn nichts mehr übrig bleibt, vor allem bei einem intensiveren Einstieg in die Materie. Trotzdem darf man sagen, dass Wiederladen billiger sein kann als das ausschließliche Verschießen werksgeladener Munition. Wiederlader schießen im Verhältnis zu den meisten sonstigen, selbst den fleißigen Schützen viel. Das wirkt sich direkt auf die Leistung aus.

Wenn behauptet wird, dass wiedergeladene Munition besser sei – im Sinne von qualitativ hochwertig – als fabrikgeladene, so klingt dies im Zeitalter der hochtechnologischen kommerziellen Fertigung von Fabrikmunition provokativ. Andererseits will der Wiederlader auch nicht behaupten, dass die Fabrikmunition schlecht wäre, sondern mit »besser« nur ausdrücken, dass seine Patronen genau für seine Waffe geladen und auf diese abgestimmt sind. Dieses »maßschneidern« von Munition auf die ganz spezielle Waffe kann den Anspruch des »besseren« durchaus rechtfertigen.

»Maßgeschneiderte« Munition

Das Benchrestschießen, wie es sich seit Anfang der achtziger Jahre auch bei uns etabliert hat, ist ausschließlich auf das Wiederladen angewiesen. Schon allein daraus ergibt sich, dass die Eigenpräzision einer beliebigen Waffe nur mit wiedergeladenen Patronen ausgeschöpft werden kann. Mit der genauen bzw. waffenspezifisch verbesserten Kopie von Fabrikpatronen ist das Repertoire des versierten Wiederladers noch lange nicht erschöpft. Dieser macht sich nämlich, neben den Standardladungen, auch noch sogenannte reduzierte Ladungen, mit denen entweder auf dem Schießstand kostengünstig geübt oder beispielsweise mit der Hochwildbüchse auf Kleinwild geschossen werden kann. Man denke auch an Vollmantellaborierungen für den Winterfuchs oder den gelegentlichen Küchenhasen aus einer Waffe, für die es am Markt nur normale Teilmantelpatronen gibt. Oder an eine spezielle Fangschussladung, oder eine besonders leistungsfähige Weitschusspatrone mit einem besonders wirkenden Geschoss aus einer Standardpatrone.

Hohe Eigenpräzision

Das zu Beginn aufwändigste am Wiederladen ist der Lehrgang und die Prüfung, die man absolvieren muss, um die Erwerbsberechtigung für das Treibladungspulver zu erlangen. Die Geräte schlagen, für ein Kaliber, mit etwa soviel zu Buche, wie man für fünf Schachteln guter Büchsenmunition ausgeben muss. Natürlich sind bei den Investitionskosten nach oben keine Grenzen gesetzt, wenn man sich spezialisieren und tiefer einsteigen will. Jedes weitere Kaliber bzw. die Werkzeuge hierfür fordert den Gegenwert weiterer zwei Schachteln Patronen.

»Sprengstoff-Erlaubnis«

Der Wiederlademarkt hat sich heute zu einer Industrie entwickelt, deren Angebot nur noch von Eingeweihten überschaubar ist. Nahezu alle Komponenten der fabrikgeladenen

Munition für die Jagd

**Ist die alte Waffe in Ordnung, was durch Überprüfung beim Fachmann oder Neubeschuss festgestellt wird, so können die Patronen mit marktgängigen Werkzeugsätzen und modernen Komponenten wiedergeladen werden.**

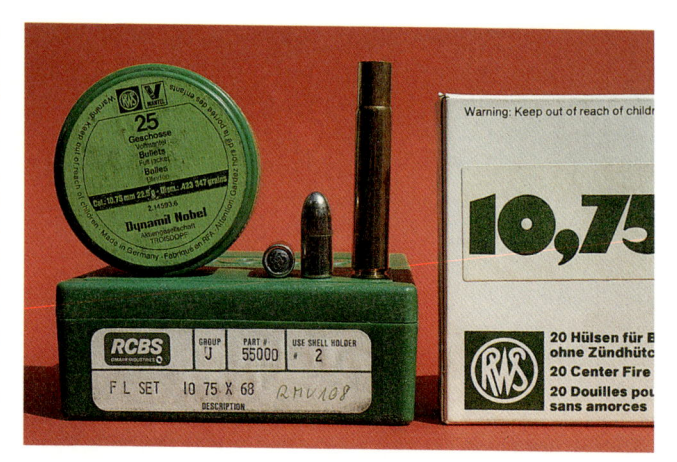

Richtige Aufbewahrung

Patronen sind erhältlich und darüber hinaus noch einmal die vielfache Menge an weiteren geeigneten Komponenten. Nur der Erwerb von Treibladungsmitteln, der Umgang und damit seine Aufbewahrung unterliegt behördlichen Beschränkungen. Übertriebene Auflagen werden dabei nicht verlangt. Die Aufbewahrungsrichtlinien sind (abgesehen von Kleinigkeiten) so abgefasst, dass man ihre Auflagen im eigenen Sicherheitsinteresse sowieso erfüllen würde. Treibladungspulver gilt zwar nach dem Gesetz als »Sprengstoff«, ist jedoch von der Technik und Auswirkung her lediglich ein Treibmittel und birgt damit viel weniger »Gefahr« für Anwender und Unbeteiligte, als so manche sonstigen Gegenstände des täglichen Bedarfs.

Die Geräte zum Wiederladen von Metallpatronen sind vor allem

Notwendige Geräte

- die **Ladepresse** zur Aufnahme der Matrizen
- der **Matrizensatz** aus je einer Kalibrier- und Setzmatrize
- sowie ggf. einer Aufweitmatrize für Hülsen mit zylindrischem Verlauf,
- der **Hülsenhalter**,
- die **Pulverwaage**,
- ein **Zündhütchensetzgerät**
- ein **Hülsenkürzgerät**
- verschiedene Kleinwerkzeuge wie **Hülsenmundentgrater**, **Zündglockenreiniger**
- sowie **Messschieber** (Schiebelehre) und **Mikrometer**.

Für jedes weitere Kaliber sind dann jeweils nur ein weiterer Matrizensatz ggf. samt Hülsenhalter sowie einige Kleinteile nötig.

# Munition für die Jagd

**Wiederladen Schritt für Schritt**

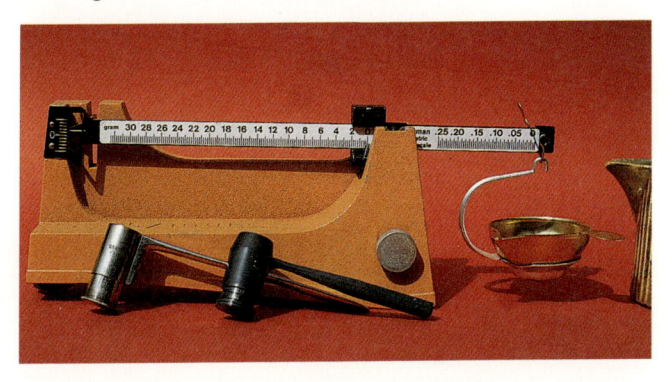

Der Arbeitsablauf beim Wiederladen stellt sich so dar: Zuerst werden alle Hülsen inspiziert und die zweitklassigen weggeworfen (der Wiederlader braucht hier nicht sparen). Zweckmäßigerweise verwendet man immer nur Hülsen aus der gleichen Fertigung, die aus der eigenen Waffe verschossen, bzw. die als Neuhülsen mit gesicherter Herkunft neu verladen wurden. Danach wird die Hülse leicht gefettet und in der Kalibriermatrize auf die ursprüngliche Form zurückgepresst, denn bekanntlich dehnt sich die Hülse beim Schuss. Das verbrauchte Zündhütchen wird im gleichen Arbeitsgang oder separat ausgestoßen. Nach dem Entfetten der Hülse und dem Reinigen der Zündglocke von Zündsatzasche wird die Länge der Hülse überprüft, da diese sich meist im Schuss streckt. Nach Bedarf erfolgt das Kürzen der Hülse auf der Hülsenfräse. Mit einem kleinen Entgrater wird der Hülsenmund nachbehandelt und die Hülse ist fertig für die Aufnahme der Komponenten.

**Pulverladungen werden auf 100stel Gramm genau gewogen, wofür metrische Waagen mit Grammeinteilung und Ladeangaben in Gramm zur Verfügung stehen (in Handbüchern der DEVA, Dynamit Nobel und von skandinavischen Herstellern). Das veraltete »Grain« darf nicht mehr benützt werden.**

Das Zündhütchen wird mit Hilfe eines in die Presse integrierten Setzstempels in die Zündglocke eingepresst. Das muss unbedingt »mit Gefühl« geschehen, weswegen man sich besser eines separaten Zündhütchensetzers bedient. Die ermittelte Pulverladung wird auf der Pulverwaage abgewogen und über einen Trichter in die Hülse gegeben. Dabei arbeitet man auf einhundertstel Gramm genau! Die richtige Pulvermenge wurde, wie die ganze Rezeptur, aus der Ladeanweisung des Pulverherstellers oder aus dem Handbuch der DEVA oder der Dynamit Nobel entnommen. Eine solche Rezeptur muss in allen (!) Teilen befolgt werden, da der Wechsel auch nur einer Komponente – beispielsweise des Zündhütchens – zu beträchtlichen Veränderungen an Druck und Leistung führen kann.

**Rezeptur genau befolgen!**

**Wiederladen von Schrotpatronen, hier wird der Pfropfen gesetzt.**

**Ladefähigkeit prüfen!**

Schließlich wird mittels der Geschosssetzmatrize das vorgeschriebene Projektil aufgesetzt, und die Patrone ist fertig für eine Endüberprüfung: Man probiert sie in einer Ladefähigkeitslehre oder in der Waffe, natürlich unter Beachtung der Sicherheitsregeln.

Anschließend erfolgt die Überprüfung der Ladung auf dem Schießstand. Erst gute Schussbilder geben die Gewähr, dass sie guten Gewissens auf Wild verschossen werden kann. Die Schießprüfung sollte auch erfolgen, wenn man sich bereits vorher der Tauglichkeit dieser Ladung versichert hatte: Eine zusätzliche Überprüfung dient der laufenden Kontrolle der Komponentengleichmäßigkeit, nach dem Vorbild der Spezialisten in der Munitionsfabrik.

**Schießprüfung (Präzision und Treffpunktlage)**

Die obige Anleitung gilt auch für Kurzpatronen mit flaschenförmigen Hülsen (z. B. 7,63 mm Mauser oder .357 SIG); bei Kurzpatronen mit zylindrischer Hülse – und Büchsenpatronen mit zylindrischer Hülse wie .458 Win. Mag – ist eine dritte (Aufweit-)Matrize erforderlich. Die Lebensdauer einer Messinghülse ist stark abhängig von der Ladung, d. h. dem Gasdruck und anderen Umständen der Belastung. Deswegen gilt die Aussage, dass man eine Metallpatrone ungefähr 5 bis etwa 30 Mal wiederladen kann.

**Langlebige Messinghülse**

Schrotpatronen haben eine Komponente mehr als die Metallpatrone, nämlich das Zwischenmittel; es kann aus einem oder mehreren Teilen bestehen. Technisch ist das Verladen guter Schrotpatronen durch den Wiederlader möglich, doch sind dazu mehr Kenntnisse und auch eine umfangreichere und teurere Apparatur nötig als bei Kugelpatronen. Zudem ist bei niedrigen Schrotpatronenpreisen keine Einsparung möglich. Wiederladen ist zwar nicht notwendig, weil es hervorragende Fabrikpatronen gibt. Aber jeder überdurchschnittlich an Waffen und Munition Interessierte findet im Wiederladen ein äußerst dankbares Betätigungsfeld!

**Auch Schrotpatronen**

**Wiederladen ist nicht Selbstzweck**

## Freiflug

Über Definition und Auswirkung des Freiflugs gibt es selbst in sonst erfahrenen Kreisen unterschiedliche Meinungen und falsche Interpretationen. Dabei ist es ganz einfach:
Freiflug ist die Strecke, die das Geschoss innerhalb seines rotationslosen Weges vom Geschossraum der Hülse bis zum Eindringen in die Felder so zurücklegt, dass es mit dem Heck bzw.

**Nur eine Definiton ist richtig**

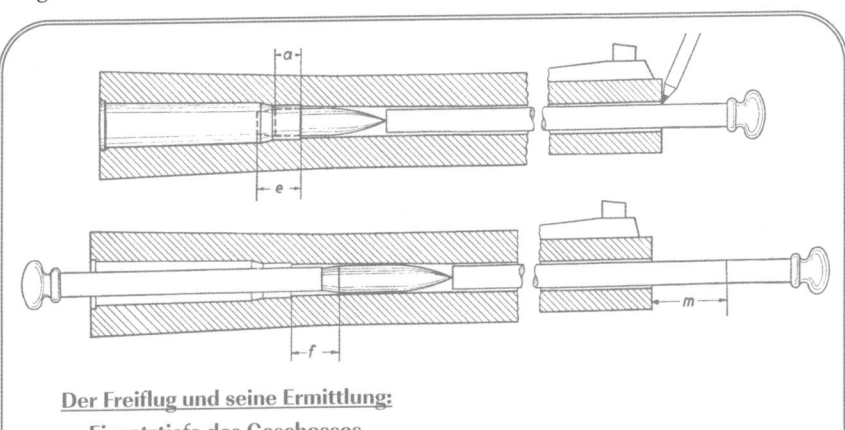

**Der Freiflug und seine Ermittlung:**
e  Einsatztiefe des Geschosses.
a  Ausschub mit (rotationsloser) Führung durch den Hülsenhals, der das Geschoss bei Bewegungsbeginn achsial ausgerichtet hält, so dass es nicht kippen kann. Hat das Geschoss bereits vor Bewegungsbeginn Anlage zu einem zu kurzen Übergangskonus, erhöht sich der Gasdruck bedeutend.
f  Freiflug, das heißt Flug ohne jede Geschossführung.
m = a + f  Messstrecke für die Summe von Ausschub und Freiflug.

**Nicht mit dem rotationslosen Geschossweg verwechseln**

seiner Führung bereits die Hülse verlassen hat, ohne mit seiner Führung in die Felder eingetreten zu sein. Freiflug darf nicht mit dem rotationslosen Geschossweg verwechselt werden, denn der ist das Maß der gesamten Strecke, die das Geschoss vom Geschosssitz der Hülse bis zum Beginn der Rotation im Lauf zurücklegt.

Freiflug ist nur dann vorhanden, wenn ein Geschoss im Vergleich zur Länge des Übergangskegels eine kurze Führung hat.

Zu großer Freiflug kann gewisse Nachteile für die Präzision haben, da während der Zeit, in der sich das Geschoss sozusagen »frei«, »im freien Flug« im Übergang befindet, die Treibgase an ihm vorbeischlagen und es zum Taumeln bringen können. Moderne Patronenfertigung und sauber geschnittene Lager der relevanten Waffen (z. B. 6,5 x 57 (R) in Verbindung

**Präzisionsnachteile heute beseitigt**

mit den 6,0-g-Geschossen) haben die früher beobachteten Präzisionsnachteile, welche zudem überbewertet wurden, inzwischen beseitigt.

## Welches Geschoss?

Wie bei den Kalibern für Büchsenpatronen ist es auch bei den Geschossen zwar möglich aber wenig sinnvoll, eine auf einzelne Projektile d. h. auf bestimmte Konstruktionen zielende Empfehlung abzugeben. Zu viele persönliche Neigungen und in möglicherweise stark subjektive Vorschläge mündende individuelle Erfahrungen spielen da mit hinein. Daraus ergibt sich eine weitere zwingende Aussage: Wer einmal eine aus der spezifischen Waffe gut schießende und bei angemessener Wildbretentwertung gut wirkende Laborierung ermittelt hat, sollte zufrieden sein und bei diesem Geschoss bleiben. Weiteres Herumexperimentieren hat dann wenig Sinn: Zum einen kann man auf Grund einer in aller Regel doch begrenzten Anzahl eigener Abschüsse viel zuwenig sachdienliche Aussagen treffen. Denn statistisch einigermaßen abgesicherte Aussagen können

**Lediglich einige Abschüsse lassen noch keine Bewertung der Ladung zu.**

frühestens nach 500 vorliegenden Abschussberichten getroffen werden! Und zum anderen sollte man die Geschosswirkung nicht mehr als unbedingt nötig zu »zu verbessern« suchen – vor allem nicht zu Lasten des Wildes –, wenn es nur mehr wenig oder nichts zu verbessern gibt.

# Munition für die Jagd 83

Historisch gesehen waren zuerst die Vollgeschosse da, erst aus mehr oder weniger reinem Blei, dann aus Bleilegierungen. Viel später kamen die Kupfermantelgeschosse und daraus entwickelten sich die Teilmantelgeschosse und Vollmantelgeschosse mit ihren so verschiedenen außen- und zielballistischen Vorgaben und Aufgabenstellungen. Schon ziemlich früh wurde versucht, die Wirkung der »einfachen«, lediglich aus einem Mantel sowie einem homogenem Bleikern bestehenden Teilmantelgeschosse zu verbessern: Wilhelm Brennekes weit mehr als nur richtungweisende, sondern geradezu epochale Erfindungen, das Torpedo Ideal Geschoss TIG und das Torpedo Universal Geschoss TUG, die seinerzeit beliebten Starkmantelgeschosse von DWM, die unverwechselbaren H-Mantelgeschosse von RWS; sie alle entstanden in den 20er und 30er Jahren des 20. Jahrhunderts. Deutschland war damals uneingeschränkt führend in der Patronen- und Geschossentwicklung und im Grunde gab es daran Jahrzehnte lang nichts mehr zu verbessern: Vom Wirkungsprinzip haben sich die TIG und TUG noch nicht verändert, auch nicht das H-Mantel-Geschoss. Es gilt als eines der Markenzeichen von RWS und passt als Teilzerlegungsgeschoss eigentlich gar nicht mehr so richtig in die Philosophie der gegen Ende des 20. Jahrhunderts aufkommenden

**Zuerst nur Vollgeschosse**

**TIG und TUG H-Mantelgeschoss**

**Teilzerlegungsgeschoss**

**Bei der Geschosswahl ist die Wild- und Jagdart entscheidend. Man sollte nicht ohne Grund in die Extreme gehen (weder von der Konstruktion noch von der Masse), wie am Beispiel .30 R und .30-06 gezeigt: links die schwersten bzw. leichtesten Geschosse dieses Kalibers, rechts (und in der .30 R verladen) die empfehlenswerteren mittleren Geschossgewichte.**

Deformationsgeschosse. Trotzdem oder gerade deshalb wird es gerne geführt – auch wegen seiner guten Präzision selbst in »Problemwaffen« sowie wegen seiner zuverlässigen zielballistischen Wirkung – und seine Bauart dient immer noch als Vorbild für neue Patente.

**Starkmantel KS-Geschoss**

Konstruktionsmerkmale der DWM-Starkmantelgeschosse flossen ein in die Idee zum Kegelspitzgeschoss (KS) der RWS. Von der äußeren Form ist das KS hervorragend dazu geeignet, die technischen Nachteile der langen Übergänge der wichtigen Kaliber 6,5 x 57 (R), 7 x 64 und 7 x 65 R zu meistern. Die aus der Form resultierende gute Präzision, gepaart mit den zielballistischen Konstruktionsmerkmalen wie kontrollierte Aufpilzung mit Vergrößerung der Geschossquerschnittsfläche bei Erhaltung eines genügend großen Geschossrestkörpers ohne großen Verlust von Masse, kennzeichnen das moderne Jagdgeschoss noch heute.

**Das Angebot an werksgeladenen Laborierungen ist meist vielseitig. Da moderne Geschosse zielballistisch allesamt gut wirken, könnte man sich auf die Ermittlung des aus der spezifischen Waffe am präzisesten treffenden Geschosses beschränken.**

Eine von der äußeren Form dem KS angenäherte Zweikammergeschossvariante ist das DK Doppelkerngeschoss von RWS. Es wurde 1996 eingeführt und hat sich seitdem einen guten Ruf als wildbretschonendes Universalprojektil für mittleres Wild erwerben können.

**Nosler Partition**

Ein weltweit beliebtes Jagdgeschoss ist das Nosler Partition. Es stammt der Konstruktion nach aus dem Jahre 1948 und wurde 1972 zur jetzigen Form und Ausführung verbessert. Das Zweikern-Geschoss soll mit seinem vorderen Teil bis fast zum

## Munition für die Jagd 85

*Ein Beispiel, wie die Leistung einer früher nur mit Geschossen einfacher Konstruktion verladenen Patrone mit modernen, z. B. massestabilen Barnes-X Deformationsprojektilen verbessert werden kann ist die .416 Rigby. Das Exempel ist mit anderen Geschossen auf andere Kaliber übertragbar.*

durchgehenden, aus Tombak bestehenden Steg aufpilzen und so den Geschossquerschnitt vergrößern, während der Geschossrest einen soliden Durchschlagskörper mit großer Tiefenwirkung bildet. Das Nosler Partition ist als Reserven haltendes Hochwildgeschoss anerkannt und zählt zu den konventionellen Deformationsgeschossen. Früher »nur« als Handladergeschoss vertrieben, wird es fabrikverladen u. a. von Federal, Norma, Weatherby, Winchester, Remington und Hirtenberger angeboten.

*Nosler Partition auch werksverladen*

Die Entwicklung hatte kurz vor dem Zweiten Weltkrieg in eine ganz andere Richtung gedeutet, als sie jetzt von den Deformationsgeschossen bestimmt wird, nämlich zum Splittergeschoss. Das mit zwei ziemlich dünnen Mänteln und Hohlspitze versehen D-Mantelgeschoss der ehemaligen RWS war dafür ein Beispiel, trotz teilweiser Erfolge aber auch ein Negativbeispiel für die Unzulänglichkeit einer Splittergeschosskonstruktion: Zwar können viele kleine und kleinste Splitter die im Geschoss innewohnende Energie so stark auf- und verteilen, dass ein solches »Sicherheitsgeschoss« keinen Ausschuss mehr hat und deshalb – auch wegen der totalen Zerlegung an Hindernissen in der Flugbahn – das Hinterland nicht gefährdet, doch hat es bei stärkerem Wild keine ausreichende Tiefenwirkung. Dem Wiederlader dient die D-Mantel Story als ein zusätzlicher Hinweis, auf keinen Fall die einfachen Jagdgeschosse dünner Mantelkonstruktion auf Wild und schon gar nicht auf schwere Stücke zu

*Sackgassenentwicklung Splittergeschoss: Oft keine Tiefenwirkung bei großer Wildbretentwertung*

**Hohe Geschossrestgewichte von .416 Remington und 500/.416 NE nach Großwildbeschuss:** Musste man früher auf Dickhäuter und selbst Büffel wegen der geringen Festigkeit der Teilmantelgeschosse ausschließlich Vollmantel-Geschosse verwenden, so erweisen sich moderne Deformationsgeschosse in der Tiefenwirkung als ebenbürtig gegenüber den VM alter Bauart und in der Gesamtwirkung überlegen.

verwenden. Auch die fabrikverladenen Scheiben- und Übungsgeschosse oder die für Raubzeug konzipierten dünnmanteligen »Varmint« – Geschosse aus ausländischer Fertigung sollten dem Schuss auf die Scheibe bzw. auf nicht für den menschlichen Genuss bestimmtes Wild vorbehalten bleiben.

Das von Dynamit Nobel seit 2001 angebotene dünnmantelige, deswegen bei Wildbretgewichten ab etwa 25 kg kaum Ausschuss ergebende »Fangschuss«-Geschoss z. B. in .308 Win. soll dadurch beim Fangschuss den Hund nicht gefährden und bleibt bei Betrachtung der wildbrethygienischen Nachteile der Splittergeschosse natürlich unberücksichtigt.

Mit den aus homogenen Kupferlegierungen – z.B. Tombak – bestehenden Barnes-X hielten die Vollgeschosse Einzug in die Palette der Jagdgeschosse. Sie wirken durch ihre Form wie Deformationsgeschosse und sind bereits Vorbild für weitergehende Konstruktionen. Die Barnes-X sind bekannt für ihre große Tiefenwirkung bei wenig Wildbretentwertung. Ihre gute Leistung erlaubt es, sie »eine Gewichtsklasse leichter« zu wählen, was bei Hochwildkalibern den Rückstoß angenehm vermindert. Barnes-X werden handgeladen verwendet aber auch in Werkspatronen angeboten z.B. von Norma und Federal.

Zusammenfassend ist zu sagen, dass sich der Jäger hinsichtlich der Jagdgeschosse dasjenige mit den besten Allroundeigenschaften für seinen Zweck heraussuchen soll. Letztlich sollte die Präzision aus der eigenen Waffe den Ausschlag für die endgültige Wahl geben. Ganz gleich ob KS oder Nosler Partition oder Barnes-X, wichtig für den persönlichen Erfolg ist ein Geschoss, das auf Grund seiner Konstruktion einen der Geschwindigkeit und dem Widerstand im Ziel angepassten Geschoss»pilz« mit vergrößerter Stirnfläche (oder eine begrenzte Splitterabgabe des vorderen Geschosskopfes) und einen möglichst kompakten, schweren Geschossrestkörper produziert. Die gleiche Wirkung hat ein Projektil, dessen vorderer – härterer – Geschossteil als kompakter Durchschlagskörper fungiert und dessen – weicherer – Heckteil für weitgehende Teilzerlegung vorgesehen ist. Ein Sonderfall sind die Vollmantelgeschosse, wie sie dem Schuss auf »Pelzträger« oder schwaches Wild oder aber dem Schuss auf starkes, dickhäutiges Wild dienen. Bei ihrer Auswahl ist auf den Zusammenschuss mit der Teilmantelladung zu achten, wenn beide Geschosse »durcheinander« Verwendung finden sollen. Neben den konventionellen Vollmantelgeschossen gibt es Vollgeschosse homogenen Aufbaus, welche beim Schuss selbst auf schwerstes Wild kaum deformieren und größte Tiefenwirkung zeigen.

**Massestabile Deformationsgeschosse**

**Vollmantelgeschosse mit stabilem Mantel und Vollgeschosse haben die größte Tiefenwirkung**

## Geschosswirkung und Wildbretentwertung

Das große Problem der Zielballistiker und Geschosshersteller ist der Zwang, einen gelungenen Kompromiss zu finden zwischen der Geschosswirkung im Sinne einer tierschutzkonformen Tötungseffizienz einerseits, und der Wildbretentwertung im Sinne des ökonomischen Verlustes an genusstauglichem Fleisch oder verwertbarem Balg/Fell andererseits. Zumal die Meinungen selbst der Verwender meist auseinandergehen. Wer sagt »Lieber drei Kilogramm Wildbret verloren als hundert« und deswegen eine Laborierung mit höchster Tötungskraft fordert, steht im Widerstreit mit betriebswirtschaftlich denkenden Schützen: »Von mir aus geht das Stück noch 50 oder 100 Meter. Hauptsache, es liegt und es ist nicht zerschossen.«.
Oft sind es Pächter- oder Jagdleitermeinungen, die so oder ähnlich aufeinandertreffen; um so schwerer hat es der Jagdgast oder unterstellte Jäger: Schießt er zuviel Wildbret zu-

**Kompromisszwang**

**Tolerierbare Wildbretentwertung**

schanden, so kann er kaum dagegen aufrechnen, »dass ja alles im Feuer liegt«. Geht ihm einmal ein Stück verloren, so lässt sich dies nicht damit rechtfertigen »dass alles andere sauber geschossen war«! Eine recht verzwickte Situation also, aber glücklicherweise gibt es die simple Polarisierung zwischen »wildbretschonend ist gleich fluchtstreckensteigernd« und »wildbretzerstörend ist gleich am-Anschuss bleibend« nicht. Denn trotz aller Bemühungen der besten Fachleute wird es in absehbarer Zeit zumindest bei rein ballistischen Projektilen immer zu Kompromissen zwischen Herstellungskosten, Wirkung und Nebenwirkung kommen müssen.

Verallgemeinernd sagt man, dass langsame und feste Geschosse weniger Wildbretentwertung zeigen als schnelle und weiche – aber auch weniger Tötungswirkung. Wiederum stark verallgemeinernd der Umkehrschluss: Feste und schnelle Geschosse wirken besser als langsame und weiche, bei etwa gleich großer Wildbretentwertung. Ist das die Antwort? Durchaus, wenn man statt »feste« Geschosse den eigentlich untechnischen Terminus »Deformationsgeschoss« benützt. Die Erfahrung lehrt, dass ein stabiles, im Kopfdurchmesser aufpilzendes Geschoss unter Erhaltung eines durchschlagskräftigen und auf Grund sei-

Oft besteht eine Wechselwirkung zwischen schlagartig eintretender Tötung und starker Wildbretverletzung, Prioritäten müssen gesetzt und Kompromisse gesucht werden. Dieses Stück lag am Platz, aber die Blätter (als Braten gemeint) sind zerschossen.

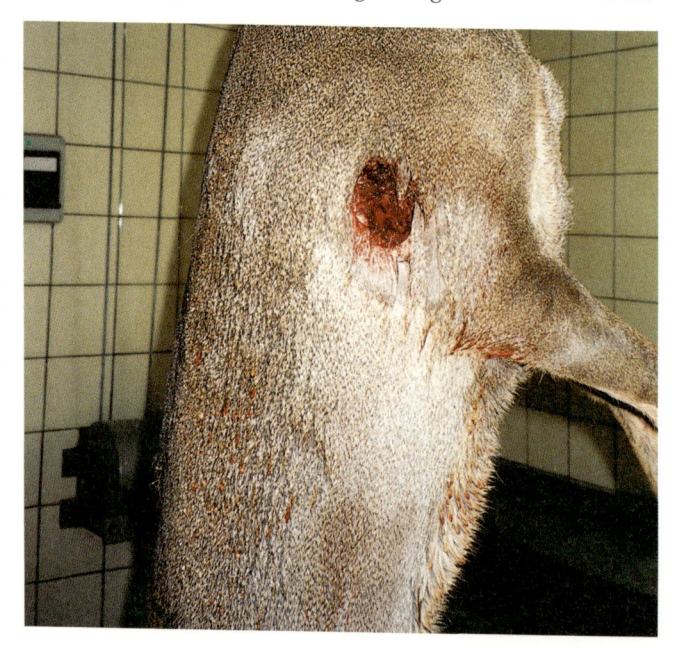

ner hohen Masse noch in der Tiefe wirkenden Geschossrestkörpers am sichersten tötet, sofern eine zielabhängig ausreichende Mindest-Auftreffgeschwindigkeit und Mindest-Zieldurchdringungsgeschwindigkeit vorhanden ist. Die wildbretzerstörende Wirkung der als Sekundärgeschosse wirkenden Splitter von Zerlegungs- und Teilzerlegungsgeschossen fallen beim kompakten Deformationsgeschoss weg. Zwar verdrängt und zerstört die blitzartig über die Kopfwelle bzw. durch das Geschoss selbst abgegebene kinetische Energie ebenfalls Knochen, Gefäße und Gewebe, doch halten sich die wildbretschädlichen Nebenwirkungen des Deformationsgeschosses im Vergleich zur Wirkung der kleinen und kleinsten Splitter eines Vollzerlegungsgeschosses in Grenzen. Oder anders formuliert: Zwar könnte unter gewissen Voraussetzungen ein Splittergeschoss die raschere Tötungswirkung bei geringer Wildbretentwertung zeigen, doch ist das Risiko groß, beim Auftreffen auf stärkeren Zielwiderstand stark überdimensionierte Wildbretzerstörungen zu verursachen – ohne dabei eine ausreichende Tiefenwirkung garantieren zu können. Insofern bilden die als massestabile Deformationsgeschosse – oder als »kopfharte« Teilzerlegungsgeschosse – ausgelegten Projektile den besten Kompromiss zwischen tierschutzgerechter Geschosswirkung und ökonomisch akzeptabler Wildbretentwertung.

*Geschossrestkörper*

*Sekundärgeschosse*

*Kopfwelle*
*Bewegungsenergie*

*Idealfall selten*

*Tierschutz!*

## Herz, Lunge, Träger oder Blatt?

Mit dieser Frage ist gemeint, welcher Treffersitz beim Kugelschuss auf Schalenwild am effektivsten ist.
Selbst bei erfahrenen Praktikern gehen die Meinungen auseinander, ob die »Zehnen« der DJV-Wildscheiben immer die richtigen Ziele darstellen. Die einen plädieren wegen der großen Schockwirkung für den hohen Lungenschuss, die anderen für den tiefen Blattschuss, damit das wichtige Herz getroffen werden kann. Andere wiederum favorisieren den Schuss auf das Schulterblatt. Eine vierte Gruppe dagegen trägt, wo immer es geht, den wildbretschonenden Schuss hinter das Blatt an und schließlich sind da noch die Verfechter des Trägerschusses, der angeblich blitzschnelles Verenden mit geringster Wildbretentwertung verbinden soll.

*Viele Meinungen zum »richtigen« Treffersitz*

**Trägerschuss problematisch!**

Gleich zum letztgenannten: Wer sagt »Ich schieße nur auf den Träger!« ist entweder ein großmäuliger Theoretiker oder ein ganz sicherer Schütze. Empfehlenswert ist der Schuss auf den Träger keineswegs, weil hier nur wenige Zentimeter Abweichung zwischen Erfolg und Schlumpschuss liegen: Drosselschüsse gehören zu den schwierigsten Nachsuchen mit den geringsten Erfolgsaussichten; nicht ausheilbare Wildbretschüsse – am Träger kann sich das Wild nicht lecken – führen zu langsamem Siechtum.

Wer das Herz zum Ziel seiner Kugel machen will, muss sich die Anatomie unseres Wildes einmal genauer ansehen: Bei allen Wildarten, vor allem beim Schwarzwild und bei vielen beim Auslandsjäger begehrten Wildarten von Elefant bis Warzenkeiler liegt das Herz derart tief in der Kammer, dass es nur mit einem tiefen Tiefblattschuss getroffen werden kann. Etwas in der Weite verschätzt oder gewackelt – und schon hat man das Wild unterschossen oder ihm einen Laufschuss verpasst, denn bei breitstehendem Wild befindet sich das Herz meist hinter dem Ellbogengelenk. Andererseits ist der beschriebene tiefe Blattschuss besonders beim erwähnten schweren und wehrhaften Wild das Mittel der Wahl, weil er den Haltemechanismus des vorderen Knochengerüstes schlagartig außer Kraft setzt und so das Wild weitgehend auf den Platz bannt und gleichzeitig das Herz beschädigt oder zerstört.

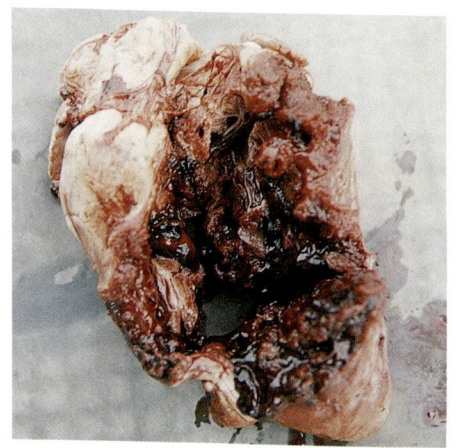

**Herzschüsse sind, wenn auch nicht schlagartig, so doch rasch tötende, somit sichere Schüsse, aber Achtung: Das Herz liegt tief in der Kammer!**

Wie steht es nun mit Schüssen auf das Schulterblatt, hinter das Blatt und hoch auf die Lunge? Beim schwachen bis mittleren Wild (bis etwa zum Dam- oder Rottier) verwischen sich die Unterschiede wegen der kleinen Wildkörperdimensionen und wegen der Breitenwirkung moderner Büchsengeschosse. Generell kann aber folgendes gesagt werden: Trifft die Kugel bei breitstehendem (nicht zu schwerem) Wild etwas hinter oder über den »Blattschuss«-Kreis, so ist bei guter geschossabhängiger Wirkung am wenigsten Wildbretentwertung zu erwarten. Das »Blatt« (jetzt als Bratenstück gemeint) bleibt unverletzt oder wird höchstens an seinem oberen oder hinteren Rand in Mitleidenschaft ge-

**Hinter das Blatt**

Munition für die Jagd 91

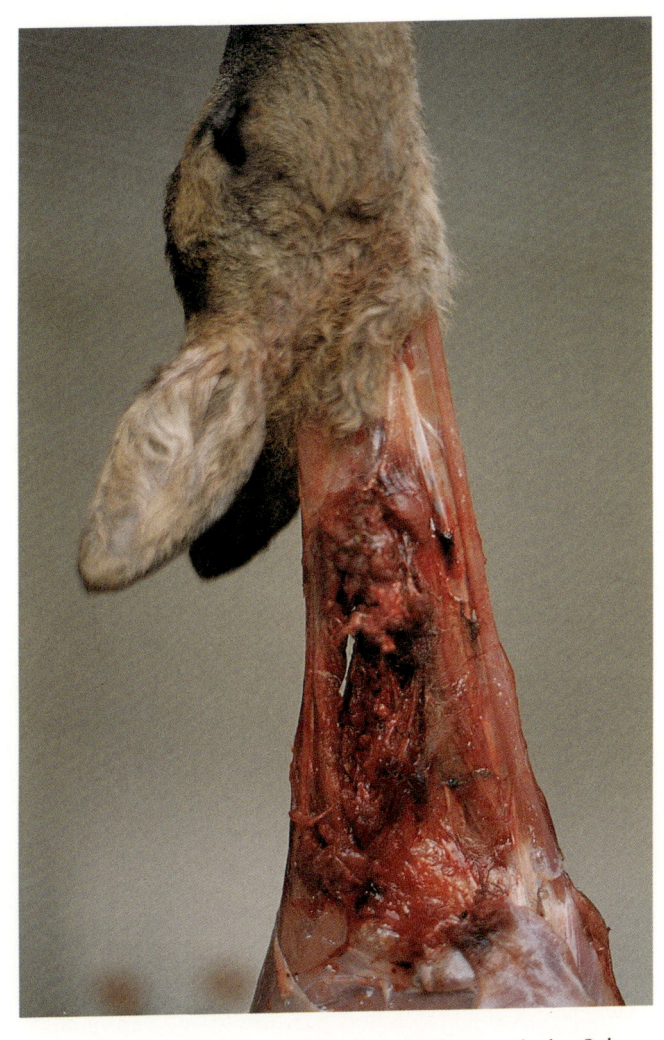

**Bei der Kleinheit und Beweglichkeit des Ziels wird schnell klar, dass sich nur Aufschneider mit »sicheren Trägerschüssen« brüsten. Trägerschüsse verursachen entweder Nachsuchen oder unappetitliche Wildbretentwertungen.**

zogen. Bei brunfthartem Wild ist zu überlegen, ob der Schuss nicht so angetragen werden sollte, dass das Geschoss mindestens ein Schulterblatt zusätzlich zur Lunge fasst.
Zur Organverletzung und zum Schock käme dann noch die mechanische Verletzung zumindest von Teilen des vorderen Bewegungsapparates, wie oben bereits beschrieben. Das hilft, vor allem schweres männliches Wild auf den Platz zu bannen. Alte (männliche) Stücke sind bekanntermaßen durch die kopfschmuckbedingte Massenverteilung »vorderlastig« und reagie-

**Multiple Beeinträchtigung als Erfolgsgarantie**

ren auf Beschädigungen im Bereich der vorderen Gliedmaßen viel stärker als jüngeres und weibliches Wild. Der Schuss sollte also in Verlängerung der Vorderläufe, etwa in halber Höhe der »Kammer« sitzen.

**Die Aorta suchen!**

Bei schrägstehenden Stücken folgt man der gedachten, senkrechten Linie zwischen den Vorderläufen bis etwa zur Mitte der Rumpfwalze. Ein solcher Schuss hat zur Folge, dass er bei ausreichender Tiefenwirkung, nicht nur mindestens eine Schulter bricht, sondern meist auch das obere Herz (Aorta!) sowie beide Lungen verletzt werden. Die mechanischen Zerstörungen zusätzlich zum Schock werden das Wild an den Anschuss bannen oder es nicht weit davon verenden lassen.

**Schrägschüsse: Auf den Pansen achten**

Aus der Lage des Pansens im Wildkörper ergibt sich allerdings, dass der Schusswinkel nicht mehr als etwa 45 Grad zur Wildkörperlängsachse betragen darf, wenn das Wild schräg zum Schützen steht. Die Geschosswirkung schwächt sich sonst in der energiezehrenden Pansenmasse zu sehr, so dass eine ausreichende Beeinträchtigung des Lungen-/Herzbereichs nicht mehr gewährleistet wäre. Im umgekehrten Fall, also bei einem Schuss von vorne oder schräg von vorne (Winkel kleiner als 45 Grad) sind ebenfalls die nach oben gedachte Senkrechte zwischen den Vorderläufen sowie etwa die halbe Höhe der Rumpfwalze als Zielpunkt zu wählen. Bei diesem Schuss kann der Ausschuss fehlen, wenn das Geschoss im Pansen steckengeblieben ist.

**Beim Fangschuss ist jeder Treffer Recht!**

Die Praxis lehrt den »richtigen« Treffersitz sehr schnell, denn er wird auch von den Umständen diktiert: Bei einem Fangschuss sollte man sich nicht scheuen, jeden sich bietenden Treffersitz wahrzunehmen z. B. bevor angefahrenes Wild auf die Straße ziehen und Unfälle verursachen kann. Dazu gehört auch der Schuss von hinten auf die Wirbelsäule oder auf den Beckengürtel, der selbst schweres Wild auf den Platz bannt. Wer allerdings sein »Weihnachtskalb« schießen will, wird wegen der Wildbretschonung und unter Inkaufnahme eines längeren Fluchtweges

**Wild soll breit stehen, wo immer möglich**

– der den Wildkörper besser ausschweißen lässt – den Haltepunkt beim breit stehenden Stück etwas hinter dem Blatt wählen. In allen anderen Fällen ist je nach Situation ein Haltepunkt zwischen Herz und Lunge richtig, d. h. höhenbezogen im Bereich des mittleren Drittels des Rumpfes, seitenbezogen in Verlängerung der Vorderläufe oder leicht dahinter. Wo und wann immer möglich sollte das Wild breit oder lediglich leicht schräg stehen.

# Geschwindigkeit oder Masse

Die Jäger vor und noch um die Jahrhundertwende hatten keine große Auswahl, wenn es um die »richtige« Patrone im Zusammenhang mit der Frage nach »Geschwindigkeit oder Masse« ging. Schwere und langsame, weil großkalibrige Bleigeschosse beherrschten die Szene, später kamen einfache, immer noch relativ langsame Kupferteilmantelgeschosse. Erst mit der Patrone M/88, der späteren 8 x 57 kam die erste auch für die Jagd verwendbare Patrone, bei der man von einer nennenswerten, die Frage »Geschwindigkeit oder Masse« rechtfertigenden Mündungsgeschwindigkeit sprechen konnte. Die Entwicklungen auf dem Jagdpatronensektor hatten ihre Höhepunkte in den 20ern (z. B. 7 x 64 Brenneke) und den späten 30er Jahren (z. B. 6,5 x 68 und 8 x 68) bzw. in den 40er Jahren (z. B. .300 Weatherby, welche die heute noch anhaltende Ära der »Magnums« einleitete). Schon seit dieser Zeit diskutieren sowohl die Praktiker als auch die Theoretiker unter den Jägern: »Was ist effektiver: Geschossgeschwindigkeit oder Geschossmasse?« Die Geschosswirkung resultiert – neben der Geschossart und der Konstruktion natürlich – aus der dem Geschoss innewohnenden Energie und diese wiederum aus der Funktion von Geschossgeschwindigkeit und Geschossmasse, wobei die Geschwindigkeit weitaus größeren Anteil hat. Hierzu Beispiele:

*Früher nur langsame schwere »Kugeln«*

*Zwei Schulen: $V_z$ oder Geschossmasse?*

| Patrone | Masse | $V_0$ | Energie |
|---|---|---|---|
| 7 x 57 R | 10,0 g | 800 m/s | ca. 3200 J |
| 7 x 65 R | 10,0 g | 880 m/s | ca. 3900 J |
| 8 x 57 IS | 12,1 g | 800 m/s | ca. 3900 J |
| 6,5 x 68 | 6,0 g | 1150 m/s | ca. 3900 J |

Daraus ist ersichtlich, dass die 7 x 65 R im Vergleich zu 7 x 57 R bei um 10% Geschwindigkeitszunahme über 20% mehr Energie innehält. Die gleiche Energiemenge werden aus der 8 x 57 erreicht, wenn die Geschossmasse 12,1 g beträgt und auch mit der 6,5 x 68 sind 3900 Joule möglich, wobei das vergleichsweise leichte Geschoss aber auf die hohe Geschwindigkeit von 1150 m/s gebracht werden muss.
Betrachtet man die letzteren drei Laborierungen mit ihrer kinetischen Energie von jeweils etwa 3900 Joule, so wird klar,

*Vergleichsrechnung*

*Geschwindigkeit und Masse alleine sind nichts, wie am Beispiel der für europäische Verhältnisse überzogenen .500 A-Square gezeigt. Der für das Leben seiner Klienten verantwortliche Großwild-Berufsjäger weiß die Patrone jedoch zu schätzen. Erst die Kombination aus Geschwindigkeit und Masse bringt eine für die bejagte Wildart bzw. Gewichtsgruppe ausreichende Leistung.*

*Komplizierte ballistische Zusammenhänge*

*Größerer Wirkungsbereich*

*»Lieber eine Nummer größer ...«*

dass die Geschossgeschwindigkeit niemals isoliert betrachtet werden darf: Wenngleich leichtes bis mittleres Wild mit dem 6,0 g Geschoss aus der 6,5 x 68 effektiv bejagt werden kann, so ist doch wegen der fehlenden Tiefenwirkung des leichten Geschosses auf schweres ja bereits auf nicht breit stehendes mittelschweres Wild, einem mittleren oder schwereren Geschoss der Vorzug zu geben.

Diese vereinfachende Darstellung von komplizierten ballistischen Zusammenhängen kann auf einen ebenso vereinfachenden Nenner gebracht werden: Bei der Bejagung von schwachem Wild gibt es Vorteile für die leichten/schnellen Geschosse und bei der Bejagung von mittlerem Wild werden die mittelschweren und mittelschnellen Geschosse angebracht sein. Beim schweren Wild sollte man schwere Geschosse bevorzugen. Besonders bei schweren Geschossen bedeutet ein Mehr an Geschwindigkeit nicht zwangsläufig ein Mehr an Wirkung – bei sonst gleichen Voraussetzungen, sondern lediglich einen größeren Wirkungsbereich, d.h. eine hinausgeschobene jagdliche Wirkungsgrenze. Jedoch wird man den Vorteil der gestreckteren Flugbahn nur in bestimmten Fällen nutzen können (Beispiel .30-06 im Vergleich zu .300 Win.Mag. oder .375 H & H im Vergleich zu .378 Weatherby Magnum). Generell aber sollte man besser »eine Nummer größer« wählen, da sich die Grenzen des aktiven wie reaktiven Potentials sowohl beim Wild als auch, laborierungsbezogen, bei der Munition verwischen. Der manchmal gehörte Satz »man kann das Wild nicht toter als tot schießen« – die sogenannte Overkilltheorie – stimmt dann nicht, wenn die ballistischen Grenzbereiche erreicht sind und zwar sowohl innen-, außen- und zielballistisch.

**»Overkilltheorie« nicht haltbar**

Grundsätzlich ist es angebracht, innerhalb einer Kalibergruppe das schwerere Geschoss und wenn möglich gleich schnelle Geschosse zu wählen, als nur auf den zweifellos vorhandenen, positiven Einfluss der Geschossgeschwindigkeit hinsichtlich Außen- und Wundballistik zu bauen. Dies heißt, um Beispiele zu nennen: für Reh lieber 5,6 x 57 (4,8 g) oder 6,5 x 57 (6,0 g) als .22-250 (3,2 g); für mittleres Schalenwild lieber 7 x 65 R (10,5 g) als 7 x 65 R (8,0 g) oder 7 x 57 R (10,5 g).

Damit soll keinesfalls der »Magnum-Manie« das Wort geredet werden, sondern viel eher der richtigen Balance zwischen Masse und Geschwindigkeit. Im Zweifel jedoch ist – wie die Erfahrung aus einem guten Jahrhundert der jagdlichen Zielballistik lehrt – der höheren Geschossmasse und zugleich der festeren Geschosskonstruktion der Vorzug zu geben.

**Erfahrung aus einem Jahrhundert Zielballistik**

## Schweres Wild

»Hochwildgeschoss muss Masse haben« ist keine leere Redewendung. Schon mancher starke Keiler ging mit einem guten Schuss jedoch zu schwachen Kalibers noch kilometerweit. Die Jagdgesetzgebung schreibt zwar Mindestwerte für den Schuss auf Schalenwild vor – Rehwild: $E_{100}$m mindestens 1000 Joule, Hochwild: $E_{100}$m mindestens 2000 Joule und mindestens Kaliber 6,5 mm – doch ist dem Jäger die Eigenverantwortlichkeit dadurch nicht genommen.

**Unterste Grenze für schweres Wild: mindestens $E_{100}$m = 2000 Joule und Kaliber mindestens 6,5 mm**

Wer ein feistes Hauptschwein mit einem leichten, dünnmanteligen Projektil beschießt, selbst wenn dessen Anwendung »auf dem Papier« legal wäre, handelt genausowenig tierschützerisch-ethisch, wie bei einem weiten Schuss mit einer unzureichenden Patrone.

**Feste Geschosskonstruktion Voraussetzung**

Feste Geschosskonstruktion und ausreichende Geschwindigkeit vorausgesetzt, sind deshalb Geschossgewichte ab etwa 9 oder besser 10 g das Minimum für schweres mitteleuropäi-

**Trotz einer Masse bis 300 kg kommt der Kudu zwar auch mit Standardpatronen zur Strecke, doch sollte die Patrone besser »eine Nummer größer« gewählt sein. Bei spitzem Schusswinkel (siehe Foto) darf der Schuss nur von einem sicheren Schützen mit grobem Kaliber und festem Geschoss abgegeben werden.**

sches Hochwild, wobei Kaliber .30 (ab .30-06) besser ist als Kaliber 7 mm und Kaliber 9,3 mm besser als 8 mm, gleiche Querschnittsbelastung und ggf. Geschwindigkeit im Ziel natürlich vorausgesetzt. Aus diesem Grunde können weder Kaliber noch Patronen direkt miteinander verglichen werden.

Ausgesprochene Hochwildladungen beginnen jedenfalls frühestens bei 7 x 65 R mit Geschossen über 10 g oder bei 30-06 mit 11 g Geschossen. Daraus ergibt sich, dass das schwere dem leichten Geschoss gleichen Kalibers unbedingt vorgezogen werden soll, auch wegen des dann leichter zu erzielenden Ausschusses. Manchmal geht zwar die Meinung um, dass Ausschuss gleichbedeutend mit Energieverlust sei, doch ist das Durchschlagen des Wildkörpers wichtig im Sinne der zielballistischen Tiefenwirkung und für die bei einer Nachsuche immens hilfreiche Schweißfährte. Nicht überall steht sofort der speziell ausgebildete Nachsuchenhund zur Verfügung und manchmal sind es ja nur wenige Dutzend Meter bis zum ver-

# NULL BOCK ...

# ...AUF ZWEITE WAHL

Für die meisten aktiven Jäger sind RWS-Patronen jederzeit erste Wahl. Zum Beispiel bei der Wahl zur **Munition des Jahres** (Deutsches Waffenjournal 1999 + 2000) und zur **besten Rehbockmunition** (Wild und Hund 1999).
Diese Entscheidung begründet sich nach unseren Erfahrungen durch die **hohen Anforderungen** an waidgerechtes Jagen. Dabei zählt neben der ausgezeichneten Ballistik vor allem der schnelle, sichere Schocktod. RWS unterstützt **die Ansprüche der Jäger** seit mehr als 100 Jahren mit der Entwicklung und Fertigung innovativer Geschosse.
RWS ist marktführend. Und eine Marke von Dynamit Nobel.

Dynamit Nobel GmbH • Explosivstoff-und Systemtechnik • GB Munition Marketing • 90765 Fürth

endeten Stück, für die man ein viel beschäftigtes Nachsuchgespann nicht unbedingt belästigen möchte. Dann sind die durch einen großen Ausschuss produzierten Schusszeichen viel einfacher ansprechbar und die vom Anschuss weg visuell leicht zu haltende starke Schweißfährte von unschätzbarem Vorteil. Wenn hier von starkem Wild die Rede ist, so ist auch stark gemeint, im Sinne von schwer. Leider wird oft der Fehler gemacht, die Patrone oder das Geschoss nach dem höchstmöglichen Wildbretgewicht der Wildart auszusuchen. Das ist dann falsch, wenn lediglich schwächeres, leichteres Wild bejagt werden soll: Wer z. B. bloß Frischlinge oder Überläufer bis zu einer gewissen Gewichtsgrenze bejagen darf, braucht keine spezielle Hochwild- oder gar Großwildpatrone! Will man bei solchen Gelegenheiten seine 9,3 nicht missen, sollte man entweder ein leichteres Geschoss wählen (z. B. das 14,6-g-DK von RWS oder das 15,0 g PPC von Norma) oder ein einfaches und deswegen im Medium früher ansprechendes 16,5 g oder 18,5 g Teilmantelrundkopfgeschoss verwenden. Wegen des »weichen« Geschosskopfes geben diese auch bei geringem Zielwiderstand genügend Energie ab.

Beim Schuss auf Rotkälber oder Frischlinge wäre z.B. ein 9,3 mm-19,0-g-Brenneke-TUG oder ein .375"-19,4-g-KS fehl am Platz so gut diese Geschosse auf starkes Wild wirken: Der geringe Widerstand in dem kleinen, besonders bei einem Treffersitz »hochblatt« schmalen und leichten Wildkörper kann einem starkmanteligen, festen, auf Tiefenwirkung konstruierten Geschoss gar keine Möglichkeit der Entfaltung geben. Wegen mangelnder Energieabgabe ist schlechte Wirkung zu erwarten: Jetzt ist der Spruch berechtigt, dass Energie »durch den Ausschuss davonfliegt«. Die mangelnde Eignung zu harter Geschosse auf schwaches Wild ist durch viele negative Erfahrungen bestätigt.

In Unkenntnis des ballistischen Hintergrundes wird jedoch nach langen Nachsuchen immer noch von »harten« Kälbern oder Frischlingen gesprochen! Dabei wären die Stücke mit »weniger Geschoss« bei gleichem Treffersitz wahrscheinlich im Feuer gelegen.

**Wegen der Schweissfährte ist Ausschuss von Vorteil.**

**Ladung auf Wildbretgewichte abstimmen**

**Bessere Energieabgabe durch »weichen« Geschosskopf**

**Geringer Zielwiderstand**

**Kälber sind nicht »hart«**

## Schrotkaliber praktisch

**Vor allem 12, 16, 20**

Von den geläufigen Schrotkalibern 10, 12, 16, 20, 28, 24 und 36 /.410 sind die Kaliber 10, 24, 28 sowie 36/410 zwar gelegentlich anzutreffen (z. B. das Kaliber 10 in Spezialflinten zur Truthahn- oder Gänsejagd oder die Kaliber 28 und 36/410 in Wechselläufen für 20er-Flinten, wie sie zum »Drei-Kaliber-Skeetschießen« Verwendung finden), haben jedoch jagdpraktisch keine Bedeutung.

**20 im Vormarsch**

Bleiben die Kaliber 12, 16 und 20, wobei das Kaliber 20 früher zahlenmäßig eine viel geringere Verbreitung hatte, inzwischen aber merklich aufholen konnte und bei den Neuwaffenverkäufen die 16er Waffen schon lang überflügelt sowie die 12er Waffen nahezu eingeholt hat. Man kann mit dem kleinen Schrotkaliber leichte, elegante Flinten bauen, welche durch ihren schmalen Systemkasten auffallen. Die Leichtigkeit hat jedoch ihren Preis, was nicht unbedingt finanziell gemeint ist, sondern weil eine zu leichte Waffe oft nicht mehr so gut schwingt. Gleiche Hülsenlänge

**Jagdlich gebräuchlich sind die Kaliber 20, 16 und 12. Dabei wird die 16/70 bedrängt von 20/70 und vor allem 20/76. Die 12/70 konnte sich gegenüber der 12/76 gut halten.**

und damit gleiches Volumen vorausgesetzt, kann eine 20er Schrotpatrone nicht so viel leisten wie eine 16er oder 12er. Abgesehen davon, dass eine schwere Ladung den Erfolg nicht unbedingt garantiert: Es gibt auch Jäger, die auf dem Wurftaubenstand wie auf der Jagd mit der 20er so erfolgreich schießen, wie andere mit ihrer 12er gerne schießen möchten. Sie begründen ihre Wahl damit, dass sie mit den leichten Waffen und Patronen weniger schnell ermüden. Natürlich müssen sie bei den Schussentfernungen streng Maß halten. Vor allem die 20/76 konnte gegenüber den anderen Kalibern viel Boden gut machen, obwohl sie den Vorteil des geringeren Rückstoßes der 20/70 gegenüber den dickeren Patronen wieder aufhebt.

**Geringere Ermüdung und Nebenwirkungen beim kleineren Kaliber**

Bei kombinierten Waffen wird das Kaliber 20 oft deshalb bevorzugt, weil man meint, sie müsse zwangsläufig die leichtere Waffe ergeben. Das stimmt aber nur bei Verwendung eines besonders schmalen Kastens. Anderenfalls sind kombinierte Waffen mit kleinem Schrotlauf (wegen der dickeren Schrotlaufwandung) sogar schwerer als solche mit einem 16er Lauf. Letztere sind interessanterweise leichter als kombinierte Waffen mit 12er Lauf, weil die 12er entweder den breiteren Kasten oder, bei einem 16er-Kasten im Vergleich mit dem 16er-Laufbündel, die größere Masse des 12er-Laufes haben.

**16 für kombinierte Waffen eigentlich von Vorteil ...**

Aus alledem ergibt sich, dass für kombinierte Waffen zwar aus Gründen des Gewichts und damit im Sinne einer ausgewogenen Führigkeit das Kaliber 16 viele Vorteile gegenüber dem Kaliber 20 hat und früher sogar gegenüber dem Kaliber 12 favorisiert wurde. Trotzdem konnte sich die 20/76 besser durchsetzen und rangiert bei den Neuwaffen auf Platz eins. Betrachtet man dagegen alle vorhandenen Kombinationsgewehre, so dürfte das Kaliber 16 noch überwiegen.

**... doch überwiegt bei Neuwaffen heute das Kal. 20**

Im Falle der Flinten, ganz gleich ob Doppel-, Bock- oder Selbstladeflinten gibt es für die 20er Patrone einige Leichtmodelle und auch die 16er Patrone wird durch solche Spezialitäten der Flintenmacherkunst aufgewertet. Allerdings verwischen sich die Relationen zwischen Gewehrgewichten und Kalibern, so dass bei den meisten Flintenmodellen kein kaliberbezogener Führigkeitsvorteil mehr festgestellt werden kann. Daraus leitet sich ab, dass sich bei den Flinten die Kaliberwahl unabhängig von etwaigen Vorteilen der Waffe vollzieht, so dass man »das beste« Schrotkaliber im Sinne von Wirkung und Leistung wählen sollte. Dieses ist ohne Zweifel das auch international

**Relationen verwischen sich**

**12/70 mit weniger Randschroten**

am meisten geführte Kaliber 12, weil es über die größte Schrotladung verfügt. Wer jetzt einwirft, dass eine 20/76 Magnum ebenfalls eine hohe Schrotvorlage enthält, hat zwar recht: Auf Grund vielerlei technischer Umstände beim Schrotschuss mit einer kleinkalibrigen Ladung entsprechend hoher Schrot- »säule« können sich aber Nachteile ergeben (mehr Randschrote, mehr Verklumpungen durch stärkeren Abschussschock, höherer Gasdruck, schlechtere Deckung und Regelmäßigkeit von Schuss zu Schuss usw.), so dass die 20/76 selbst bei gleicher Vorlage und gleicher Mündungsgeschwindigkeit gegenüber einer 16er oder 12er Ladung rein rechnerisch unterlegen ist. Dies lässt sich leider durch Scheibenbilder nicht beweisen, weil mangelnde Schrotgeschwindigkeit und die zeitversetzt eintreffenden, unverhältnismäßig vielen Randschrote der 20/76 nicht auf einer starren Scheibe festgestellt werden können.

**Scheibenbeschuss kann täuschen**

Während im Kaliber 16 nie Anstrengungen im Sinne einer Hülsenverlängerung gemacht wurden, ist das Kaliber 12 nicht verschont geblieben. Im Prinzip gilt alles bereits bei der 20/76 gesagte auch hier. Eine 12/76 hat zwar mehr Vorlage, bringt jedoch weder in der Garbenbreite (d. h. in der Relation der Garbe zur Größe des Wildes), noch in der Reichweite der Garbe Vorteile. Somit ist die 12/76 wirkungsbezogen kaum besser als die normale 12er Patrone, zumal für den Jäger, der eine normalschnelle stärkere 12er Laborierung sucht, auch 40-g-Patronen zur Verfügung stehen.

**12/76 nicht zwingend**

Zusammengefasst kann also gesagt werden, dass für kombinierte Waffen das Kaliber 16 aus Gründen der Führigkeit und des Waffengewichts Vorteile hat, während für Flinten das Kaliber 12/70 bevorzugt wird. Wer auf das Kaliber 20 aus anderen Gründen nicht verzichten will, ist mit der ausgeglicheneren 20/70 durchschnittlich besser bedient als mit der 20/76.

**Kal. 12 bei FLG-Patronen besser.**

Auch bezüglich der Flintenlaufgeschosse hat das Kaliber 12 Vorteile durch die höhere kinetische Energie sowie den größeren Querschnitt. Es verdrängt mehr Gewebe, schafft einen größeren Schusskanal und gibt so die dem Geschoss innewohnende Energie schneller und damit effektiver ab.

# Die Schrotgrößen

Wie schwer sich der Jäger tut, die einmal eingefahrenen Geleise eines Irrweges zu verlassen, wird bei der Auswahl der Schrotgrößen deutlich. Hier benützen viele Unverbesserliche leider immer noch – allen ballistisch begründeten Richtigstellungen zum Trotz – die verkehrten, weil zu großen Körnungen. Zu tief verwurzelt sind die alten Traditionen aus der Schwarzpulverzeit und zu groß ist der Respekt des Jungjägers vor dem ihn – in diesem Fall falsch – beratenden Ausbilder. Die Glorifizierung von gelegentlich (und zufällig!) mit grobem Schrot auf weite Entfernung gehabtem Waidmannsheil tut das übrige. Mit der unsäglich einfältigen und zudem tierschützerisch gewissenlosen Bemerkung »Bei grobem Schrot genügt ein Korn« wird mehr Wild krank geschossen als zugegeben. Da Niederwild kaum »zeichnet«, gilt der Schlumpschuss eben als gefehlt. Dabei kann man alles ganz leicht ausrechnen: Im meist verwendeten Kaliber 12 wiegt die normale Schrotladung einer Qualitätspatrone um die 36 g. Abhängig von der Dichte und Gleichmäßigkeit der Bleilegierung bzw. der Schrote enthält eine solche 36-g-Ladung etwa 96 Schrotkörner des Durchmessers 4 mm. Diese große Schrotkörnung wird von gewissenlosen »Experten« mit der Begründung einer besseren »Durchschlagskraft« gerne für Füchse und sogar für Gänse (!) genommen. Eine zumeist in kombinierten Waffen Kaliber 16 geführte Laborierung mit einer 31-g-Ladung bringt es gar nur auf 82 Stück des angeblichen »Fuchs-Schrotes« 4 mm! Wenn wir von optimalen Bedingungen ausgehen, so würden aus einem Halbchokelauf auf 35 m etwa 60 % der Ladung, das sind 58 Schrote aus dem 12er und 49 Schrote aus dem 16er Lauf den 16-Felder-Kreis der 75 cm-Prüfscheibe treffen. Wegen der Flächenverteilung »äußerer Kreis« und »innerer Kreis« würden aber nur je ein Viertel der Schrote im für die Wirkung maßgeblichen, ca. 1100 $cm^2$ messenden inneren Kreis liegen. Da ein Fuchs – selbst wenn er völlig breit steht – keine größere vitale Treffzone als etwa 750 $cm^2$ hat und die Garbe nicht langgestreckt wie der Fuchs ist, sondern rund, können nicht mehr als 7 Schrote im Kaliber 12 bzw. im Kaliber 16 nicht mehr als 5 Schrote treffen. Diese Zahl ist jedoch reine Theorie, denn optimale Bedingungen beim Schrotschuss gibt es nur nach einer Häufung von Zufälligkeiten. So wird ein um 45 Grad versetztes Ziel oder ein um nur 30 cm (!) abweichen-

*Nur Unverbesserliche verwenden dicke Schrote*

*Grobe Schrote tierschützerisch bedenklich!*

*Dabei ist alles leicht auszurechnen!*

*Falsche Begründung »Durchschlagskraft!«*

*Ausschlaggebend ist die Deckung*

*Beim Schrotschuss gibt es kaum optimale Bedingungen*

der Schuss diese Trefferzahl mindestens halbieren, genauso wie ein um die Hälfte kleineres Ziel, wie z.B. eine Gans. Letztere würde diesen schon reduzierten Wert wiederum nur wieder unter theoretischen Verhältnissen zulassen.

**Ernüchterung für den »4-mm-Fan«**

Als Fazit für den ballistisch unbedarften »4-mm-Fan« bleibt die Ernüchterung: Selbst unter optimalen Bedingungen wären höchstens drei bis vier Schrot-Treffer auf den Fuchs und nur zwei bis drei auf der Gans zu erwarten. Dabei ist noch lange nicht gesagt, dass diese »Treffer« auch wirklich tödliche Zonen treffen, dass nicht anstatt des Hirns der Gans nur deren Schnabel und beim Fuchs anstatt des Herzens dessen Kiefer getroffen wird. Und das auf die geringe Entfernung von »nur« 35 Metern! Die Wahrscheinlichkeit ist zu groß, dem Wild zwei oder drei Schrote so zu verpassen, dass es zwar wie gesund wegflüchtet, aber bald verludert. Wieviel größer ist die Gefahr dann auf noch größerer Entfernung?

**Nicht jedes Schrot ist tödlich**

**Optimierung durch kleinere Schrote**

Eine Verbesserung ist nur durch Verwendung kleinerer Schrotgrößen möglich. So würde, da eine 36-g-Ladung 143 Schrote des Durchmessers 3,5 mm und 195 Schrote des Durchmessers 3,0 mm enthält, der Fuchs von immerhin fünfzehn Schroten 3,5 mm und die Gans von (zufällig) ebensoviel Schroten des Durchmessers 3,0 mm getroffen werden. Bei immer noch ausreichender Energie des einzelnen Schrotkorns ist dies eine Verbesserung von so großer Tragweite – auch im Sinne des Tierschutzgedankens –, dass es unverantwortlich wäre, sie nicht wahrzunehmen! Machmal wird behauptet, dass ein nasser Balg die Schrote wesentlich besser abhält als ein trockener. Dieses Halbmärchen widerlegende Versuche und Beweise gab es schon so viele, dass sie hier nicht noch einmal wiederholt werden müssen. Auch deshalb braucht also kein dickerer Schrot gewählt werden.

**Auch ein nasser Balg ist kein Grund für dicke Schrote**

**Keine billigen Wurfscheibenpatronen auf Wild verwenden**

Da die Kornzahl überproportional mit der Abnahme des Schrotdurchmessers steigt und damit die Mehrtrefferchancen – bei noch ausreichender Energie – unverhältnismäßig größer werden, sollte folgende, auch von Wildbiologen, Veterinären und der Munitionsindustrie getragene Anwendungsempfehlung beherzigt werden: leichtes Federwild wie Hühner, Schnepfen, Tauben usw. bejagt man mit Schrot 2,5 mm (minderwertiger Wurfscheibenschrot T7/2,4 mm aus Niedrigpreismunition ist zielballistisch zumindest zweifelhaft). Auf nahe Entfernung kann der 2,5 mm Jagdschrot auch mit 2,2 mm oder 2 mm ergänzt werden. In eng schießenden Läufen wird die Weitschussgrenze z.B. auf Tauben unter Verwendung von 2,7 mm Schrot etwas hinausgeschoben – aber unbedingt auf die Deckung achten: 36 g Schrote 2,5 mm enthalten einhundert (!) Stück mehr als Schrote 2,7 mm!

Kaninchen brauchen keinen gröberen Schrot als 2,7 mm; beim Frettieren auf kurze Entfernung ist 2,5 mm gut.

Fasanen und Enten sollten nicht mit Schroten über 3,0 mm beschossen werden. 2,7 mm ist ein guter Durchmesser, 2,5 mm auf kurze Entfernungen ideal.

Hasen bis 25 m fallen mit 2,7 mm; 3 mm ist universell und 3,2 mm (gilt auch für Gänse) ist nur bei Ausnützung sehr eng schießender Läufe tragbar.

Füchse fallen ab 2,7 mm; 3,5 mm ist nur gut aus enger Laufbohrung.

**Stückmassegesetz**

Bei Weicheisenschrot (»Steel-Shot«) gilt bei der wildartbezogenen Wahl der Schrotgröße der Satz: »zwei Nummern größer« im Vergleich zu Bleischrot.

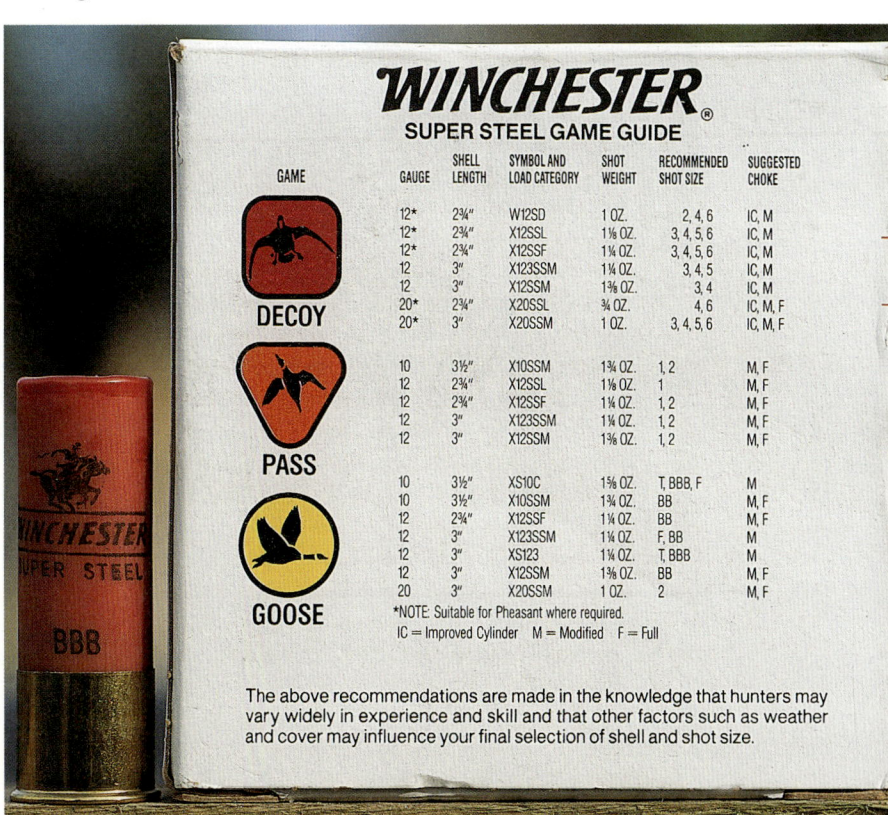

## WINCHESTER
### SUPER STEEL GAME GUIDE

| GAME | GAUGE | SHELL LENGTH | SYMBOL AND LOAD CATEGORY | SHOT WEIGHT | RECOMMENDED SHOT SIZE | SUGGESTED CHOKE |
|---|---|---|---|---|---|---|
| DECOY | 12* | 2¾" | W12SD | 1 OZ. | 2, 4, 6 | IC, M |
|  | 12* | 2¾" | X12SSL | 1⅛ OZ. | 3, 4, 5, 6 | IC, M |
|  | 12* | 2¾" | X12SSF | 1¼ OZ. | 3, 4, 5, 6 | IC, M |
|  | 12 | 3" | X123SSM | 1¼ OZ. | 3, 4, 5 | IC, M |
|  | 12 | 3" | X12SSM | 1⅜ OZ. | 3, 4 | IC, M |
|  | 20* | 2¾" | X20SSL | ¾ OZ. | 4, 6 | IC, M, F |
|  | 20* | 3" | X20SSM | 1 OZ. | 3, 4, 5, 6 | IC, M, F |
| PASS | 10 | 3½" | X10SSM | 1¾ OZ. | 1, 2 | M, F |
|  | 12 | 2¾" | X12SSL | 1⅛ OZ. | 1 | M, F |
|  | 12 | 2¾" | X12SSF | 1¼ OZ. | 1, 2 | M, F |
|  | 12 | 3" | X123SSM | 1¼ OZ. | 1, 2 | M, F |
|  | 12 | 3" | X12SSM | 1⅜ OZ. | 1, 2 | M, F |
| GOOSE | 10 | 3½" | XS10C | 1⅝ OZ. | T, BBB, F | M |
|  | 10 | 3½" | X10SSM | 1¾ OZ. | BB | M, F |
|  | 12 | 2¾" | X12SSF | 1¼ OZ. | BB | M, F |
|  | 12 | 3" | X123SSM | 1¼ OZ. | F, BB | M, F |
|  | 12 | 3" | XS123 | 1¼ OZ. | T, BBB | M |
|  | 12 | 3" | X12SSM | 1⅜ OZ. | BB | M, F |
|  | 20 | 3" | X20SSM | 1 OZ. | 2 | M, F |

*NOTE: Suitable for Pheasant where required.
IC = Improved Cylinder   M = Modified   F = Full

The above recommendations are made in the knowledge that hunters may vary widely in experience and skill and that other factors such as weather and cover may influence your final selection of shell and shot size.

| »Für alles«: 2,5/2,7 mm und 3,0/3,2 mm | Wer seine Flinte z. B. bei der Streife »für alles« bestücken möchte, lädt 2,5 oder 2,7 mm im weit gebohrten Lauf und 3,0 bis 3,2 mm im engen Lauf. Probeweiser Scheibenbeschuss schafft Klarheit über die zu erwartende Deckung und Regelmäßigkeit und hilft außerdem, die maximale Schussentfernung erkennen zu lernen. |

# Die Wirkung des Schrotschusses

| | |
|---|---|
| Eine Komponente mehr | Eine Schrotpatrone enthält fünf Komponenten (oder »Elemente«, wie der Profi in der Munitionsfabrik dazu sagt), nämlich Hülse, Zündung, Treibladungspulver sowie Zwischenmittel und Vorlage. Die Vorlage besteht aus Schrot (Hartbleischrote bis 4 mm) oder aus Postenschrot (Weichbleischrote ab 4,5 mm) oder aus einem Flintenlaufgeschoss. Letzteres wirkt außen- wie zielballistisch als monolithisches Einzelprojektil, so dass es hier ausgeklammert bleiben soll. |
| Streuschuss | Unabhängig von der Schrotgröße soll der Schrotschuss als Streuschuss wirken. Dies setzt voraus, dass der Wildkörper möglichst flächig und regelmäßig gedeckt von einzelnen Schroten getroffen wird. Eine nicht ausreichende Anzahl von Schroten oder eine schlechte Verdichtung (Verteilung) setzen die Tötungskraft herab oder stellen sie in Frage. Zu viele Schrote im Wildkörper können die Wildbretqualität mindern. |
| Summenwirkung | Neben der zielballistisch stark eingegrenzten da isolierten Wirkung eines jeden Einzelschrotes wirkt der Schrotschuss in der Summe seiner Schrote schockverursachend, weil durch das Auftreffen vieler Schrote ein Schock des peripheren (äußeren) Nervensystems auftritt. Dies wiederum setzt voraus, dass alle Schrote einer Ladung möglichst gleichzeitig auf den Wildkörper auftreffen müssen; nur so ist der Primärschock gewährleistet. Zielballistische Einzelwirkung der Schrote verursachen zudem Zerstörungen und Beeinträchtigungen von Blutgefäßen, Organen usw., was eine rein mechanische Wundwirkung und zudem den Sekundärschock auslöst. |
| Primärschock | |
| Sekundärschock | |

Der Wirkungsmechanismus des Schrotschusses ist überaus kompliziert, auch im Vergleich zum Kugelschuss, weil neben der Tatsache des eigentlichen Treffersitzes auch noch die Verteilung der Garbe in der Breite (Deckung, Regelmäßigkeit) und in der Länge (zeitliche Verschleppung des Auftreffens) zum Tragen kommen.

*Garbenverteilung nach Länge und Breite*

Aus letzterem erklärt sich die bessere Tötungswirkung großkalibriger Schrotgarben: Selbst bei gleichem Vorlagengewicht und gleicher Mündungsgeschwindigkeit ist die durchmesserkleinere Garbe wegen des viel größeren Randschroteanteils der längeren Ladesäule benachteiligt, weil die Kerngarben- und die Randschrote (bei 20/76 verteilen sich diese etwa 50 : 50!) zeitlich verschleppt auftreffen. Zeitdifferenzen beim Auftreffen der Garbe gibt es besonders bei Mischladungen mit Schroten unterschiedlicher Korngrößen oder bei den abweichenden Durchmessern oder unrunden Ausformungen qualitativ minderwertiger Schrote. Genau wie die langen, kleinkalibrigen »Magnum«-Garben geben solche gewollten oder unabsichtlich produzierten »Duplex«-Ladungen auf der Scheibe zwar gute Bilder ab, stehen in der Wirkung aber hinter Garben genau gleich großer Schrote zurück.

*Die kalibergrößere Garbe hat weniger Randschrote*

*Zeitliche Verschleppung wächst mit der Distanz*

*»Magnum«*
*»Duplex«*

Wegen der geringen Querschnittsbelastung des einzelnen Schrotkorns ist dessen Geschwindigkeitsabfall sehr hoch, so dass sich Schüsse auf größere Entfernung von selbst verbieten. Der Jäger der meint, mit gröberem Schrot eine bessere Weitschussleistung erreichen zu können – wegen dessen größerer Geschwindigkeit und Masse und somit wegen der höheren kinetischen Energie des Einzelkorns – hat nur der Theorie nach recht: Zwar hat der größere Schrot einen geringeren Geschwindigkeitsabfall (z. B. ist ein 2 mm Schrotkorn auf 50 m nur noch etwa 130 m/s schnell, ein 4 mm Schrot dagegen 200 m/s), was die zielballistische Leistung des Einzelprojektils erhöht, doch fehlt auf größere Entfernung die Deckung. Eine normale 36-g-Ladung Kaliber 12 enthält im Durchmesser 4 mm nur knapp einhundert Schrote von denen auf eine Entfernung von 40 oder gar 50 Metern nicht viel mehr als 30 oder 40 auf der 75 cm im Durchmesser großen Prüfscheibe übrigbleiben. Ein Hase würde also bestenfalls zwei oder drei Schrote einfangen und krankgeschossen entkommen!

*Wegen geringer Querschnittsbelastung hoher Geschwindigkeitsverlust*

*Deckung geht vor Durchschlagskraft*

*Bei dickem Schrot zu wenig Treffer*

Der Schrotschuss auf Niederwild hat sich deshalb auf eine maximale Schussentfernung von 35 bis 40 Meter zu beschränken; grober Schrot ist tabu. Hätte der Schütze in obigem Beispiel sich auf 35 Meter beschränkt und 3 mm Schrot verschossen,

*Maximum 35 (bis 40) Meter*

**Viele Schrote finden sich im Balg**

so wäre der breit flüchtende Hase mit über fünfzig Schroten gedeckt und läge sauber auf der Strecke. Wer einwirft, mit so vielen Schroten sei das Wildbret ungenießbar, sollte sich gut geschossene Hasen abgebalgt ansehen: Viele Schrote finden sich lediglich unter dem Balg und nicht im Wildbret; von den in den Wildkörper eingedrungenen Schroten haben die meisten durchgeschlagen und stecken unter dem Balg der Ausschussseite.

**Wo erlaubt: Bis höchstens 25 m rolliert jedes Reh**

In den Ländern, wo der raue Schuss auf Schalenwild bzw. Rehwild zugelassen ist, (Schweden, einige Kantone in der Schweiz) gibt es gesetzliche Beschränkungen bzw. beschränkt man sich freiwillig auf mittlere Schrotgrößen, z. B. 3 mm und schießt nur auf höchstens 25 Meter. Derart beschossene Rehe rollieren mit Schüssen auf Träger und Blatt und sind sofort verendet. Wer zu solchen interessanten Jagden eingeladen wird, sollte sich streng an die kurzen Schussentfernungen halten.

# Streupatronen

**Nur die Gesamtheit der Treffer zählt**

Bekanntlich ist der Schrotschuss ein Streuschuss – im Gegensatz zum Punktschuss mit der Kugel – und wirkt durch das Auftreffen mehrerer Schrote. Wesentlich ist dabei weniger die Wirkung des einzelnen Projektils – obwohl dies natürlich durch mögliche Verletzungen von Organen, Knochen, Blutgefäßen usw. auch eine Rolle spielen kann –, sondern die Wirkung der fast gleichzeitig auf den Wildkörper auftreffenden Garbe. Daraus folgt, dass die Deckung des gesamten Wildkörpers mit Schroten gewährleistet sein muss und zwar in guter Verteilung.

**Viele Flinten sind für Nahschüsse zu eng gebohrt. Die Folgen sind Fehlschüsse einerseits und Wildbretzerstörung andererseits.**

Letzteres ist aber nur unter ganz engen Voraussetzungen gegeben, nämlich in Abhängigkeit von Zielentfernung und Laufbohrung. Da die meisten Jagdflinten »$1/2-1/1$« oder (heute zunehmend und richtigerweise) »$1/4-3/4$« gebohrt sind, liegt die optimale Ausdehnung der Schrotgarbe auf mittlerer Schussentfernung. Das führt aber bei Nahschüssen wegen der mangelnden Garbenbreite meist zu Fehlschüssen oder zu starken Wildbretzerstörungen. Abhilfe könnte ein offener gebohrter Lauf bringen, aber dem würde wiederum die Weitschusstauglichkeit fehlen.

Insofern ist die Streupatrone die beste Möglichkeit, die Garbe bereits auf kürzerer Schussentfernung zu öffnen. Eine gute

Deckung und Regelmäßigkeit von Schuss zu Schuss wird aber nur von qualitativ hochwertigen Streupatronen mit Streukreuz gewährleistet. Abgesehen von den Skeet-Streu-Patronen im Durchmesser 2,0 mm – welche mit ähnlicher Aufgabenstellung die Verwendung der engen Trap-Bohrung für das jagdliche Skeetschießen ermöglichen – gibt es jagdlich einzusetzende Streupatronen Kal. 12 und 16 ausschließlich im Schrotdurchmesser 2,7 mm, der für alles bei der Niederjagd vorkommende Wild ausreicht. Es ist nur streng darauf zu achten, dass die Schussentfernung nicht über etwa 20 bis 25 m beträgt, was dann selbst für einen Fuchs genügt: Möglicherweise mangelnde Einzelwirkung des 2,7-mm-Schrotes wird durch die Garbenwirkung leicht ausgeglichen: Immerhin hat eine 34-g-Ladung mit 2,7-mm-Schrot fast doppelt soviel Einzelschrote wie eine 36-g-Ladung 3,5-mm Schrot. Streupatronen zeigen ihre beste Wirkung in eng gebohrten Läufen ab etwa $1/2$-Choke.

**Universalgröße 2,7 mm auch für Streupatronen ideal.**

**Beste Streuwirkung bei $3/4$ und $1/1$ – Choke.**

# Flintenlaufgeschosse und Postenschrote

Für besondere Zwecke sind Flintenlaufgeschosse und Postenschrote am Markt: Während FLG auf Schalenwild erlaubt sind und zwar unabhängig von den (für Büchsenpatronen geltenden) Mindestanforderungen der sog. »Sachlichen Gebote« des Jagdgesetzes, dürfen Postenschrote nicht auf Schalenwild verschossen werden. Insofern sind Posten (»Roller«) im Gültigkeitsbereich des BJagdG zwar nicht verboten, haben aber keinen Anwendungsbereich.

**Jagdgesetz beachten!**

Im Teilen des Auslandes ist das anders, besonders wo die Jagd nur mit der Flinte ausgeübt werden darf. Hier bietet sich zusätzlich zum Flintenlaufgeschoss der Postenschrot an, aber nur wenn die Schussentfernung selbstverantwortlich stark eingeschränkt wird.

**Posten im Ausland möglich**

Beim Postenschuss sind 15 Meter das Äußerste an Entfernung, weil sonst die Deckung der wenigen Einzelprojektile verloren geht. Zwar wirken die größeren Postenschrote wegen ihres Durchmessers und ihrer Masse als Einzelgeschosse ungleich stärker als die verhältnismäßig kleinen Schrote, doch gilt auch

**Postenschuss nicht über 15 Meter**

**Aus der »richtigen« Waffe lassen sich mit den »richtigen« FLG hervorragende Streukreise erzielen. Ladungen und Fabrikate müssen jeweils durch intensives Probeschießen ermittelt werden. Es ist unverantwortlich, mit einer nicht probegeschossenen FLG-Ladung auf Wild zu schießen!**

beim Postenschuss, dass die zielballistische Wirkung dann besonders gut ist, wenn viele Einzelprojektile der Garbe gleichzeitig auf den Wildköper auftreffen. Selbstverständlich gilt bei den aus Weichblei gefertigten Postenschroten ebenso wie beim Hartbleischrot, dass kleinere Durchmesser eine bessere Deckung geben und deshalb vorzuziehen sind, doch ist bei starkem und wehrhaftem Wild (Sau, Bär usw.) auch die Wildkörperstärke zu berücksichtigen. Wer also auf die Flinte angewiesen ist, kann im rechten Lauf Posten 7,5 oder 8,6 mm und im linken Lauf das Flintenlaufgeschoss führen. Geht es z. B. schwaches Schwarzwild, so können die mittleren Posten vorteilhafter sein. Gerade bei den Postenschroten ist es dringend erforderlich, die am besten deckende Ladung nach Fabrikat und Größe durch Vergleichsbeschüsse auf die Scheibe zu ermitteln!

Das Flintenlaufgeschoss ist weit mehr als ein Notbehelf, um mit der Flinte legal stärkeres (Schalen)Wild erlegen zu können. Liebhaber kombinierter Waffen verwenden es dort, wo die

Waffe universeller gemacht werden soll. Beispielsweise um aus der Bockbüchsflinte eine Bockbüchse und aus dem Drilling einen Doppelbüchsdrilling zu machen. Sehr wichtig ist es, die Treffpunktlage des FLG bzw. dessen Abweichung zum Schrot- bzw. Kugelschuss zu kennen. Das kann nur durch Probeschießen ermittelt werden und zwar für jede einzelne Laborierung (Losnummer beachten!). Unzufrieden mit dem Flintenlaufgeschoss sind nur solche Jäger, die sich nicht an diese einfache Grundregel hielten.

**TPL überprüfen!**

**Nur gleiche Losnummern**

Zur zielballistischen Eignung des FLG kann gesagt werden, dass es bei Schalenwild, Bär usw. umso besser wirkt, desto stärker und schwerer das Wild ist. Nur so kann das schwere, aber relativ langsame Bleiprojektils seine gesamte Energie an den Wildkörper abgeben.

**FLG: je stärker das Wild, desto besser die Wirkung.**

Wegen der relativen Unverformbarkeit der legierten Bleigeschosse ergibt sich nicht nur eine bei geringem Zielwiderstand manchmal ungenügende zielballistische Leistung mit größeren Fluchtstrecken (z. B. bei schwachem Schwarzwild), sondern auch ein erhöhtes Risiko von Abprallern.

**FLG: extrem abprallgefährdet**

Entgegen der landläufigen Meinung ist das Flintenlaufgeschoss als nicht flugstabiles Bolzengeschoss besonders anfällig für Ablenkungen durch Hindernisse in der Flugbahn. Es ist ein nur schwer ausrottbares Märchen, dass man mit dem FLG »ungestraft ins Dickicht« schießen darf. Die Höchstschussweite eines Flintenlaufgeschosses liegt bei über 1500 Meter, was auch im Zusammenhang mit der Abprallneigung zu beachten ist.

Die Treffgenauigkeit des FLG ist stark vom Lauf bzw. vom Zusammenspielen »Lauf/Ladung« abhängig. Im Durchschnitt wird man auf Schrotschussentfernung fünf Schuss in einen Kreis von etwa fünfzehn Zentimeter setzen können. Manche Läufe halten diesen Wert noch auf 50 und sogar 100 Meter, was aber mit dem individuellen Gewehr überprüft werden muss. Dies gilt auch für die Treffpunktlage, da die Flugbahn des FLG stark gekrümmt ist.

**Manche Läufe schießen FLG noch über 100 m präzise, doch muss die stark gekrümmte Flugbahn berücksichtigt werden.**

Im Laufe der Jahrzehnte haben sich die Flintenlaufgeschosse des Typs Brenneke durchgesetzt und zwar sowohl wegen der Zielballistik, als auch der Präzision. Inwieweit die Treibspiegelkonstruktionen (»Sabots«) Paroli bieten können bleibt abzuwarten.

**»Sabot« im Vormarsch**

# Optik für die Jagd

## Optik in Theorie und Praxis

**Ein bisschen Theorie muss sein!**

Dieses Buch will sich praktisch mit unserem jagdlichen Handwerkszeug auseinandersetzen, aber leider haben Diana und die Götter der Optik ein gerüttelt Maß an Theorie vor die Praxis gesetzt. Deshalb ist ein Minimum an Grundwissen nötig. Was kann das fernoptische Gerät in Form von Fernglas, Spektiv und Zielfernrohr eigentlich?

Es kann durch seine Vergrößerung das zu beobachtende Objekt »näher an das Auge heran holen« und deshalb sehen wir mehr Details. Wieviel mehr Details und wie »größer« oder »näher« wir mit dem Glas sehen, hängt bei gutem Licht von der Vergrößerung ab; bei schlechtem Licht jedoch von der Vergrößerung in enger Verbindung mit der Durchmessergröße des Objektivs. Das Objektiv, das heißt die dem Objekt zugewandte Linse, ist die »Lichteinlass-Pforte« eines optischen Geräts. Vergrößerung und Objektivdurchmesser sind also die beiden elementaren Kenndaten eines Fernglases oder Zielfernrohrs, aber sie sagen noch überhaupt nichts über die Bildqualität und die

**Objektivdurchmesser und Vergrößerung**

allgemeine Gebrauchstüchtigkeit aus. Man kann also nicht behaupten »8 x 56 ist besser als 7 x 50«, und schon gar nicht »das 10 x 63 für 500 DM ist besser als ein 8 x 30 für 1000 DM. Betrachten wir die Kenndaten eines beliebigen optischen Geräts: Die erste Zahl gibt die Vergrößerung an, z. B. »8 x«. Im praktischen Gebrauch bedeutet dies folgendes: Ein 100 m weit entferntes Reh sieht durch das Fernglas betrachtet so aus, als wenn man es mit bloßem Auge auf nur 12,5 m anschauen würde (100 m : 8 = 12,5 m). Bei einem 8,5fach vergrößernden Glas wären es aber nur etwa 11,8 m. Oder anders ausgedrückt: mit einem 10fachen Fernglas erscheint das Ziel um den Faktor »zehn mal näher« an den Betrachter herangerückt. Schon an diesen Beispielen sieht man, dass Vergrößerung nicht alles sein kann, denn zwischen 12,5 und 11,8 und 10 m gibt es keine so grundlegenden praktischen Unterschiede, und außerdem werden in diesem Bereich die durch die Handunruhe des Fernglasbenutzers gesetzten Grenzen deutlich. Kann man bei 7- oder 8-fach noch gut aus der freien Hand beobachten, so wird es bei 10-fach schon schwieriger. Bei 12-fach oder noch mehr muss unbedingt eine feste Auflage zu Hilfe genommen werden und darüber hinaus darf kein stärkerer Seitenwind vorhanden sein. Wegen der größeren Austrittspupille – sie errechnet sich indem man den Objektivdurchmesser durch die Vergrößerung dividiert – ist es zum Ausgleich der allgegenwärtigen Handunruhe ratsam, einen möglichst großen Objektivdurchmesser zu wählen, wenn eine hohe Vergrößerungsleistung gewünscht wird. Damit ist der »Sehstrahl« auch bei Handunruhe oder Wind leichter innerhalb der Optik d. h. nahe an deren optischer Achse zu halten. Der Test beweist es: Ein 10 x 40 mit seiner Austrittspupille von 40 : 10 = 4 mm hat – natürlich subjektiv gesehen – ein weitaus »ruhigeres« Bild als ein 10 x 30 mit seiner Austrittspupille von nur 3 mm. Übrigens beträgt die maximale Öffnung der menschlichen Augenpupille maximal 7 mm und auch das nur im jugendlichen Alter. Optiken mit größerer Austrittspupille als etwa 7 mm (z. B. ein »8 x 65« mit einer AP von 8,1 mm) sind also vom menschlichen Auge nicht mehr ausnützbar. Die zweite Zahl der Kenndaten, z. B. 56 mm wie bei 8 x 56, bezeichnet den Durchmesser des Objektivs in Millimeter. Der Objektivdurchmesser ist eine wichtige Größe, denn er bestimmt die Lichtmenge, die in das optische Gerät eintreten kann. Am Tage kommt man mit 20 oder 30 mm Objektiv-

**Nackte Kenndaten sagen nichts**

**Vergrößerung ist nicht alles.**

**Handunruhe setzt Grenzen**

**Die Größe der Austrittspupille ist ein wichtiger Leistungsfaktor.**

**AP max. 7 mm, wird im Alter rasch kleiner**

**Objektivdurchmesser bestimmt die Lichtmenge**

**Augenabstand und Aufnahmefähigkeit des Auges setzen Grenzen**

durchmesser aus, jedoch im Bestandesdunkel sollten selbst am Tag mindestens 30 besser 40 mm vorhanden sein. In der Dämmerung muss das Objektiv soviel wie möglich von dem jetzt in geringerer Dichte vorhandenen Licht aufnehmen und dies schafft nur ein großer Objektivdurchmesser. Da aber das menschliche Auge nur begrenzt aufnahmefähig ist, können größere Objektive als etwa 65 mm beim Fernglas bzw. Zielfernrohr gar nicht mehr ausgenützt werden. Zudem kommt, dass wegen des begrenzten menschlichen Augenabstandes der Bau von Doppelgläsern mit Objektivdurchmessern über etwa 70 mm keinen Sinn macht. Man wird also bei der Auswahl eines universell verwendbaren Fernglases oder Zielfernrohres stets einen Kompromiss schließen müssen zwischen den Vorteilen des großen Durchmessers und dessen gravierenden Nachteilen. Da jeder Kompromiss ein »Zwischending« darstellt, das weder der einen noch der anderen Seite genüge tut, sollte sich der Praktiker eher mehrere, optimal für den gewünschten Verwendungszweck geeignete Ferngläser oder Zielfernrohre kaufen.
Beispiel: Jemand möchte die Vorteile der 10-fachen Vergrößerung nützen Es bleibt ihm gar nichts anderes übrig, als das viel-

*8-fach ist 8-fach, ob beim superleichten 8 x 20 Tagesglas ...*

... oder beim kapitalen 8 x 56. Erst der Objektivdurchmesser bestimmt die weitergehende optische Leistung.

seitig einsetzbares »Alleinglas« in 10 x 42 oder 10 x 40 mit folgenden Gläsern zu ergänzen: für den extremen Ansitz in tiefer Dämmerung ein dafür optimales 10 x 56 und für körperlich beschwerliche Gelegenheiten ein 10 x 25 oder 10 x 30. Dieser zwangsläufig nicht billige Ratschlag darf nicht in die Nähe des »Konsumterrors« gerückt werden: Ein 10 x 40 aus gutem Hause ist sehr wohl universell einsetzbar, weil es hohe Vergrößerung mit leichtem Gewicht bei ausreichender Helligkeit verbindet. Nicht umsonst ist das 10 x 40 in Ergänzung zum Spektiv das Werkzeug der Bergjäger und der Vogelbeobachter, doch kommt es gegen die Leichtigkeit eines 10 x 25 oder 10 x 30 oder 10 x 32 einerseits und andererseits gegen die Dämmerungsleistung eines 10 x 56 nicht an.

Ähnlich verhält es sich bei der Wahl der Zielfernrohre: 3–12 x 56 bietet zwar das Optimum an Leistung, doch ist ein solches Kanonenrohr wegen seines geringen Gesichtsfeldes auch bei 3-facher Vergrößerung kaum für Sautreibjagden und den Schuss auf engen Schneisen geeignet. Man wird also das große Variable ergänzen durch ein Zielfernrohr mit besonders

**Ein Glas alleine schafft es nicht!**

**Drei Ferngläser sind angemessen.**

**Kein Zielfernrohr ist für alle Jagdarten gleich gut geeignet.**

**Die Mehrleistung übergroßer Objektive (hier 100 mm) ist im Grenzbereich sichtbar, geht aber oft im subjektiven Bildeindruck unter.**

großem Sehfeld und besonders für den Schuss auf flüchtiges Wild geeigneten Absehen (zum Beispiel Varipoint oder Flash Dot). Ein Vergleich mit der Waffe unterstreicht die Richtigkeit dieser Entscheidung: Niemandem würde es einfallen, sich mit einem schweren, mit Einstecklauf und dicker Nachtoptik hochgerüsteten Drilling auf der strapaziösen Gamsjagd zu belasten. Vielmehr nimmt man dafür eine leichte, führige Kipplaufbüchse.

**Guter Vergleichswert Dämmerungszahl**

Bei den Gläsern werden solche grundsätzlichen Überlegungen anscheinend gar nicht erst angestellt, denn keineswegs nur von blutigen Anfängern auf Drückjagden mitgeschleppte lange, schwere und stark vergrößernde Ansitzgläser sprechen Bände! Die Dämmerungszahl liefert einen guten Vergleichswert für die optische Leistung eines Geräts bei schlechtem Licht. Man erhält sie mit dem Rechengang »Wurzel aus Vergrößerung mal Objektivdurchmesser«. Im Beispiel 8 x 56 beträgt die Dämmerungszahl somit 21,2. Zum Vergleich: Ein Fernglas 8 x 40 hat eine Dämmerungszahl von 17,9 und ein 8 x 30 eine solche von 15,5. Dazu ein Beispiel aus der Praxis: Wenn man mit dem 8 x 56 einen Rehbock auf 212 Meter gut ansprechen kann, so gelingt dies mit dem 8 x 40 auf immerhin 179 Meter, jedoch mit dem 8 x 30 erst dann, wenn der Rehbock nicht weiter als 155 Meter entfernt ist. Wohlgemerkt gilt diese Aussage nur bei schlechtem Licht. Bei optimalen Lichtverhältnissen dagegen spielt der Objektivdurchmesser keine Rolle, immer erscheint uns bei 8-facher Vergrößerung ein Objekt um das 8-fache näher als mit bloßem Auge. Und wohlgemerkt gilt dieser Vergleich nur bei Ferngläsern gleicher oder vergleichbarer Qualität. Dämmerungsleistung lässt sich nicht nur mit besserer Beobachtbarkeit und Detailerkennbarkeit eines Objektes auf unterschiedliche Entfernungen beschreiben, sondern auch bezogen auf die relative Bildhelligkeit und damit als wichtiger Zeitfaktor: Mit dem 8 x 56 sieht man in der Dämmerung einen Rehbock um fast ein Drittel heller als mit dem 8 x 30, oder: Bei stetig abnehmendem Licht kann man mit einem Glas höherer Dämmerungsleistung wesentlich länger beobachten. Ein Wort zur früher für Vergleiche von optischen Geräten herangezogenen »Lichtstärke«: Diese errechnet sich, indem man den Durchmesser der Austrittspupille mit sich selbst multipliziert. Die Austrittspupille errechnet sich aus Division von Objektivdurchmesser und Vergrößerung. Beispiel 8 x 56: 56 geteilt durch 8 ist gleich 7; 7 mal 7 ist gleich 49. Die »Lichtstärke« des 8 x 56 ist somit 49, die eines 7 x 50 dagegen 51. Die Dämmerungszahl des 7 x 50 ist jedoch 18,7 (im Vergleich zu 21,2 beim 8 x 56), so dass sich schon aus dieser Diskrepanz die Unzulässigkeit eines Vergleiches auf Basis »Lichtstärke« ergibt.

Die Lichtstärkenzahl alleine ist also aus mathematisch-technischen Gründen nicht aussagekräftig, so dass man heute die Dämmerungszahl als leistungsbeschreibende Vergleichszahl verwendet.

Dabei ist auch die Dämmerungszahl eine theoretische Größe: Beim praktisch-visuellen Vergleich von Ferngläsern verschiedener Hersteller jedoch gleicher Kenndaten bzw. Dämmerungszahl sind teilweise große Unterschiede in der Bildhelligkeit zu beobachten. Dies kommt daher, dass die Bildhelligkeit durch die Art, Qualität und Bearbeitung der verwendeten Gläser und darüber hinaus durch die Art und Qualität der Vergütung beeinflusst wird. Außergewöhnlich große Bildhelligkeit auch bei ungünstigen Lichtverhältnissen kann nur durch eine optimal auf die speziellen Glassorten und auf den Anwendungszweck abgestimmte Mehrschichtenvergütung erzielt werden. Da solche speziellen Glassorten und aufwändigen Vergütungsarbeiten nicht ohne erhebliche Mehrkosten bei Material und Fertigung zu haben sind, dürfen gute Gläser teurer sein.

**Helligkeit als Zeitfaktor**

**Geometrische Lichtstärke als Vergleichszahl nicht geeignet**

**Nur optomechanisch hochwertige Gläser werden ihren Kenndaten gerecht**

Optik für die Jagd

**Die Optik ist das meistbenützte Handwerkszeug des Jägers**

# Ferngläser

Der Art und der Qualität von Beobachtungsoptik – wir verstehen darunter unsere Doppelferngläser und Teleskope – kommt eine große Bedeutung zu: Betrachtet man nämlich die wichtigsten Handwerkszeuge des Jägers in Form von Optik, Waffe/Munition und Messer, so liegt nach der Benützungshäufigkeit die Beobachtungsoptik noch weit vor der Zieloptik und der Waffe/der Munition und schließlich sehr weit vor dem Messer. Nicht allein deswegen. ist – neben der Forderung nach erstklassiger Qualität im Sinne einer hohen Lebensdauer – die Güte der Optik mit entscheidend für den Jagderfolg. Wo es auf stete Einsatzbereitschaft und immer hervorragende Bildqualität ankommt, sind nur Ferngläser allererster Güte für den rauen Jagdbetrieb tauglich. Dies gilt uneingeschränkt auch für die im Billigpreisbereich gesuchten sogenannten »Zweitgläser«. Das ist im übrigen ein arg unglücklicher Begriff, weil jedes Zweitglas, auf der Jagd geführt, zum »Erstglas« wird und somit unbedingt die gleichen, hohen Anforderungen erfüllen muss wie dieses. Wer als Jungjäger erstmals vor der Frage nach der für ihn geeigneten und damit »richtigen« Optik steht, darf sich nicht mit Halbheiten abgeben. Sicher ist es eine Einkommens- und Preis-

**Carl Zeiss 10 x 40, links die klassische Form, rechts das Modell Victory.**

**Es gibt kein »Zweitglas«**

frage, anstatt des billigen Lockangebotes aus Fernost ein europäisches Markenglas finanzieren zu müssen. Aber eine anderweitige Einsparung bei der Ausrüstung, z.B. bei modischer Bekleidung, ist gewiss günstiger, da nicht von so großer Tragweite für den jagdlichen Erfolg. Unterschiede zwischen einem guten Markenglas und billiger Massenware sind nicht nur in der Lebenserwartung des Geräts erkennbar, sondern vor allem in dessen Ergonomie d.h. leichterer Bedienbarkeit sowie hinsichtlich der Augenfreundlichkeit. Irgendwo muss die Einsparung bei solchen Schleuderpreis Importen ja herkommen: es wird billige Rohware verwendet und keine große Sorgfalt auf die Fertigung gelegt. Billige und schlecht justierte Gläser strapazieren den Benützer aber nach kurzer Zeit dermaßen, dass Kopfschmerzen und Sehstörungen nicht ausbleiben.

**Keinesfalls an der Qualität sparen!**

**Doppelgläser 10 x 42 und 10 x 52 von Minox**

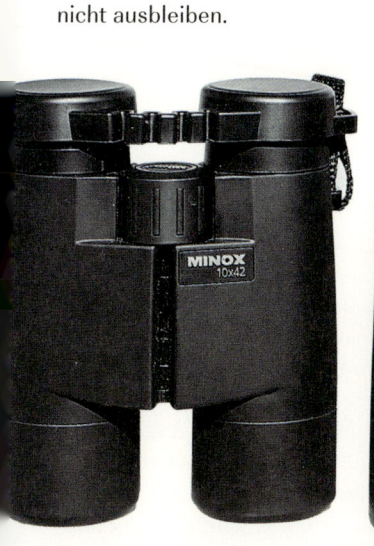

Wer sich den Fernglaskauf nicht leicht macht – und dies sollte wegen der Wichtigkeit von solchen Anschaffungen niemand tun – wird mehrere Fabrikate und verschiedene Modelle mit unterschiedlichen optischen Kenndaten ausprobieren und miteinander vergleichen. Den guten Fachhändler erkannt man daran, dass er diese Möglichkeit einräumt und zumindest einen mit dem Fernglas bewaffneten Blick aus der Ladentüre gestattet. Er hat vielleicht sogar optische Prüftafeln in einiger Entfernung davon aufgestellt. Obwohl die meisten jagdlich gebräuchlichen

**Gute Fachhändler kann man finden.**

**Qualitätsmerkmale überprüfen**

Ferngläser für das Dämmerungssehen gerechnet und ausgestattet sind – in jedem Fall die mit größeren Objektivdurchmessern – lassen sich folgende Qualitätsmerkmale der Fernoptik auch bei Tageslicht überprüfen:

- **Festigkeit** der Verbindung beider Fernglashälften. Das spürt man beim gegeneinander Verdrehen der Hälften.
- richtige **Justierung** der beiden optischen Systeme. Dazu blickt man durch das wackelfrei aufgelegte, auf eine senkrechte scharfe Kante gerichtete Glas und schließt abwechselnd die Augen: Die Kante darf nicht »springen«.
- **Randschärfe.** Diese überprüft man bei normal gehaltenem Glas mit einem Blick zum Rand des Sehfeldes: Bildschärfe soll über die gesamte Sichtfläche gegeben sein.
- **Farbwiedergabe.** Die überprüft man durch Vergleiche mit und ohne Optik auf kürzere Entfernungen.
- **Kontrast.** Diese wichtige Eigenschaft sollte man mit Hilfe einer genormten Prüftafel bestätigen.
- **Helligkeit.** Kann man gut durch direkte Vergleiche mit dem unbewaffneten Auge überprüfen.
- **Brillanz.** Das Bild muss auch noch gegen den Bildrand hin »lebendig farbig« erscheinen.
- **Auflösungsvermögen** lässt auch kleinere Einzelheiten deutlich hervortreten;
- Verwendung richtig dimensionierter Prismen aus einem Glas mit für diesen Optiktyp ausreichend hoher Brechzahl: Dazu hält man das Glas in etwa 20 bis 40 cm Augenabstand vor einen hellen Hintergrund und betrachtet die sich auf dem Okular abzeichnende Austrittspupille. Wenn diese nicht gleichmäßig hell und rund erscheint, vielmehr eckig und mit an den Rändern abgedunkelten Feldern, so ist die Glasqualität nicht in Ordnung oder es sind andere Fehler im System.
- **Eignung für Brillenträger** ist sehr wichtig, wobei es mit am Okular angebrachten Stülp- oder Schiebemuscheln bei weitem nicht getan ist. Vielmehr müssen die Okulare besonders »gerechnet« sein, denn nur dann ist der Brillenträger in der Lage, das volle Sehfeld ausnützen zu können. Testen wird man dies mit und ohne aufgesetzte Brille und mit umgestülpten/eingeschobenen Augenmuscheln. Auch mit Brille muss – bei umgestülpten bzw. eingeschobenen Augenmuscheln das ganze Sehfeld übersehbar ist.

> Schiebemuscheln erleichtern die Benützung des Glases für Brillenträger

**Brillenträgerokulare** sind natürlich auch beim Gebrauch der Sonnenbrille nützlich. Das wissen nicht nur Auslandsjäger zu schätzen. **Ältere Jäger** müssen damit rechnen, dass sie später doch einmal eine Brille brauchen. Insoweit sollte beim Fernglaskauf nicht auf Brillenträgerokulare verzichtet werden. Bei ihnen liegt die Okularlinse von der nächsten Linse etwa doppelt so weit entfernt liegt wie bei einem normalen Okular, was bei Gebrauch durch einen Nichtbrillenträger keine Nachteile hat. Abgesehen von großen und auffälligen Qualitätsmängeln sind Unterschiede in der Bildqualität verschiedener Ferngläser bei hellem Tageslicht nur schwer zu erkennen. Dies verführt viele Anfänger, wegen der scheinbar gleichen Leistung einem billigeren Glas den Vorzug zu geben. Richtig ausspielen wird das qualitativ hochwertige Markenglas seine Vorteile freilich erst bei ungünstigen Lichtverhältnissen, zum Beispiel bei Gegenlicht, in der Dämmerung oder beim Blick ins Dunkle (z.B. Waldbestand) bei hellem Vordergrund. Insofern darf ein direkter Vergleich erst unter den genannten erschwerten Bedingungen gewagt werden, falls man sich nicht allein auf den guten Ruf eines der Spitzenhersteller verlassen will. In diesem Zusammenhang sollte man übrigens nicht auf den dummen Spruch verfallen, dass man den »Namen mitbezahlen« müsse, wenn es um die

> »Gerechnete« Brillenträgerokulare sind aufwändig

> Bei schlechten Lichtverhältnissen offenbaren sich die qualitativen Unterschiede

> Erst die Qualität macht den Namen!

qualitativ hochwertigen optischen Instrumente für den Jäger aus bestem Hause geht. Vielmehr ist es doch so, dass erst eine gute Qualität den Namen macht, und nicht umgekehrt!

*Gut gelöst: Die Dioptrienverstellung liegt geschützt unter dem Fokussierrad*

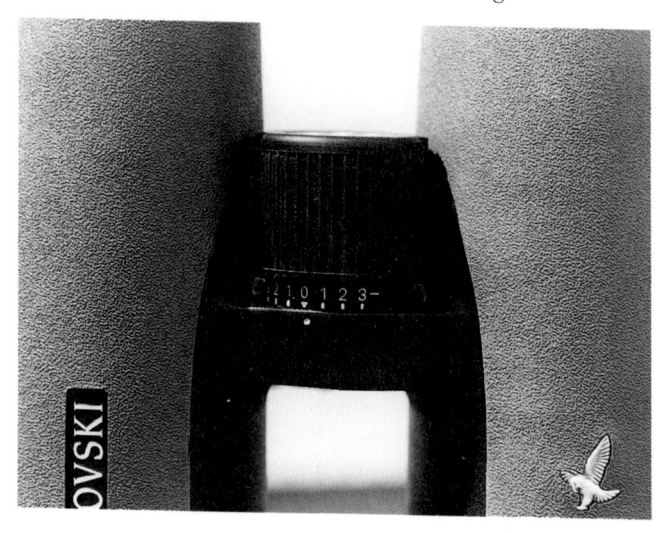

*Keine Allzwecklösung*

Bei der Wahl des Fernglases nach dem Verwendungszweck muss man sich unbedingt im klaren darüber sein, dass es kein echtes »Universalglas« und keine Allzwecklösung für den Jäger gibt, sondern immer irgendwelche Kompromisse in Kauf genommen werden müssen. Für eine Universallösung beim Fernglasbau sind die Jagdmöglichkeiten in Mitteleuropa viel zu unterschiedlich. Auch die Jagdart selbst setzt Maßstäbe, denn der Bergjäger hat andere Bedürfnisse als der reine Feldjäger und dieser wiederum andere als der fast ausschließlich auf den Nachtansitz oder zumindest den Ansitz in der Dämmerung angewiesene Waidmann. Selbst innerhalb des gleichen Reviers sind bisweilen völlig unterschiedliche Anforderungen zu erfüllen:

*Drei Ferngläser plus ein Spektiv*

Eigentlich müsste jeder Jäger drei verschiedene Ferngläser (plus ein Spektiv) besitzen. Dies wird von ernsthaften Jägern praktiziert, mag dem Vereinfachungsfanatiker jedoch unverständlich erscheinen. Man bedenke die Benützungshäufigkeit des Fernglases im Vergleich zur Waffe: Oder möchte jemand Taubenbalz, Rebhuhnsuche, Rehjagd, Hirschbrunft, Drückjagden, Entenstrich, Fuchsansitz, Sautreiben und schließlich auch noch das DJV-Schießen mit nur einer Waffe betreiben? Bei der

Auswahl des Fernglases werden solche Überlegungen nur sehr selten angestellt – wer aber danach handelt und sich seine ganz persönliche, maßgeschneiderte »Batterie« an Beobachtungsoptik zulegt, wird viel mehr Freude an der Natur und an der Jagd haben!

Die Störungen in vielen mitteleuropäischen Revieren zwingen das Wild überwiegend zur Dämmerungs- oder gar Nachtaktivität, weshalb dämmerungsstarke Gläser (und Zielfernrohre) nötig sind. Da sich die Dämmerungsleistungaus der Formel: »Wurzel aus Vergrößerung mal Objektivdurchmesser« errechnet, kommen den Gläsern der optischen Dimensionen von etwa 8 x 56 eine besondere Bedeutung zu. Größere Objektivdurchmesser bei gleicher Vergrößerung sind zwar technisch möglich, jedoch nicht sinnvoll: Bereits das 8 x 56 hat eine Austrittpupille von 7 mm, und mehr kann sich selbst die noch »elastische« Augenpupille des jungen Jägers nicht öffnen. Der Durchmesser der Austrittspupille ist alsoder Maßstab für die relative Helligkeit des optischen Bildes. Dies ist auch

**Besonders beim Ansitz auf Sauen bewährt: Glas und Zielfernrohr mit gleichem Objektivdurchmesser und gleicher Vergrößerung (hier Docter Optik).**

die Erklärung dafür, dass z. B. ein 22 x 80 oder ein 30 x 75 trotz höherer rechnerischer Dämmerungszahlen (42 resp. 47,4) ein dunkleres Bild ergeben als besagtes 8 x 56 mit der nominell niedrigeren Dämmerungszahl 21,2. Man muss also die optischen Dimensionen immer als ein Paket von Werten und Leistungen sehen. Dass die nackten optischen Daten für sich nichts aussagen und erst im Zusammenwirken mit den wichtigen Gütekriterien (v. a. der Vergütung d. h. Entspiegelung und damit der Lichtdurchlässigkeit des optischen Systems) zum Tragen kommen, braucht nicht erwähnt zu werden. Sind aber die Gütekriterien gleich, so lässt sich anhand eines einfachen Vergleichs die Auswirkung von Objektivdurchmesser und damit Dämmerungszahl veranschaulichen: Das 8 x 20 – als wertvolles Leichtglas für die Tagespirsch, die Jagd mit der Flinte oder die Auslandsjagd – hat eine Dämmerungszahl von 12,6 im Vergleich zu 21,2 des 8 x 56. Überträgt man den Wert in die Praxis, so ergibt sich – natürlich immer unter der Voraussetzung gleicher Lichtverhältnisse, dass man mit dem 8 x 56 einen Rehbock noch auf etwa 212 Meter gut ansprechen kann, mit dem 8 x 20 jedoch nur auf etwa 126 Meter. Das 8 x 56 ist also in der Dämmerung etwa 1,7fach heller oder, anders ausgedrückt: mit dem 8 x 56 kann man viel länger schauen. Das trifft auch für das 10 x 56 zu. Dafür sollte man jedoch unbedingt über eine ruhige Hand verfügen oder über eine feste Auflage wie der Ansitzjäger. Freilich ist bei aller dämmerungsbedingter Brauchbarkeit des 8 x 56 oder 10 x 56 festzuhalten, dass die 8 x 20 oder 10 x 20(25) bei vollem Tageslicht die gleiche Bildauflösung und ähnliche Sehfelder aufweisen wie die wesentlich voluminöseren Gläser mit 56 mm Objektiven.

*Gute fernoptische Geräte mit Innenfokussierung sind wasserdicht und lassen sich unter Fließwasser leicht reinigen.*

*10-fach braucht eine Auflage oder eine ruhige Hand*

Wem das 8 x 20 wegen des geringen Pupillendurchmessers zu extrem erscheint und den Winzling nicht ausreichend zitterfrei halten kann, der ist mit einem 8 x 30 und mit dessen Dämmerungszahl 15,5 sowie einer Austrittspupille von 3,75 mm ganz sicher besser bedient. Im Vergleich zum superleichten 8 x 20 ist das 8 x 30 allerdings mehr als dreimal schwerer. Beide Gläser werden gerne auf strapazierenden Auslandsjagden eingesetzt.

Viele Jäger bevorzugen das 10 x 40, weil sich seine ausgewogene Leistung über eine Austrittspupille von 4,0 mm präsentiert und weil es mit der Dämmerungsleistung von 20,0 eine bessere Dämmerungstauglichkeit und Bildauflösung hat als

**Immer wieder Kompromisse!**

**Das bildstabilisierte 20 x 60 von Carl Zeiss – hier die monokulare Version – ermöglicht auch freihändig eine gute Sicht auf großen Distanzen.**

**Mittlere Gläser**  die objektivkleinen 8fachen Gläser. Die gleiche gute Bewertung betrifft die 8-, 8,5- oder 10-fachen Gläser mit 40 mm und 42 mm Objektiv.

Das 7 x 42 bezeichnete man früher gemeinhin als Universalglas: 6 mm Objektivdurchmesser entsprechen der Pupillendehnung eines mittelalten Jägers; Dämmerungszahl 17,2 steht weit über den 15,5 eines 8 x 30 und zudem kann die nur 7fache Vergrößerung noch gut von Hand gehalten werden. Die Universalität hängt auch mit dem angenehm ausgeglichenen Gewicht zusammen: nicht zu schwer am Hals, nicht zu leicht in der Hand. Allerdings wird das 7 x 42 nicht mehr von allen Herstellern angeboten, weil es doch sehr von Gläsern ähnlicher Leistung wie 8 x 40 und 8(,5)x 42 bedrängt ist. Insofern kristallisieren sich **Die Favoriten:** drei Gläser als die Favoriten des auf optimale Ausrüstung be-**8 (10) x 56 und** dachten mitteleuropäischen Jägers heraus: Das schwere 8 x 56 **8 (10) x 40** oder 10 x 56 oder auch 8 x 50 als Ansitzglas mit hoher Dämmerungsleistung, die universellen 7 x 42 oder 8(10) x 40 oder 8(10) x 42 oder 8,5 x 42 welche auch für alle Belange der Auslandsjagd brauchbar sind, sowie das preislich interessante und leichte 8 x 20 oder das etwas robustere 8 x 30(32) oder 10 x 30(32). Selbstredend sollten alle Ferngläser dieser Bezeichnungen, wenn sie in die engere Wahl gezogen sind, in der B-Ausführung für Brillenträger (also mit entsprechend ausgeführtem Okular) sowie in einer praktischen GA-Ausführung bzw. mit robustem Fernglaskörper erworben werden.

*Immer auf B-Okular achten*

Abschließend noch ein Wort zu den extremen Vergrößerungen: Sechsfach bei einem Fernglas ist für jagdliche Zwecke zu schwach; über 10fach ist aus der Hand nicht mehr zu halten, so gut die einzelnen Ausführungen auch hinsichtlich der eigentlichen Qualität der Optik sein mögen, z. B als 15 x 60. Hier empfehlen selbst die Hersteller den Gebrauch eines stabilen Stativs, was die Anwendung solcher Lichtkanonen doch ziemlich einschränkt.

*Nur mit Stativ: 15 x 60*

Elektronisch bildstabilisierte Ferngläser lassen sich trotz ihrer hohen Vergrößerung auch freihändig bedienen, beschränken sich aber (noch) auf relativ kleine Objektivdurchmesser wie das 14 x 40 von Fujinon. Hier geht die Entwicklung sicher noch weiter.

*Elektronisch bildstabilisierte Ferngläser: am Anfang der Entwicklung*

Die ohne Stromquelle mechanisch bildstabilisierten Ferngläser 20 x 60 S von Carl Zeiss in monokularer wie binokularer Ausführung heben sich im Erwerbspreis deutlich von der normalen Optik ab. Mechanisch bildstabilisiert meint, dass mit den 20 x 60 S aus freier Hand beobachtet werden kann. Sie müssen unbedingt in Erwägung gezogen werden, wenn der Jägerwunsch nach einer hoch vergrößernden, dabei dämmerungsstarken Hochleistungsoptik erfüllt werden soll.

*Spitze in Optik und Mechanik, aber groß und schwer. Das bildstabilisierte 20 x 60 S von Carl Zeiss*

# Das Spektiv

Spektiv ist die untechnische Bezeichnung für ein monokulares Fernrohr mit hoher Vergrößerung. Im Jagdbetrieb kommen meist Ausziehspektive zur Anwendung; ihr Hauptmerkmal ist die kurze Transportlänge. Jedoch findet man immer mehr Spektive mit fester Baulänge: Deren Vorteile sind größere Robustheit und Dichtheit. Früher wurde das Spektiv nahezu ausschließlich

*Spektiv = Teleskop*

**30 x 60 Auszieh-spektive – die klassischen Fernrohre der Bergjäger.**

**Die Dämmerungsleistung steigt mit dem Objektivdurchmesser**

**Hochwertige mittlere Spektive sind ein Muss bei vielen Auslandsjagden.**

von Bergjägern geführt – auch in den schottischen Highlands war es zu Hause, doch etwa seit den Siebzigern Jahren des 20. Jahrhunderts wird es verstärkt auch außerhalb des Hochgebirges angetroffen. Etwa seit dieser Zeit bemüht man sich um die Steigerung der optischen Leistung: Die klassischen Ausziehfernrohre der Highlander und Bergjäger mit den Nenndaten 25 x 50 bis 30 x 60 hatten eine zwar für den Gebrauch bei Tageslicht ausreichende Leistung; für den Einsatz außerhalb des Hochgebirges genügte diese aber nur selten. Um bei schlechten Lichtverhältnissen beobachten und ansprechen zu können, braucht man eine hohe Dämmerungsleistung und die ist nun einmal vom Durchmesser des Objektivs abhängig. So wurden für den Gebrauch bei Pirsch und Ansitz am frühen Morgen und späten Abend die Ausziehfernrohre mit Objektivdurchmesern von 70 bis 75 mm entwickelt. Ihre höhere Dämmerungsleistung bedingte ein entsprechend höheres Gewicht. Anfang der achtziger Jahre ging man noch einen Schritt weiter. Teleskope mit 80 oder 85 mm (und noch mehr) Objektivdurchmesser – in fester Baulänge und als Ausziehspektive – kamen auf den Markt, dazu ein wesentlich größeres Angebot an Spektiven mit variabler Vergrößerung. Außerdem wurden nützliche Zusätze angeboten, wie Schrägeinblicke, Nahzusätze, Wechselokulare und ähnliches.

Carl Zeiss brachte ein Spiegelteleskop 30 x 60, ein handliches und nicht ausziehbares Festteleskop ganz kurzer Baulänge, welches für einen größeren Bedienkomfort mit Motor-Fokussierung ausgestattet ist.

Außer in heimischen Berg- und Flachlandrevieren hat sich das Spektiv auch in bestimmten Gebieten der Auslandsjagd als nützlich erwiesen. Vor allem Berg- und Steppenwild in seinen weiten Lebensräumen kann nur mit hoher Vergrößerung sicher angesprochen werden. Die entsprechende optische Ausrüstung erspart dem Jäger manche Kletterei und harte Märsche, wenn man mit guter Optik auch auf große Entfernung erkennt, ob sich das Anpirschen lohnt. Obwohl in der »Wildnis« vorwiegend tagsüber gejagt wird, verfügen die Jagdführer in Nordamerika und in Asien oftmals über nur unzureichende Beobachtungsoptiken. So trägt ein mitgebrachtes und richtig eingesetztes Spektiv erheblich zum Jagderfolg bei.

Nun zu den Anwendungskriterien. Um gleich bei der Auslandsjagd zu bleiben: Hier sollte das Spektiv leicht und kompakt sein,

## Optik für die Jagd

sowohl wegen des begrenzten Gewichts beim Fluggepäck als auch wegen der körperlichen Belastung beim Marschgepäck. Andererseits muss die Qualität gerade dann hervorragend sein, wenn die nächste Reparaturwerkstatt Tagereisen entfernt ist. So bieten sich für die strapaziöse Auslandsjagd die kleinen Spektive nur der renommierten Hersteller an, mit 60 bis 75 mm Objektiv und entsprechend geringem Gewicht und Volumen. Für heimische Reviere stellt sich die Frage, ob eine bessere Dämmerungsleistung oder ein geringeres Gewicht vorzuziehen sind. Eine Beobachtung des Käuferverhaltens zeigt aber, dass heute große Objektive bevorzugt werden. Damit setzt sich der allgemeine, beim Kauf von Beobachtungs- und Zieloptik beobachtete Trend fort. Spektive werden kaum solo geführt; fast immer wird ein kleines, leistungsstarkes Doppelglas benützt, um das Terrain vorher damit »abzuglasen«. Erst wenn man das Wild mit der gering vergrößernden Optik gefunden hat oder gefunden zu haben glaubt, wird das Spektiv zum genaueren Ansprechen eingesetzt. Objektivdurchmesser von etwa 75 bis 85 mm sowie 30 bis 32-fach vergrößernde Okulare sind Standard, solche mit variabler Vergrößerung besonders beliebt, weil man im unteren Vergrößerungsbereich (ca. 15- bis 20-fach) nach dem Wild suchen und dann auf eine höhere Vergrößerung umschalten kann. Eine höhere Vergrö-

> Je »wilder« das Jagdgebiet, desto besser muss die Qualität der Optik sein.

> Spektiv ist ein ebenso untechnischer Begriff wie Teleskop, beide meinen »Fern-Seher«. Es gibt die beim Transport kurzen, meist ohne Dreibeinstativ benützten Auszieh-fernrohre oder Ausziehspektive (AS) und die robusteren, wasserdichten Spektive mit fester Baulänge, die hier erstmals »Festspektiv (FS) genannt werden sollen.

> ... von Vorteil: Okulare mit variabler Vergrößerung

ßerung als etwa 35-fach ist kaum jagdpraktisch, da die Handunruhe sowie sämtliche atmosphärische Störungen mitvergrößert werden und darüber hinaus Schärfe sowie Helligkeit leiden.

# Entfernungsmesser

Das erste Entfernungsmessgerät für die Jagd aus europäischer Fertigung (und weltweit immer noch das beste) ist das Leica Geovid. Die sonstige optische Leistung entspricht dem eines guten Doppelglases 7 x 42.

Viele Jäger sind konservativ eingestellt und standen der Einführung von »HiTech«-Produkten schon ablehnend gegenüber, als es diesen Begriff noch längst nicht gab. An der Schwelle zum 2. Millenium drehte sich die Hi-Tech Diskussion hauptsächlich um neue optische Systeme, darunter um Entfernungsmessgeräte. Für den sicheren und damit tierschutzgerechten Schuss auch auf größere Distanz notwendige Entfernungsermittlungen helfen nicht nur dem in riesigen landwirtschaftlichen Schlägen Waidwerkenden, sondern auch dem sich im rauen Terrain bewegenden Auslandsjäger, vor allem dem Bergjäger: Unterschiedliche und nach Größe und Habitus unbekannte Wildarten wollen auf unbekannte Entfernungen – oft unter Zeit-

**Der Leica Entfernungsmesser RF 800 ist leicht und leistungsstark.**

**Der E-Messer kann ein Mittel des angewandten Tierschutzes sein!**

druck – bejagt werden und da ist das Wissen um die genaue Entfernung schon wichtig, damit sicher getroffen werden kann. Inzwischen sind mehrere recht unterschiedliche Versionen von Entfernungsmessern am Markt. Das Geovid von Leica verkörpert eine von Optik und Mechanik jagdlich uneingeschränkt taugliche Synthese aus hochwertigem 7 x 42 Doppelglas und 1000-m-Entfernungsmesser. Es wiegt aber mit 1,4 kg ziemlich viel und dürfte für die überwiegende Mehrzahl der Jäger unerschwinglich teuer sein. Bereits für etwa 800 Mark d.h. für ein Zehntel des Kaufpreises des Geovid gibt es hochleistungsfähige Entfernungsmesser – von Leica in Form des LRF 800 –, deren Hauptaufgabe es ist, die exakte Entfernung zur Beute festzustellen, damit der Schütze den Haltepunkt wählen kann. Nachdem der »richtige« Haltepunkt überwiegend von den außenballistischen Leistungen der verwendeten Laborierung

*Das LRF von Swarovski ist ein Spezialgerät für weite Schüsse. Es bietet die Qualität eines Zielfernrohres 3-12 x 50 und ist ein verlässlicher Entfernungsmesser.*

bestimmt wird, muss der Anwender deren Schusstafelwerte kennen. Da mit der Ermittlung der exakten Zielentfernung auch die Grenzen für einen tierschutzgerechten Schuss aufgedeckt werden können, ist der E-Messer keineswegs das »Instrument des Weitschießers«, wie er meist von Technologiegegnern apostrophiert wird. Vielmehr sorgt er bei richtiger Anwendung mit dafür, dass eben kein Schuss auf eine tierschützerisch unverantwortliche Entfernung abgegeben wird.

Jäger die einen Entfernungsmesser führen wollen, finden dafür gute Gründe und sollten sich nicht von Technikgegnern abbringen lassen. Wer nämlich allem »Hi-Tech im Jagdbetrieb« ablehnend gegenübersteht, dürfte auch keine Hochleistungspatronen oder Gore-Tex Schuhe benützen. Ganz zu schweigen vom vielleicht Leben rettenden Mobiltelefon.

Wie ein E-Messer überhaupt funktioniert? Mit dem Drücken einer Taste schickt die Laser-Sendeoptik unsichtbare (und für das menschliche Auge unschädliche) Infrarotimpulse zum Objekt, welche von dessen Oberfläche zurückgestrahlt und von der Empfängeroptik aufgenommen wird. Da die Lichtgeschwindigkeit konstant und bekannt ist, kann das Gerät anhand der zwischen Austritt und Rückeintritt der IR-Impulse exakt gemessenen Zeitspannen über einen eingebauten Mikroprozessor die Entfernung zum Messobjekt errechnen und diese braucht nur noch abgelesen werden.

Und wie genau ist ein guter Entfernungsmesser? Man kann nur sagen »verblüffend genau«, denn die Abweichung von der realen Entfernung beträgt innerhalb des möglichen Messbereiches höchstens einen Meter!

**E-Messer keinesfalls ein »Instrument des Weitschießers«.**

**Wie funktioniert der E-Messer eigentlich?**

**Messabweichungen unter einem Meter.**

# Nachtsichtgeräte

Die moderne Technik der Nachtsichtgeräte geht über die Optotechnik konventioneller Fernoptiken hinaus, weswegen ein herkömmliches Fernglas, selbst wenn es so gut ist, dass es in tiefster Dämmerung verwendet werden kann, besser als »Dämmerungsglas« und nicht als »Nachtglas« bezeichnet werden sollte. In stockfinsterer Nacht ist auch mit dem besten Fernglas nichts mehr anzufangen. Dann springen – wo sinnvoll und erforderlich – die Nachtsichtgeräte ein. Für diese hat

**Nachtsichtgeräte funktionieren optoelektronisch**

## Optik für die Jagd

**Nachtzielgeräte sind verboten!**

sich ein gewisser Bedarf manifestiert, der unmittelbar mit den veränderten jagdlichen Bedingungen zusammenhängt.

Da Nachtzielgeräte verboten sind, will man wenigstens sehen, worauf man zu schießen hat und deswegen boomen die Nachtsichtgeräte. Die lassen sich grob in die Kategorie »aktive« und »passive« Nachtsichtgeräte einordnen. Passiv arbeitende Restlichtaufheller nützen das selbst bei »stockdunkler« Nacht vorhandene Licht aus und verstärken es vieltausendfach. Die »aktiven« Geräte dagegen arbeiten mit einer IR-Aufhellung und benützen eine leistungsfähige Infrarotlampe als (zusätzliche) Lichtquelle. Auf die genaue Technik muss nicht weiter eingegangen werden. Nur solche Nachtsichtgeräte sind für den Jagdbetrieb geeignet, die eine Vergrößerung von mindestens etwa 6-fach ermöglichen. Dabei trennt sich schnell die Spreu vom Weizen, denn praxisnah hohe Vergrößerungen und Abbil-

**Nachtsichtgeräte gibt es in allen Preislagen. Teure Geräte wie dieses von Swarovski entsprechen den Erwartungen eher.**

dungsqualitäten werden nur von teuren Qualitätsgeräten gewährleistet. Billige Geräte sind hinausgeworfenes Geld und gerade bei Nachtsichtgeräten ist viel alter und leider auch neuer Schrott in Umlauf. Der praktisch-logische Schritt vom Nachtsichtgerät zum waffenmontierbaren Nachtzielgerät (»praktisch-logisch« heißt nicht, dass der Schritt befürwortet wird) ist durch die Gesetzeslage verwehrt, nach der Nachtzielgeräte für den zivilen Gebrauch verboten sind. Dies gilt ebenso für einschlägige Vorrichtungen wie Waffenmontagen oder auf Bildwandlerröhren angebrachte elektronische Zielmarken, mit denen Nachtsichtgeräte zu Nachtzielgeräten umfunktioniert werden könnten. Insofern ist die Verwendung des Nachtsichtgeräts auf das Beobachten beschränkt. Zur direkten Unterstützung des Schusses im Dunklen, selbst wenn dieser legal ist, z. B. bei der genehmigten Nachtjagd auf Rotwild oder beim Schwarzwild- oder Fuchsansitz, d. h. bei Verwendung als Nachtzielgerät, sind Nachtsichtgeräte verboten.

**Nachtsichtgeräte dürfen nicht zu Nachtzielgeräten umgebaut werden**

# Das Zielfernrohr

Erst Zielgläser lassen den präzisen Schuss auch bei schlechten Sichtverhältnissen sowie auf allen jagdlich vertretbaren Entfernungen zu. Erfreulicherweise ging die Entwicklung der Zieloptik mit der Zeit und entspricht so den hohen Ansprüchen einer in weiten Teilen veränderten Jagdausübung. Gute Zielfernrohre aus moderner Fertigung weisen daher einen Qualitätsstandard auf, welcher den berechtigten Forderungen nach dem bestmöglichen Gerät für eine tierschutzgerechte Jagd entspricht. Höchste Stabilität bzw. Abbildungsleistung durch neue Rohrkörpermaterialien bzw. Glassorten, größere Vielseitigkeit durch beleuchtete Absehen für den Gebrauch bei Tageslicht und in der Dämmerung, neue Methoden der Oberflächenvergütung d. h. Entspiegelung und eine bislang unerreichte Funktionalität der Verstellmechanik für Absehen bzw. Vergrößerung bei variablen Zielfernrohren sind hier nur Stichworte.

**Unabdingbar für den präzisen Schuss auch bei schlechter Sicht.**

**Höchster Qualitätsstandard bei Optik und Mechanik**

Was das Angebot des Marktes hinsichtlich der verwertbaren Qualität im Verhältnis zum Kaufpreis angeht, so steht allerdings fest, dass den hohen Ansprüchen der Jagd lediglich die qualitativ hochwertigen Gläser genügen. Sie alleine sind Inhalt der nachfolgenden Betrachtung, weil Zielfernrohre der untersten Preisklasse zwar zum Scheibenschießen taugen mögen, nicht jedoch für den Schuss auf Wild. Wer sparen muss, soll dies auf keinen Fall beim Zielfernrohr tun – auch nicht bei der Zielfernrohrmontage –, sondern eher bei den zahlreichen anderen Möglichkeiten beim Kauf von Ausrüstung und Bekleidung.

**Nur gute Zielfernrohre taugen für die Jagd.**

Der Markt für Zielfernrohre ist gesättigt aber nicht überladen: es gibt nicht eine Ausführung, für die sich keine Anwendungsnische finden ließe. Ein gutes Beispiel sind Zielfernrohre mit extremen optischen Daten. Da gibt es z. B. Zielgläser mit nur einfacher oder etwas mehr als einfacher Vergrößerung, die zum Flüchtigschießen auf flintenähnlich zu führenden Büchsen für die Sautreibjagd montiert werden. Das andere Extrem ist bei uns im deutschsprachigen Raum nicht ausgefüllt, gemeint sind Spezialzielfernrohre mit unüblich hoher, bis zu

*Universalzielfernrohre wie das 3 - 12 x 50 von Schmidt und Bender sind der Standard des mitteleuropäischen Ansitzjägers.*

45-facher Vergrößerungsleistung für den Präzisionsschuss auf die Scheibe.

Die niedrigen Vergrößerungen bei Jagdzielfernrohren liegen zwischen 1 und 2,5fach. Das sind gute Werte für das Flüchtigschießen bzw. für Schnappschüsse auf kurze Entfernungen. Dabei hat sich erwiesen, dass eine beidäugig benützte Optik mit ungefähr 1,5facher Vergrößerung dem normalen Sehempfinden des unbewaffneten Auges am besten entspricht – und nicht etwa die mit lediglich 1-facher Vergrößerung. Deswegen beginnt die Spanne der Vergrößerung von variablen Drückjagdzielfernrohren fast immer bei 1,1 bis 1,5fach. Nicht variable Zielgläser für den schnellen Schuss auf kurze Distanz vergrößern dagegen meistens 1,5 oder 2,5-fach. Gering vergrößernde Zielgläser haben kleine Objektivdurchmesser von 12 bis 24 mm. Das ermöglicht ein großes Gesichtsfeld, hält das Gewicht niedrig; es trägt zu einer schlanken Form bei und unterstützt die Führigkeit von Büchsen für den Flüchtigschuss. Natürlich sind gering vergrößernde Gläser nicht universell einsetzbar. Sie können aber auf der gleichen Büchse, sofern diese auch anderweitig verwendet werden soll, durch ein weiteres

*»Schnappschüsse«*

*Sehfeld = Gesichtsfeld*

Glas oder weitere Zielfernrohre ergänzt werden. Oder umgekehrt, wenn die mit einem »großen« Zielfernrohr montierte, primär für den Ansitz genutzte Büchse durch ein Drückjagdglas vielseitiger gemacht wird. Dann kommt den schwach vergrößernden Zielfernrohren der optischen Dimensionen 2,5 x 20 oder 4 x 32 die Funktion eines Zweitglases zu. Dieser Begriff darf aber nicht falsch ausgelegt werden: Wie bei der Beobachtungsoptik wird das »Zweitglas« bei Gebrauch zum »Erstglas«. Die hohen Anforderungen an eine tierschutzgerechte Qualitätsoptik müssen an jedes weitere Zielfernrohr gestellt und von diesem erfüllt werden.

**Gute Montagen ermöglichen die Verwendung weiterer Zielgläser**

Bis in die Vierziger des 20. Jahrhunderts war das vierfache Zielfernrohr der Standard des deutsch sprechenden Jägers, obwohl es schon variable und stark vergrößernde Zielgläser gab. Aber man brauchte ganz einfach nicht mehr. Wo das Wild jedoch auf Dämmerung und Nacht angewiesen ist, sind 4-fache Zielfernrohre selten geworden.

**4-fach war lange Zeit Standard**

Bis weit in die Siebziger war bei allen namhaften Herstellern das 6 x 42 mit Abstand das am häufigsten verkaufte Zielfernrohr. Es gibt immer noch Jäger – und das sind nicht die schlechtesten! – die mit einem hochwertigen 6 x 42 zufrieden sind. Die langen schweren 8-fachen Rohre mit 56-mm-Objektiv waren und sind vor allem im Hochwildrevier Zuhause und speziell für den Nachtansitz auf Schwarzwild und Rotwild geeignet. Auch begeisterte Fuchsansitzjäger mögen das klassische 8 x 56.

**Für Drückjagden ideal sind Zielfernrohre mit großem Sehfeld, besonders die mit Tageslicht-Leuchtabsehen wie das 1,25-4 x 20 Schmidt und Bender mit Flash Dot.**

Für die Bergjagd oder die Rehjagd mit extremer Weitschussnotwendigkeit bieten sich Rohre an mit 42 bis 50 mm Objektivdurchmesser sowie 10- oder 12-facher Vergrößerung. Die 80er brachten die Abkehr von den großen 8-fachen mit Fixvergrößerung, was dem Aufkommen der großen Variablen zuzuschreiben war. Generell begannen Zielfernrohre mit verstellbarer Vergrößerung denen mit fester Vergrößerung den Rang abzulaufen. Das hatte auch mit dem beginnenden Universaldenken und dem schon seit geraumer Zeit wieder erwachten Qualitätsbewusstsein der Jägerschaft zu tun, aber auch mit den technischen Verbesserungen dieser Zeit, die alle früheren mechanischen und optischen Nachteile der variablen Zielfernrohre gegenüber denen mit Festvergrößerung beseitigt hatten.

Im unteren Vergrößerungsbereich der Variablen etablierten sich seit Mitte der 80er die $1\frac{1}{4}$–4- und 1,5–4,5-fachen mit 18 mm oder 20 mm Objektiven. Sie wurden in den 90ern von solchen mit 24 mm Objektiv ergänzt bzw. abgelöst und bringen bei kleinen Abmessungen und wenig Gewicht gleichermassen Vorteile für Flüchtigschuss und Pirsch. Heute noch werden die kleinen Variablen gerne im Wechsel mit dem 8 x 56 montiert. Dies macht die Tageswaffe nachtjagdtauglich oder die An-

*Von allen mittleren Zielfernrohren wohl am vielseitigsten ist das Carl Zeiss 1,5-6 x 42 mit dem Varipoint Tageslicht-Leuchtabsehen.*

sitzwaffe zum Drückjagdgewehr. Waffen mit einem kleinen Variablen sind für Auslandsjagden beliebt, wo das Gelände entschlossenes Schießen auf kurze Entfernung einfordert, wo aber auch gelegentliche Weitschüsse zu tätigen sind. Bei größeren Zielen reicht die 4- oder 4,5-fache Vergrößerung durchaus; allerdings findet sich hier ein Übergang zum Anwendungsbereich der »kleinen mittleren« Variablen mit 3 – 9-facher Vergrößerung und 36 mm Objektivdurchmesser. Diese sind bei der Auslandsjagd jedoch näher dem Schwerpunkt »Berg-/Steppenwild« angesiedelt. 3 – 9 x 36 ist universell einsetzbar, solange keine hohe Dämmerungsleistung verlangt wird und es dem Schützen nicht auf die Ausnützung des letzten Lichtes ankommt. Solche Gläser tragen nicht auf und sind deswegen für leichte, führige Waffen besonders geeignet.

Als »mittlere variable« Zielfernrohre sind die mit 42 mm bis 52 mm Objektivdurchmesser anzusehen, wobei die Vergrößerungen 1,5 – 6 oder 3 – 9 oder 3 – 10 oder 2,5 – 10 oder 3 – 12 wohl am gängigsten sind. Je nach Jagdart und persönlicher Vorliebe kann der Schütze die beste Kombination von Abmessungen, Gewicht, Leistung und Vielseitigkeit auswählen. Wer den Schwerpunkt seiner jagdlichen Aktivitäten außerhalb des Nachtansitzes legt, aber doch etwas Dämmerungsleistung benötigt und zudem Universalität in Richtung Saujagden anstrebt, dem bieten sich diese mittleren Variablen an. Das auch als Auslandsreisezielfernrohr beliebte 1,5 – 6 x 42 war bis in die Neunziger das meist verkaufte variable Zielfernrohr Europas. Es wurde aber zunehmend von Variablen mit größerem Objektivdurchmesser sowie höherer Vergrößerung bedrängt (2,5 – 10 x 50 oder 3 – 12 x 50), besonders seit dem von Carl Zeiss 1998 mit der Modellreihe »Victory« eingeläuteten Aufkommen der kurzen Kompaktgläser mit ihrer neu gerechneten Optik, denen auch die 2001 von Schmidt und Bender eingeführten Kompakten der Modellreihe »Zenith« zuzurechnen sind.

Einen ähnlich steilen Aufstieg erlebten die »großen Variablen« des Vergrößerungsbereiches 2,5- oder 3-fach bis 10- oder 12fach und mit 56 mm Objektivdurchmesser. An Popularität stehen sie den mittleren Zielfernrohren mit variabler Vergrößerung fast nicht nach. Benützer mit reichlich jagdlichen Aktivitäten in der Dämmerung sehen im »großen Variablen« das »universelle Zielfernrohr« überhaupt: Es ist trotz großer Frontlinse nicht mehr so schwer, voluminös und lang wie die älteren

**Kleine Variable mit dem Schwerpunkt »Schnelle Schüsse auf kurze Distanz«**

**Kleine mittlere Variable: Leichtgewichte für die Berg-/Steppenjagd mit 3–9 (10) facher Vergrößerung**

**mittlere Variable: Vor allem 1,5 – 6 x 42 und 2,5 – 10 x 50 für die meisten Situationen**

**Die großen Variablen mit 56 mm Objektivdurchmesser sind am weitesten verbreitet**

**Dämmerungsjagdeigenschaften**

**Die Batterie für die Leuchteinheit sitzt in einem Türmchen am Okular.**

Modelle und kann deshalb auch auf leichte, zierliche Waffen montiert werden. Mit seiner 2½- oder 3-fachen Vergrößerung ist es zum Flüchtigschießen und mit 10- oder 12-facher Vergrößerung zum Präzisionsschuss auf große Distanzen geeignet und es hat dank der brillanten Optik, die alle guten mitteleuropäischen Zielfernrohre auszeichnet, beste Dämmerungsjagdeigenschaften. Das »kompakte große Variable« trifft gleichermaßen den Geschmack und die Bedürfnisse des Jägers. Dies gilt für Auslandsjäger und selbst für Teilnehmer an den Jägerschaftsschießen. Bei den verkauften Stückzahlen liegen die »großen« vor den »mittleren« und ziemlich weit vor den »kleinen« und schließlich sehr weit vor den »kleinen mittleren« Variablen. Bei den Rohren mit fester Vergrößerung wird das 8 x 56 immer noch gerne gekauft.

Eine bemerkenswerte Sonderform der »kleinen variablen« Zielfernrohre bilden z. B. das 1,25 – 4 x 20 »Flash Dot« von Schmidt und Bender oder das 1,1 – 4 x 24 »Varipoint« von Carl Zeiss oder das 1,25-4 x 24 »High Grid Dot« von Swarovski, weil mit deren beleuchtetem Tageslichtabsehen Neuland betreten wurde und zwar konstruktiv wie anwendungspraktisch. Gläser mit Tageslichtabsehen vereinigen alle Vorteile des Zielfernrohres mit den Vorteilen des Leuchtpunktgerätes, ohne jedoch dessen Nachteile zu haben. Dies gilt – wegen der Eignung der höheren Vergrößerung für das notwendig schnelle Ansprechen des Wildes auf den inzwischen stark verbreiteten Bewegungsjagden – besonders für Zielgläser mit Tageslichtabsehen bei 1,5 – 6-facher Vergrößerung wie das Carl Zeiss 1,5 – 6 x 42 Varipoint.

Tageslichtabsehen

## Das Zielfernrohrabsehen

Unter Zielfernrohrabsehen versteht man die Zielmarken im Zielfernrohr. »Absehen« ist dabei der einzig richtige Ausdruck, denn die in diesem Zusammenhang manchmal gebrauchten Bezeichnungen »Abkommen«, »Zielstachel« und »Fadenkreuz« sind begrifflich anderweitig belegt wie das Abkommen (darunter versteht man den Haltepunkt auf dem Ziel im Moment der Schussabgabe), bzw. treffen nicht die gesamten Ausformungen aller Absehen. Es gibt nämlich auch Absehen, die nicht alleine von einem »Zielstachel« oder von einem »Fadenkreuz« gebildet werden.

Terminus technicus »Absehen«

Über die Wahl eines Absehens lässt sich nicht streiten, denn hier sind die Geschmäcker und die Bedürfnisse jedes Einzelnen viel zu verschieden. Man unterscheidet grob in Präzisions-, Dämmerungs-, Weitschuss- und Flüchtigschuss-Absehen, wobei sich jedoch die Grenzen stark verwischen. So ist das besonders für die Dämmerung konzipierte Absehen 1 mit seinen zwei starken vertikalen Balken und dem ebenso starken, aber in eine Spitze (den eigentlichen Zielpunkt) auslaufenden senkrechten Balken auch für das Flüchtigschießen geeignet. Das Absehen 4 mit den drei starken Balken und einem feinen, in der Absehenmitte befindlichen »Fadenkreuz« kann neben seiner ursprünglichen Aufgabe »Präzisionsschuss auf weite Entfernung« selbstverständlich auch zum Schuss bei schlechtem Licht verwendet werden: die feinen Fäden sind dann zwar nicht mehr so gut zu sehen (genauso wenig wie die feine Spitze des Absehens 1), jedoch liefern die starken, zum Zentrum weisenden Balken genügend Anhaltspunkte für einen Schuss.

Qual der Wahl

Abs. 1

Abs. 4

**Absehen zum Flüchtigschießen**

Speziell für den Flüchtigschuss gedacht sind die Absehen mit dünnem waagerechten Faden und entweder einem zentralen Punkt oder einem Stachel, oder aber nur mit einem Stachel oder nur mit einem Punkt.

**Punktabsehen mit Vorteilen**

Gerade Punktabsehen haben sich zu Favoriten für spezielle Drückjagdrohre entwickelt. Dies wird bestätigt durch die Verkaufszahlen der speziell mit dem zuschaltbaren Rotpunkt ausgerüsteten Gläser wie dem »Varipoint« (Carl Zeiss), dem »Flash Dot« (Schmidt und Bender), dem »High Grid Dot« (Swarovski) und anderen. Das ist Spitzentechnologie! Auch bei den normalem Leuchtabsehen nehmen die verschiedenartig beleuchteten oder angestrahlten Punkte den vorderen Platz ein, vor dem beleuchteten Zielkreuz des Absehens 4 und vor der beleuchteten Spitze des Absehens »Eins«.

Dass es allerdings auch ohne Punkt und Stachel geht, zeigt ein Blick ins Ausland, wo fast alle Gläser mit einem unserem Absehen 4 ähnlichen »Fadenkreuz« ausgestattet sind, und im Ausland wird sicher mehr in der Bewegung befindliches Wild erlegt als hierzulande.

**Abs. 4 hervorragend zum Präzisionsschuss geeignet.**

Das Absehen 4 hat noch andere Vorteile, was durch einen Blick in das Lager der auf Superpräzision erpichten Benchrester bewiesen werden kann: Fast immer werden deren winzige Streukreise mit Absehen erzielt, die ein zentrales feines Fadenkreuz aufweisen. Und für einen Präzisionsschuss ist der Kreuzungspunkt feiner Fäden definitiv das beste Absehen. Damit lässt sich »ein Schussloch vierteln« – zumindest wie es die Benchrester mit Hilfe einer großen Vergrößerung tun. Zudem wird nichts vom Ziel verdeckt, wenn aus großer Entfernung höher angefasst werden muss.

**Entfernungsmessen ist mit dem Zielfernrohrabsehen nicht möglich**

Hier sind zumindest bei Standardpatronen die Entfernungen über 200 Meter kritisch: Wenn bis dahin ein entfernungsbedingter Tiefschuss sich noch im Bereich der Revierstreuung bewegt, so beträgt die Ablage auf 250, 300 Metern schon mehr, als durch die Größe der vitalen Zone des Zieles ausgeglichen werden könnte. Man muss die Rasanzkurve seiner Laborierung also kennen, genauso wie die Entfernung zum Ziel. In Fachbüchern und selbst in der Jungjägerausbildung wird empfohlen, zur Entfernungsschätzung die Breite des Wildkörpers in eine Beziehung zu den internen Abmessungen des Absehens zu bringen. Dass bei dieser Methode viel Wunschdenken mit hineinspielt, geht schon aus der Tatsache hervor, dass die

Körperlänge einer Tierart um bis zu 30 % schwanken kann, Unterschiede des Geschlechts, des Alters, des Haarkleides usw. noch gar nicht mitgerechnet. Dasselbe trifft zu für eine Modeerscheinung aus den Jahren 2000 und 2001, gemeint sind verschiedene Absehen, mit deren Hilfe über die Höhe des Wildkörpers eine Entfernungsermittlung ermöglicht werden sollte. Allerdings gilt hier das Gleiche wie bei der Wildkörperbreite: Leider ist auch die Wildkörperhöhe nicht genormt.

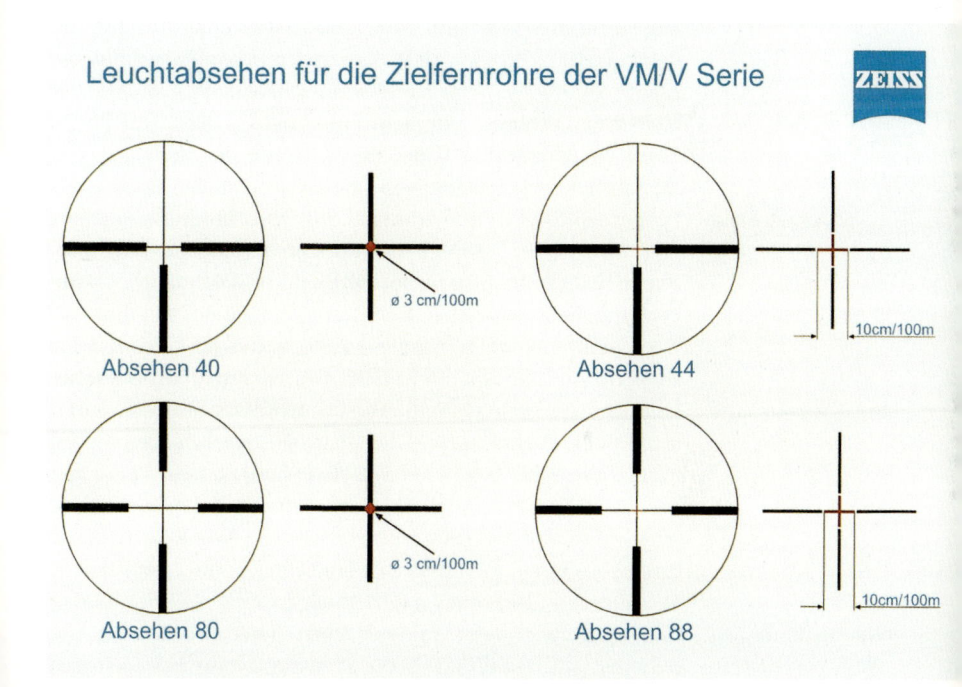

**Leuchtabsehen für die Zielfernrohre der VM/V Serie**  ZEISS

Absehen 40 — ø 3 cm/100m

Absehen 44 — 10cm/100m

Absehen 80 — ø 3 cm/100m

Absehen 88 — 10cm/100m

Es ist also mit dem Zielfernrohrabsehen niemals eine derart exakte Entfernungsmessung möglich, dass deren Ergebnis auf den richtigen oder falschen Haltepunkt Einfluss hätte. Bis zur GEE bzw. zur jagdlichen Treffgrenze kann der Visierpunkt auf dem gewünschten Zielpunkt liegen; darüber hinaus muss man die Entfernung eben kennen – oder mit dem Entfernungsmesser ermittelt haben. Wandert die Flugbahn der verwendeten Laborierung aus der vitalen Zone des beschossenen Wildes heraus, so ist entsprechend höher zu halten.

**Für den präzisen Schuss auf weite Distanz ist der E-Messer unabdingbar**

## Leuchtpunktzielgeräte

**Leuchtpunktzielgeräte sind keine Zielfernrohre**

Mit Leuchtpunktzielgeräten sind nicht etwa die Zielfernrohre gemeint, deren Absehen (genauer die Zielmarke des Absehens in Form eines Punktes, Kreuzes oder Dreiecks) zur besseren Erkennbarkeit und somit zum sicheren Abkommen bei schlechten Lichtverhältnissen beleuchtet ist. Diese werden »Zielfernrohre mit Leuchtabsehen« genannt. Ebenfalls keine Leuchtpunktzielgeräte sind die Zielfernrohre mit beleuchtetem Tageslichtabsehen. Die Tauglichkeit der Zielfernrohre mit beleuchtetem Absehen stellt aber in der Tat eine anwendungspraktische Parallele dar zur älteren, seither immer wieder verbesserten Technik der Leuchtpunktzielgeräte, welche in Form des Aimpoint-Visiers bereits Ende der Siebziger des 20. Jahrhunderts bekannt wurden.

**Meistens ohne Vergrößerung**

Leuchtpunktzielgeräte kommen i.d.R. ohne Vergrößerung aus, ihr Prinzip beruht auf der simplen Tatsache, dass ein in die Bildebene des Geräts projizierter Rotpunkt (mit regelbarer Größe und Intensität) für den Schützen auch dann sichtbar ist, wenn er mit beiden Augen gleichzeitig durch das Leuchtpunktzielgerät und auf das Ziel blickt. Die wichtige Forderung an den Schützen beim Gebrauch des Leuchtpunktzielgeräts lautet also »Beide Augen auf!«. Dies aber fällt den schießtechnisch falsch trainierten Jägern schwer, denn leider ist das Zukneifen des Nicht-Zielauges auch bei Gebrauch des Zielfernrohrs eine weit verbreitete Unsitte.

**»Beide Augen auf!«**

**Mini-Ausführungen als Reservegeräte**

Nach dem Aimpoint haben sich ähnliche Leuchtpunktzielgeräte etabliert und kommen auf Drückjagdwaffen zur Anwendung. Hier sind zu nennen das seit 2001 lieferbare Modell von Schmidt und Bender sowie die Miniaturausführungen »Tornado« (vertrieben von Waffen Jung, gefertigt von Schmidt und Bender) sowie das nur 25 g (!) leichte Docter Sight. Solche Minigeräte werden auf das ja bereits vorhandene (hintere) Unterteil der Schwenk- oder Einhakmontage montiert und sind auf Fernreisen weitab vom nächsten Büchsenmacher auch als Ersatz für das zu Bruch oder verloren gegangene Zielfernrohr einsetzbar.

**Holo-Sight**

Zwar nicht von der detaillierten Technologie, aber den Leuchtpunktzielgeräten doch verwandt sind die Holo-Sight-Geräte. Das sind aus den Pilotenhelm- bzw. Kanzelscheibenvisieren der Kampfjetpiloten weiterentwickelte und auf die Bedürfnisse des Gewehr- oder Kurzwaffenschützen zugeschnittene holografische Zielgeräte, die dem Schützen einen imaginären Zielpunkt vor die Bildebene projizieren, ohne dass Licht ausgestrahlt wird (wie etwa bei den – verbotenen – Laserstrahlern). Fast alle Leuchtpunkt- und alle Holosight-Zielgeräte arbeiten ohne, das heißt mit »einfacher« Vergrößerung. Das hat zwar den Vorteil der schnellen Zielerfassung und ist auch wegen der zwangsläufig vorhandenen Beidäugigkeit hinsichtlich Größe und Sicherheit des Sehfeldes positiv zu sehen, doch gibt es dem Schützen wenig oder keine Möglichkeit der Zielansprache nach Größe/Gewicht, Geschlecht bzw. sozialer Stellung (z.B. Leittier) des im Visier befindlichen Wildes.

*Ohne Vergrößerung ist keine saubere Zielansprache möglich*

# Zielfernrohrmontagen

Der fachmännischen Befestigung des Zielfernrohres auf dem Jagdgewehr kommt mehr Bedeutung zu, als man auf den ersten Blick zu glauben bereit ist. Denn: Was nützt die bestschießenste Büchse und das teuerste Glas, wenn die Montage nicht passt – beispielsweise verspannt ist – oder sich im Laufe des Gebrauchs lockert?

*Zf-Montage wichtiger als gedacht.*

Der Jäger hat auf die Lebensdauer einer Montage mehr Einfluss, als er gemeinhin annimmt. Deshalb einige Bedienungshinweise: Obwohl es da und dort empfohlen wird – und man manchmal selbst versucht ist das Glas zu dessen vermeintlicher Schonung von der Waffe zu nehmen und getrennt zu transportieren oder aufzubewahren, sollte es besser auf der Waffe bleiben. Hier ist es gut vor Fall oder Stoß geschützt, kann nicht verlorengehen oder vergessen werden. Zudem wird die Montage nicht beschädigt und weniger beansprucht. Zwar dürfte eine gute Montage leicht Tausende von vorschriftsmäßig durchgeführten Abnahmen überstehen, doch ist die Gefahr von Bedienungsfehlern groß – zum Beispiel verkantetes Einsetzen der Vorderfüße – oder störende Fremdkörper setzen sich in den Aufnahmen fest. Das ist besonders im rauhen Jagdbetrieb, am Berg oder im Busch zu bedenken.

*Richtige Behandlung garantiert lange Lebensdauer*

Grundsätzlich unterscheiden wir bei den Zielfernrohrmontagen nach der Gesteckkonstruktion:

● Festmontagen – das einmal montierte Zielfernrohr kann nicht ohne Werkzeug und oft nicht ohne Verlust der Justierung abgenommen werden

*Montage-Arten*

## Optik für die Jagd

**Vor allem Schwenkmontagen**

- Montagen zum schnellen Abnehmen und Aufsetzen des Zielfernrohres – Aufkippmontage, Aufschubmontage, Einhakmontage und Schwenkmontage (SM) mit ihren zahlreichen Varianten wie Hebel- oder Brückenschwenkmontagen – sowie die Sattelmontage.

Die früher häufigste Montage war die SEM genannte Suhler-Einhakmontage. Handwerklich sauber ausgeführt ist sie zwar teuer, widersteht aber härtester Schussbelastung auch bei Gläsern mit großer Masse, wie vielfach bewiesen wurde. Obwohl inzwischen zahlenmäßig von den Schwenkmontagen verdrängt, ist die gut gemachte SEM immer noch in die Spitzenklasse der besten Montagen einzureihen. Leider ist sie ziemlich anfällig gegen Bedienerfehler vor allem wegen ihrer relativ winzigen Vorderfüßchen. Leicht sammelt sich Schmutz oder Schnee in den Ausnehmungen der Fußplatten. Das Wiederaufsetzen ist erst nach umständlicher Reinigung möglich. Der Praktiker schützt bei abgenommenem Glas die Platten daher

**Die Suhler Einhakmontage ist der Klassiker unter allen Montagen. Wertvoll ist sie nur in guter handwerklicher Ausführung (Drilling von Sauer&Sohn)**

# Alu Achtung.
## Außen Gummi. Innen Aluminium.

Robustes Gehäuse aus edlem Werkstoff. Druckwasserdicht bis 5 Meter. Stickstoff-Füllung. Zuverlässig im Einsatz von der Wüste bis zum Eismeer. Eben ein Minox.

| 8 x 32 | 8,5 x 42 | 10 x 42 | 10 x 52 |

**MINOX**
*GERMANY*

e-mail: info@minox.com
Internet: www.minox.com

---

mit Klebeband. In der Hast aufgesetzte Vorderfüße werden oft nicht ganz eingeschoben und nach dem Niederdrücken des Rohres verbogen. Am leichtesten verfährt man durch flaches Einführen der Füßchen und sodann durch vorsichtiges Anheben des Glases. Dadurch rutscht das Füßchen nach vorne. Vorsichtiges Niederdrücken des Glases bewirkt das Eingreifen der Vorderfüße und löst anschließend das Einrasten im hinteren Befestigungsteil aus. Dieser Schieber ist eine zweite Schwachstelle der SEM. Vor allem, wenn Gläser längere Zeit nicht abgenommen werden, kann dieses Teil klemmen oder festrosten. Manche Montagen, meist die von schweren Gläsern, schießen sich mit wenigen Schüssen fest. Kommt mangelnde Pflege hinzu, so lässt sich das Glas nicht mehr abnehmen, was in manchen jagdlichen Situationen mehr als ärgerlich sein kann – z. B. auf engen Schneisen oder wenn das Zielfernrohr vereist ist. Gegen dermaßen widerspenstige Schieber hilft ein kurzer Schlag mit dem immer paraten Jagdmesser. Dessen Griffschalen können dabei zwar Dellen abbekommen, verhindern aber Kratzer an der Waffe. Besondere Umsicht ist bei tiefen Minus-

**Tipps zum Gebrauch**

**Festschießen**

# Die Marke zeigt den Fortschritt:
## Zielfernrohr 1,25 – 4 x 20 Flash Dot

Von jeher steht die Marke Schmidt & Bender für besonders praxisnahe Lösungen. So läßt sich beim neuen Flash Dot 1,25 – 4 x 20 zum konventionellen Absehen (z.B. A 7) ein roter Leuchtpunkt zuschalten. Bei Bedarf wird er genau auf die Mitte des Fadenkreuzes projiziert und in 11 Stufen an das gegebene Licht angepasst. Selbst in hellstem Sonnenschein und auf Schnee ist der Punkt deutlich zu erkennen. Sichere 95 mm Augenabstand, komfortable 32 m Sehfeld. Alle Vorteile zusammen, das Ideale für Drückjagd und Safari. Fragen Sie Ihren Büchsenmacher oder fordern Sie Informationen von uns.

## SCHMIDT • BENDER
### Die Präzisionsmarke vom Spezialisten

Schmidt & Bender GmbH & Co. KG, Am Grossacker 42, D-35444 Biebertal, Telefon +(49) 6409 - 8115-0, Telefax +(49) 6409 - 8115-11, www.schmidt-ben

---

**Festfrieren**  graden und vorher nassem Wetter geboten: Wenn Verschluss und Schloss einfrieren, wird auch die Montage betroffen sein. Öl oder Fett hilft nichts; einzige Abhilfe ist die vorbeugende Behandlung mit einem Trockenschmiermittel, vor dessen Gebrauch die Waffe entölt werden muss.

**Festsitzen**  Nach dem Aufsetzen des Zielfernrohrs sollte sich der Schütze durch einen routinemäßig ausgeführten Schlag mit dem Handballen auf das hintere Gesteckteil des Glases von dessen festem Sitz überzeugen. Dadurch ist man gegen Fehlschüsse oder gegen ein Verlieren des nicht eingerasteten Zielfernrohres gefeit.

**SM robuster als SEM**  Bei den verschiedenen Typen der Schwenkmontage (SM) begegnen uns zwar die im Prinzip gleichen technischen Mankos wie bei der SEM, aber in wesentlich abgeschwächter Form. Selbst technisch nicht ganz so versierten Schützen bereitet das Einsetzen des Zapfens und das Einschwenken des Zielfernrohrs um 90° keine Schwierigkeiten. Der stabile Pivotzapfen des Vorderfußes der SM wird mit Schmutz oder Eis eher fertig und kann besser gereinigt werden als die Ausnehmungen für die filigranen Füßchen der SEM. Dennoch empfiehlt sich – wenn

Schnee und Dreck Jagdpartner sind – auch im Fall der SM bei abgenommenem Glas das Abkleben der Montagefüße. Wo die Schwenkmontage eine hintere Platte aufweist, sollte auch diese abgeklebt werden. Hinterplattenlose Schwenkmontagen wie die auf dem Baskülenprisma angeschlagenen oder manche Hebelschwenkmontagen sind unempfindlicher gegen Schmutz und Eis. Obwohl der Hinterfuß der Schwenkmontage keinerlei Rückstoßkräfte aufnehmen muss – diese Aufgabe kommt allein dem Vorderfuß zu, ist die Stabilität und seitliche Anlage des Hinterfußes wichtig für die Präzision, vor allem für die Wiederkehrgenauigkeit nach dem Abnehmen und Aufsetzen des Zielfernrohrs. Auch hier sollte ein leichter Handballenschlag (von rechts) das richtige Einrasten des selbstschließenden Hinterfußes gewährleisten. Die Hebel dieser Hinterfüße sind von Zeit zu Zeit zu kontrollieren: Sie dürfen nicht anschlagen, sondern müssen – wie die Hinterfüße der meisten Hebelschwenkmontagen – geringfügig »auf Anzug« stehen; bloßes Einrasten des Hebels genügt nicht. Noch ein Tipp: Manche Stellrädchen der Brückenschwenkmontage schießen sich gerne fest und können nicht mehr von Hand gedreht werden. Auch hier hilft ein kurzer Schlag – von links vorne – mit der Griffschale des Jagd- oder Schweizermessers.

**Rückstoßkräfte wirken allein auf die Vorderfüße**

**Die Blaser Sattelmontage (hier in verriegeltem Zustand, Sicherungsklappen noch offen) widersteht stärksten Patronen**

# Varipoint VM/V 1,5–6x42 T*: das Allround-Zielfernrohr für Pirsch, Ansitz und Drückjagd.

Der rote Leuchtpunkt ist stufenlos in der Intensität regelbar: Von ganz schwach für den Einsatz in der tiefen Dämmerung bis ganz stark für Jagden bei Schnee und hellem Sonnenlicht. Besuchen Sie uns auch im Internet unter: www.zeiss-sportsoptics.de

**ZEISS**

# Schießen auf der Jagd

## Sicherheit geht vor

Der Umgang mit Schusswaffen ist nicht unsicherer als der Gebrauch anderer Werkzeuge und die Jagd ist wesentlich sicherer als die meisten Sportarten. Es müssen nur die einfachsten Regeln beachtet werden. Wie bei anderen Tätigkeiten sind Gewöhnung, schlechter Umgang und das Nachahmen schlechter Vorbilder die Hauptursachen für unsicheres und gefährdendes Verhalten. Wer die Unfallstatistik liest, wird feststellen, dass die schlimmsten Fälle von den sogenannten »alten Hasen« verursacht werden, oder vielmehr von denjenigen, die sich dafür halten. Unfälle prüfungsfrischer Jungjäger sind dagegen viel seltener. Etwa nach drei bis fünf Jahren Erfahrung gehören unfallrelevante Vorkommnisse zu den Ausnahmen. Nach zwei Jahrzehnten »Waffenerfahrung« schleichen sich dann die ersten, oft bösen Fehlverhalten ein. Man unterscheidet zwischen handhabungsbezogenen und anwendungsbezogenen Fehlern. Gleichzeitig kann man aber auch jene Fehler feststellen, die

*Die Jagd ist sicherer als die meisten Sportarten.*

*»Alte Hasen« besonders unfallträchtig*

*Handhabungsfehler*

Warnkleidung zumindest in Form auffälliger Kopfbedeckungen ist in Nordamerika und Skandinavien längst üblich und jetzt auch im deutschsprachigen Raum Pflicht, zumindest bei Gemeinschaftsjagden.

Anwendungsfehler wegen technischer Überforderung des Bedienenden entstehen. Hier gilt es, die komplizierte Handhabungstechnik zu entschärfen.

Nach dem bekannten Satz, dass alles vorkommt, was nur vorkommen kann, müssen deshalb viele in der Waffentechnik vorhandene, sicherheitsbezogene Nachteile ausgeschaltet und durch neue Techniken ersetzt werden.

Negativ: Der Stecher

Ein besonders negatives Beispiel ist der Stecher. Er ist der technische Unfallverursacher Nummer eins unter deutschsprachigen Jägern (der Stecher kommt glücklicherweise nur in Mitteleuropa vor). Der Stecher wurde inzwischen weitgehend abgelöst und seine Alternativen haben viele Vorteile. Zu nennen wären hier Flintenabzüge bei den Repetierbüchsen sowie bei den Kipplaufbüchsen moderne Konstruktionen wie die Feinabzugssysteme von Blaser und Krieghoff. Deren sichere Feineinstellmöglichkeit machen den Jäger zu einem besseren Schützen, als er es mit der »Sackgassenentwicklung Stecher« jemals sein könnte.

Bedienfehler Weitere handhabungsbezogene Unsicherheiten entstehen durch ungenügend durchdachte Bedienungen. Wenn z. B. jemand eine Selbstspannerwaffe normaler Bauart in geladenem Zustand entspannt (d. h. »auf der Patrone entspannt«) und nun meint, die Waffe wäre sicher: in diesem Fall genügt die Eigenmasse des Schlagbolzens oder des Schlagstücks, um die Patrone bei Stoß oder Fall zu zünden! Aufmerksames Studieren

# Schießen auf der Jagd 151

der Bedienungsanleitungen und die Einweisung durch den fachkundigen Büchsenmacher können Schlimmeres verhindern – meist genügt schon die Anwendung gesunden Menschenverstandes.

Falsche Angewohnheiten und Nachlässigkeiten beim Tragen und Führen von Jagdwaffen haben schon zu manchem Unfall geführt. Besonders die Unsitte, bei Gesellschaftsjagden die Waffe nicht zu entladen und offen zu tragen, wenn sie nicht unmittelbar gebraucht wird, (Verstoß gegen die Unfallverhütungsvorschriften!) scheint immer noch nicht ausgerottet. Hier ist Zivilcourage gefragt, nicht nur als Jagdleiter, sondern auch als sonstiger Jagdteilnehmer auf diesen offensichtlichen Verstoß gegen die einfachsten Sicherheitsregeln hinzuweisen – wenn es sein muss auch vor versammelter Korona! Entschuldigungen

**Gesunder Menschenverstand gefragt**

**Die Abbildung verdeutlicht die Notwendigkeit, dass Treiber und Jäger mit Warnkleidung ausgestattet sein müssen!**

(»Ich dachte, es wäre entladen!«) machen den erschossenen Mitjäger nicht wieder lebendig und zählen vor keinem Gericht. Schlagzeilen wie »Hund erschießt Jäger mit dem eigenen Gewehr!« resultieren aus höchst persönlichen Nachlässigkeiten. Und: nur Schlamper und Schießer führen das geladene Gewehr im Wagen! Auch mit den ansonsten so vorteilhaften Sicherheitswaffen ist dies nach der UVV nicht zulässig! Dass eine

**Kein geladenes Gewehr im Auto!**

| | |
|---|---|
| **Jede Sicherung kann versagen** | einfache Abzugssicherung durch Stoß oder Fall ausfallen und dass die beste Sicherung vergessen werden kann, wird meist zu spät bedacht. |
| | Zu den ausgesprochenen Sicherheitswaffen gehören solche, die erst unmittelbar vor dem Schuss gespannt werden. Nur – auch |
| **Auch »Sicherheitswaffen« müssen entladen werden!** | deren überlegene Technik schützt dann nicht vor Bedienungs- oder Denkfehlern, wenn man sich auf die zwar konstruktiv vorhandene Sicherheit verlässt – die ist durch falsche Bedienung trügerisch. Wer eine Sicherheitsbüchse im Wissen um die Bediensicherheit geladen herumliegen lässt, darf sich eben nicht sicher sein, dass ein Kind oder sonst ein im Umgang mit Waffen unerfahrener »Jemand« nicht doch den Spannschieber nach vorne bringt und den Abzug betätigt. Nur die ungeladene Waffe ist sicher und auch nur dann, wenn sich die Munition nicht in erreichbarer Nähe befindet. Das ist auch hinsichtlich einer weiteren Unsitte, nämlich dem »Unterladen« abgestellter oder abgelegter Waffen zu bedenken (Selbstladebüchsen, Repetierbüchsen, Selbstladeflinten, Pump-Flinten). |
| | Eine besondere Gefährdung Unbeteiligter geht von nicht sachgemäß verwahrten Kurzwaffen aus! |
| **Warnfarbene Gewehrriemen unterstützen den Sicherheitsgedanken (Niggeloh).** | Anwendungsunsicherheiten beziehen sich meistens auf unbedachte oder unwissentliche Verwendung der verkehrten |

# Schießen auf der Jagd

Munition oder resultieren aus der Unkenntnis mancher ballistischer Vorgänge im Zusammenhang mit der »inneren« und der »äußeren« Sicherheit.

Die Reichweite von Schroten, Flintenlaufgeschossen und Büchsenprojektilen wurde schon manchem zum Verhängnis. Über die Ausdehnung der »gefährdeten Zone« in der Längsrichtung (Schussrichtung) machen sich viele Jäger zu wenig Gedanken, noch schlimmer ist es mit dem Bewusstsein über deren Breitenausdehnung. Sie kann beträchtlich sein, beim Schuss mit Einzelgeschossen durch mögliche Abpraller und durch Hindernisse in der Flugbahn abgelenkte Geschosse, beim Schrotschuss durch dessen Streubreite. Wer bedenkt schon, wenn er sich damit nicht speziell beschäftigt hat, dass es bereits Unfälle mit nachweisbar um 180 Grad (!!) zurückgeprallten Büchsengeschossen gab und wer weiß 20 Jahre nach der Jägerprüfung noch, dass die Breitenausdehnung einer Schrotgarbe mit 4 mm-Schroten auf 200 m Entfernung auch ohne

**Die Waffe muss immer so getragen werden, dass Andere nicht gefährdet sind. Hier wird dieses Gebot sträflich vernachlässigt (Foto gestellt).**

**Gefährdung durch Abpraller**

**Auf Kugelfang achten!**

Randschrote und Abpraller gerechnet über 80 m betragen kann, also auf eine Distanz, wo ein Einzelschrot noch großen Schaden anrichtet? Freies Hintergelände, genügend großer Sicherheitswinkel zum Nachbarn und ein guter Kugelfang sind unverzichtbar. Ein Waldbestand ist niemals ein Kugelfang und wer Schüsse über den Horizont abgibt, gefährdet das Hintergelände in sträflicher Weise. Sonderfälle wie der Schuss auf Wasseroberflächen oder gefrorenen Untergrund bedürfen wegen der großen Abprallergefahr ebenfalls der Berücksichtigung. Zu den genannten Beispielen der Gefährdung der äußeren Sicherheit kommt noch die Beachtung der Belange der inneren Sicherheit. Auch da können nämlich nicht nur der unbedachte Schütze, sondern auch unbeteiligte Personen verletzt werden.

**Keine Horizontschüsse!**

**Vor dem Laden in die Läufe schauen!**

Fremdkörper im Lauf sind die gängigsten Beispiele, wobei es einmal Unaufmerksamkeit sein kann (wenn ein solcher Fremdkörper nicht bemerkt wird), aber auch Dummheit, wenn ein bekannter Fremdkörper mit den falschen Mitteln, z. B. mit einem Schuss (!) beseitigt werden soll.

Fasst man die Aspekte der »Unsicherheit« zusammen, so sind es, abgesehen von den technischen Unzulänglichkeiten mancher veralteter Systeme, vor allem menschliches Versagen – aber leider auch Besserwissereien der Waffenbediener. Geregelt ist eigentlich alles, nur werden Regeln übertreten: aus Unbedachtsamkeit (»Ich dachte nicht, dass Schrote so breit streuen!«) oder aus Vergesslichkeit (»Ich weiß ja, dass ich beim Verlassen der Kanzel hätte entladen müssen ...«), oder aus gefährlicher Überheblichkeit (»Ich habe mein Gewehr immer geladen im Auto!«). Insofern ist jeder aktiv und passiv Betroffene aufgefordert, etwas dagegen zu tun.

**Gefährliche Überheblichkeit**

## Anschießen / Einschießen

**Anschießen = Kontrollschießen im Revier erlaubt**

Unter dem Begriff »Anschießen« versteht man das Kontrollschießen bereits justierter Waffen. Beim »Einschießen« handelt es sich darum, die Zieleinrichtung auf die Treffpunktlage einer gewünschten Laborierung zu bringen. Die strikte Trennung dieser Definitionen ist wegen einer Bestimmung im Waffengesetz wichtig. Danach darf der Jäger seine Waffen im Revier (wenn die sonstigen Voraussetzungen für die Innere und Äußere Sicherheit gegeben sind) zwar anschießen, sie jedoch nicht einschießen, denn Einschießen ist nur auf genehmigten Schießständen erlaubt. Ebensowenig dürfen außerhalb von genehmigten Schießständen Vergleichs-, Wettkampf- oder Übungsschießen veranstaltet werden. Der Grund: nur das »Anschießen« fällt unter die befugte Jagdausübung im Revier, nicht das andere Schießen. Gerade wegen der oft fließenden Grenzen sollte sich der Jäger an diese Bestimmung halten und seine über das Anschießen hinausgehenden Bedürfnisse auf genehmigte Schießstände verlagern.

Unsere Schießanlagen profitieren schließlich von einer möglichst hohen Frequentierung. Das kommt als substanzerhaltender Faktor der gesamten Jägerschaft zugute, namentlich heute, wo um die Existenz eines jeden einzelnen Schießstandes gerungen werden muss! Es kann also nur angeraten werden, die offiziellen Schießstände zu benützen, damit auch kommende Generationen noch diese Möglichkeit haben! Jeder Jäger sollte seine Waffe persönlich anschießen. Es ist nämlich nicht damit getan, die Waffe zum Einschießen zum Büchsenmacher zu bringen und sich dann darauf zu verlassen, dass sie auch schießt.

**Einschießen nur auf genehmigten Schießanlagen!**

**Schießen mit der Benchrest-Ausrüstung. Die Führhand liegt unter dem Hinterschaft. Brille und Gehörschutz sind selbstverständlich.**

*Individuelle Abweichungen die Regel*

Nicht, dass dem Büchsenmacher misstraut werden sollte – der tut sein Bestes. In vielen Fällen wird die Waffe jedoch aufgrund technischer und physikalischer Gegebenheiten vom Besitzer eigenhändig ausprobiert, um Zentimeter (oder sogar mehr!) anders schießen als beim Büchsenmacher. Dies hängt zum Beispiel ab von den Eigenheiten des Auges, der Schießhaltung, der Auflage usw.

*Persönliche Schutzausrüstung: Gehörschutz und Brille*

Zur persönlichen Ausrüstung gehört der Gehörschutz, auch wenn dieser bei den Jägern der älteren Generation noch nicht so recht beliebt ist. Gehörschäden entstehen nicht im Ohr, sondern im Gehirn und sind daher nicht heilbar. Der Gehörschutz gehört zur Unfallverhütung und wird in der UVV »Jagd« ausdrücklich erwähnt (VSG 4.4 Jagd § 6 Übungsschießen Abs. 2). Außerdem: Wer vermag schon, wenn es links oder rechts rummst und kracht, bei ungeschütztem Gehör gute Schussgruppen erzielen? Wichtig ist die Wahl der richtigen Gewehrauflage. Man will ja beim Einschießen nicht seine Schießkünste, sondern das Vermögen von Waffe und Munition überprüfen. Der einzelne Jäger wird sich kaum ein teures Schießgestell oder gar eine »Schießmaschine« zulegen, um so wichtiger ist eine einfache, aber effektive Auflage. Darunter zählt die Sandsack-

*Richtige Auflage: Optimal ist das »Ohrensäckchen« für den Hinterschaft*

methode mit einem oder mehreren, prall mit trockenem Sand gefüllten Säckchen unter den Vorderschaft und eines unter den Hinterschaft. Sehr empfehlenswert für die Auflage des Hinterschaftes ist ein »Ohrensäckchen« aus Leder, wie es die »Benchrester« benützen. Damit wird die horizontale Auflage definiert und gleichzeitig – durch leichtes Verdrücken der »Ohren« – die Seite feingerichtet. Praktiker verwenden das Ohrensäckchen zusammen mit einem stabiles Benchrest-Dreibein mit verstellbaren Füßen und einer Vorderschaftauflage aus sand- oder schrotgefüllten Ledersäckchen. Diese Ausstattung kann als die optimale Auflage betrachtet werden.

*Am besten große Scheiben*

Wichtig sind die richtigen Scheiben: Groß müssen sie sein! Nichts ist frustrierender, als den ersten Probeschuss nicht einmal auf der Scheibe zu finden. Der Zielpunkt sollte absehengerecht sein. Wer das Absehen 4 oder andere für das Präzisionsschießen besonders taugliche Fadenkreuzabsehen führt, hat den Vorteil, dass sich das Fadenkreuz gut abhebt, gleichgültig ob man auf der Scheibe ein Quadrat oder einen Kreis anvisiert: Beides lässt sich mit dem Fadenkreuz exakt »vierteilen«. Sehr geeignet für Absehen 4 oder ähnlichen sind schwarze oder orange fluoreszierende Aufkleber von 25 mm oder 50 mm Durchmesser. Das weitverbreitete Absehen 1 ist zum Präzisionsschießen nicht sehr tauglich, ganz gleich ob auf einen Kreis oder ein Quadrat gezielt wird. Für den Stachel des Absehens 1 empfiehlt sich am ehesten ein auf der Spitze stehendes Dreieck, das man beim Schuss »aufsitzen« lässt. Leider liegt dann das Schussbild (bei dem wünschenswerten 4 cm Hochschuss auf 100 m) im Zieldreieck oder an seinen Kanten, was die Lesbarkeit des Schussbildes über die Optik nicht gerade erleichtert. Bei einem mit Absehen 4 beschossenen Kreis oder Quadrat liegen die Einschläge darüber – das ist günstiger.

**Zielpunkte für jedes Absehen**

Die DJV-Anschussscheibe A 2 wurde als »universell verwendbar« entworfen. Geeignet ist sie hauptsächlich für den (wichtigen!) Schuss über Kimme und Korn, wobei »Spiegel aufsitzend« gezielt werden sollte. Für Probeschüsse oder zur Feststellung von Streukreisen sollte man die DJV-Wildscheiben möglichst nicht verwenden. Sie wurden geschaffen, um beim Übungs- oder Wettkampfschießen den Schuss auf Wild zu simulieren. Für das An- und Einschießen fehlt ihnen der Zielpunkt.

**Kontrollschießen über Kimme und Korn ist wichtig**

Die Treffpunktlage eines Flintenlaufgeschosses kann auch auf den für das Kugelschießen verwendeten Scheiben ermittelt werden, entweder über das Zielfernrohr auf einen absehenkonformen Zielpunkt (Kreis, Quadrat, auf der Spitze stehendes Dreieck) oder über die offene Visierung auf einer der DJV-Anschussscheibe ähnlichen Silhouette.

**FLG unbedingt Kontrollschießen**

Dagegen stellt die Erhebung der mittleren Treffpunktlage bzw. der Deckung einer Schrotgarbe ganz andere Anforderungen an die Scheibe. Für eine flüchtige Überprüfung genügt 1 x 1 m großes Packpapier; gern genommen wird auch eine vor jedem Schuss gekalkte Stahlplatte. Wer sich jedoch tiefer mit dem Schrotschuss beschäftigt, kommt um den Gebrauch der sogenannten 16-Felder-Scheibe (jagdlich) oder der 100-Felder-Scheibe (Skeet, Trap) nicht herum. Diese Spezialscheiben ermöglichen die Ermittlung des Garbenzentrums, sowie anhand der Feldereinteilung ein Auszählen der Schroteinschläge zur Ermittlung der Deckung und der Gleichmäßigkeit der Patrone von Schuss zu Schuss.

**Scheiben zum anschießen von Schrotläufen**

Soll die Wirkung einer Schrotpatronenlaborierung für einen bestimmten Lauf exakt ermittelt werden, so sind aus diesem Lauf mindestens fünf Schuss abzugeben. Es versteht sich bei der Problematik des Schrotschusses von selbst, dass

**Mindestens 5 Schuss je Lauf und Laborierung**

## Schießen auf der Jagd

**Immer die jeweils stabilste Auflage finden.**

**Zu hart ist besser als weich**

**Schießarm abstützen!**

**Schießstandregeln sind einzuhalten**

**Immer fragen: Vor- und Hintergelände frei, Kugelfang vorhanden?**

bei Waffen mit mehreren Schrotläufen die Überprüfung für jeden Lauf gesondert durchzuführen ist! Wer als Jagdgast irgendwo in der mongolischen Steppe oder in Erwartung der Hirschbrunft in Polen seine Probeschüsse abgeben soll, kann natürlich nicht auf die ausgefuchsten technischen Hilfen des heimischen Schießstandes bauen. Es gilt also, wie beim sicheren Schuss auf Wild, die möglichst beste Auflage zu finden. Also mit aufgestütztem Schießarm-Ellenbogen aus einer festen Kanzel heraus, oder z. B. hinter einem großen Stein liegend. Die Schießposition ist so zu wählen wie auf der Jagd, damit wenigstens annähernd gleiche Schwingungsverhältnisse vorliegen. Dabei soll die Auflage lieber zu hart als zu weich sein. So ist z. B. das Schwingungsverhalten der Waffe wesentlich neutraler, wenn man lediglich Riemen oder Handschuh unter die Waffe auf einen Stein legt, als bei einer scheinbar stabilen Auflage auf den – oft schwabbeligen – Rucksack. Letzterer dient allerdings hervorragend als Auflage für den Hinterschaft bzw. als Support für den Schießarm, vor allem beim Liegendschießen (s. S. 179). Aufpassen muss man bei der Auflage auf dünnen Hölzern z. B. in Schirmen und auf Leitern. Bei federnder Unterlage – dazu zählt auch das Autodach – ist mit Fehlschüssen zu rechnen. Das müssen nicht zwangsläufig Hochschüsse sein.

Auf dem Schießstand gibt es Regeln, die einzuhalten sind. So muss der Verschluss der abgestellten Waffe offen und der Gewehrriemen abgenommen sein, weiter darf ohne Zustimmung des Schießleiters nur ein Schuss geladen werden. Zur Überprüfung der Funktionsfähigkeit einer mehrschüssigen Waffe ist die Abgabe mehrerer Schüsse aber unbedingt erforderlich, ganz gleich ob es sich um ein mehrläufiges Gewehr oder um eine Magazinwaffe handelt.

Was die sogenannte Innere Sicherheit betrifft, so zählt hierher der Blick durch den Lauf beim Laden (Lauf und Patronenlager frei, auch von Öl?) sowie die Wahl der richtigen Munition.

Über die Äußere Sicherheit hat sich bereits der Erbauer bzw. der Betreiber des Schießstandes Gedanken machen müssen. Was den Schützen jedoch nicht davon entbinden darf, auf das Vor- und Hintergelände zu achten. Das gilt natürlich erst recht beim Schuss im Revier, wo man stets auf ausreichenden Kugelfang achten muss. Eine Baumkulisse, ein Waldrand oder ein Gewässer sind kein ausreichender Kugelfang!

Nicht nur beim Schuss aus liegender Stellung ist die Mündungsfreiheit wichtig: Der Raum direkt vor der Mündung, den man beim Zielen nicht sieht, muss von allen Hindernissen frei sein. Dies trifft bei aufgesetztem Zielfernrohr um so mehr zu, da dieses bzw. die Visierlinie manchmal bis zu sieben Zentimeter über der Seelenachse des Laufes liegen kann.

»Flinte schießt man mit dem Körper, Büchse mit dem Drückefinger.« Dennoch spielt beim Präzisionsschießen mit der Kugel die Körperhaltung eine wichtige Rolle. Am besten sitzt man so, dass die volle Sitzfläche in Anspruch genommen wird; beide Füße liegen flach auf, beide Ellenbogen liegen auf dem Schießtisch, der Oberkörper ist leicht gegen ihn gelehnt. Während die Schießhand leicht um den Pistolgriff gelegt ist, befindet sich die Führhand hinten unter dem Hauptschaft! Auf diese Weise kann man, Daumen und Zeigefinger zu einem V geformt, den Schaft leicht dirigieren. Bei Verwendung eines Ohrensäckchens werden Seitenkorrekturen durch seitliches Drücken desselben vorgenommen. In allen Fällen führt der Präzisionsschütze Feinkorrekturen nur mit der hinten agierenden Führhand durch, während die Waffe mit Vorderschaft und Hinterschaft satt auf den beiden Auflagen ruht. Jeder Druck der Führhand von oben, sei es auf den Lauf oder auf das Zielfernrohr, schadet der Präzision und kann zu anderen Treffpunktlagen führen. Auch im Jagdbetrieb sind aus dieser optimalen Schießhaltung weite, präzise Schüsse machbar. Nicht wenige Jäger halten in ihren »wichtigen« Kanzeln die entsprechenden Hilfsmittel vor wie Sandsäckchen und variable Auflagen für den Schießarm. Rückstoßschwache Kaliber bereiten keine Umstände. Etwa ab 7 x 64, zumindest bei den heute begehrten

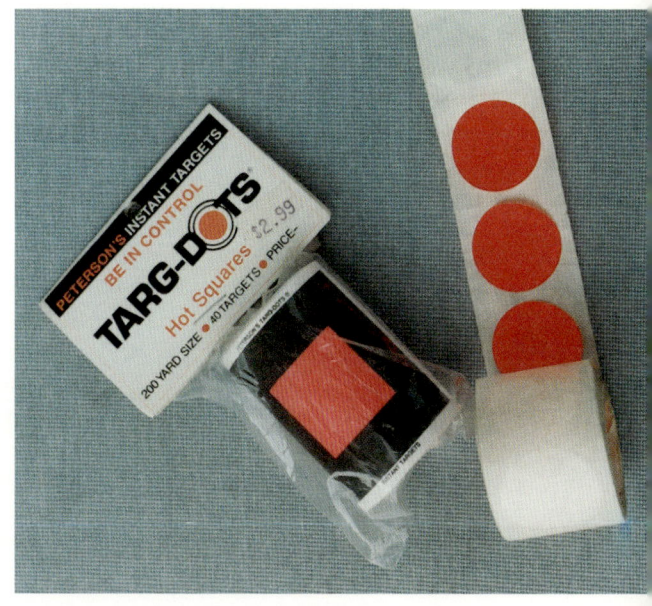

**Körperhaltung wichtig**

**Scheibenaufkleber erleichtern die Wahl des Haltepunktes.**

**Rückstoß »abfedern«**

**»Volkskrankheit Mucken«**

**Der Stecher ist schuld**

**Maßgeblich für gutes Treffen ist nicht die »Feinheit« des Abzugs, sondern seine Kontrollierbarkeit!**

**»Durch das Feuer« sehen!**

leichten Waffen, kommen für manche Schützen Probleme auf, aber nur, wenn zu verkrampft und mit zu stark eingezogenem Schaft geschossen wird. Besser ist es, den Schaft gut an die Muskeln der Schulter anzulegen ohne zu verkrampfen und den Rückstoß mit dem Oberkörper federnd abzufangen. Das liest sich leichter als es ist, aber es handelt sich um die bessere Methode, weil sie das leidige Mucken verhindert. Mucken lässt sich durch die richtige Abzugstechnik vermeiden. Gute Ergebnisse erzielt man mit einem gut justierten Direktabzug. Weltweit verwenden auf Höchstpräzision erpichte Sport- oder Benchrestschützen keinen Stecher, denn dieser ist als unglückliche und längst überholte Sackgassenentwicklung der Abzugstechnik für das präzise Schießen ungeeignet. Leider wird dies von vielen technikkonservativen Jäger mangels Einsicht oder Vergleichsmöglichkeit nicht so wahrgenommen, manchmal sogar wider besseres Wissen heftig abgestritten: Der Stecher steht entweder so fein, dass man nicht den Finger darauf legen kann, ohne dass sich dann schon der Schuss löst. Zudem ist ein fein eingestellter Stecherabzug bei anderen Gelegenheiten als dem behäbigen Schuss von der Kanzelbrüstung unpraktisch – da zu langsam und zu laut – und darüber hinaus sehr unfallträchtig – wie zum Beispiel auf der Pirsch oder bei Bewegungsjagden: Die Unfallvorschriften verlangen nach einer gesicherten und sofort entstochenen Waffe, wenn man nicht zu Schuss gekommen ist! Steht der Stecherabzug einigermaßen sicher, so steht er auch fester und »teigiger«: Man kann nur erraten, wann tatsächlich der Schuss brechen wird. Ideal ist ausschließlich der Abzug, an den man gefahrlos den Finger legen kann, um ihn dann ohne große Steigerung des Drucks langsam durchzukrümmen, bis der Schuss bricht. Die Höhe des Abzugwiderstandes ist dabei zweitrangig, wichtig ist allein die Abzugcharakteristik. Mit einem guten Abzug können im Moment der Schussabgabe noch winzige Verbesserungen vorgenommen werden; der zum Mucken erziehende Stecher lässt dies mit seiner langen mechanischen Verzögerungszeit nie zu.

Richtig konzentriert war der gute Schütze, wenn er nach dem Schuss leicht erschrickt. Beim Schuss bewegt sich nur der Schießfinger und nichts anderes (was man gut »trocken« üben kann). Die Notwendigkeit der Schussbeobachtung zwingt uns, »durch das Feuer« zu sehen, was ebenfalls durch Konzentration machbar und leicht trainierbar ist. Man muss nur mit beiden Augen schießen, was vielen Schützen schwerfällt, weil die Vorteile nicht erkannt werden: Weniger Spannung und Verkrampfung, mehr Sicherheit durch gleichzeitige Beobachtung des Umfeldes, weniger Mucken und dadurch die Möglichkeit der Schusswirkungsbeobachtung.

**Beide Augen auf!**

Noch einmal zurück zur Auflage: Es gibt einen einfachen Trick, um zu prüfen, ob sie stabil und ihre Geometrie spannungsfrei ist. Dazu muss man nur die Waffe einrichten und den Schuss »trocken« simulieren. Wenn man jetzt »durch das (nicht vorhandene) Feuer« sieht und wenn das Absehen trotz der Erschütterung der Waffe durch das Abschlagen von Abzug und Schlagfederspannung nicht aus dem Haltepunkt springt, ist die Auflage richtig. Anderenfalls wird man Auflage und Anschlag so lange verändern, bis das Absehen nicht mehr aus dem Ziel springt.

**»Trockensimulation«**

Zur Überprüfung der Treffpunktlage einer Waffe mit der gewählten Ladung ist die Abgabe nur eines Schusses zu wenig. An einem Beispiel soll das erläutert werden: Der Schütze kommt gut ab, der Schuss liegt etwa sechs Zentimeter hoch, bei guter »Seite«. Der Schütze sagt sich: »Nur zwei Zentimeter Abweichung von meinen gewünschten vier Zentimetern Hochschuss, also in Ordnung!« Wirklich? Gehen wir davon aus, dass diese Waffe mit dieser Munition einen Streukreis von 40 mm bei fünf Schuss auf 100 m hat, also eine für Gebrauchswaffen gute Schussleistung aufweist. Vorausgesetzt, dass das Abkommen wirklich gut war, was nur erfahrene Schützen sagen können, und dass nicht widrige Winde im Spiel sind (bereits bei ganz leichtem Wind kann ein Geschoss um mehrere Zentimeter verdriften!), so könnte dieser einzige Schuss der unterste einer zu hoch sitzenden Gruppe sein. Es könnte also sein, dass die Waffe im Mittel nicht nur zwei Zentimeter höher als gewollt schießt, sondern, wenn es sich um einen einzelnen »Ausreißer« innerhalb des vierzig-Millimeter-Kreises handelt, um mehr als 9 cm! Da noch die Unwägbarkeiten der Seitenabweichung dazukommen, so sind zuviel Unsicherheiten vorhanden, um den einzelnen Schuss als richtig ansprechen zu können. Mit jedem weiteren Schuss steigt jedoch die Wahrscheinlichkeit der Richtigkeit dieses Schussbildes. Aussagekräftig sind Schussbilder erst ab fünf Schuss.

**Ein Kontrollschuss ist zu wenig.**

**»Abkommen lesen«**

**»Wind lesen«**

**Schussbilder ab 5 Schuss sind aussagekräftig**

## Der Schuss vom Auto aus

*Der Schuss auf Wild aus dem Auto ist verboten, vom Auto aus jedoch erlaubt.*

Damit kein Missverständnis aufkommt: Dieses Kapitel will keineswegs zum (illegalen) Schuss aus dem Auto – ja nicht einmal zum (legalen) Schuss vom Auto aus verführen. Vielmehr soll die Verbotssituation rund um den Schuss aus dem Auto beleuchtet, die Zulässigkeiten aus den Jagd-Unfallverhütungsvorschriften und die rechtlichen Möglichkeiten des Bundesjagdgesetzes aufgezeigt sowie schießtechnische Details diskutiert werden. Viele Jäger schweigen die Positivwirkung des Autos auf den jagdlichen Erfolg einfach tot. Dabei steht außer Zweifel, dass ohne Rechtsverletzung mit Hilfe des Kraftfahrzeugs eine größere, buntere, in kürzerer Zeit und mit weniger Aufwand machbare Strecke erzielt werden kann. Wer dies legal praktiziert, sollte dazu stehen. Schließlich ist das Auto nicht mehr aus dem Jagdbetrieb wegzudenken. Selbstverständlich wird das Auto nicht nur als Transport- und Transfermittel sondern auch als »Jagdfahrzeug« zum Nachstellen und Erlegen von Wild eingesetzt.

*Einschlägig ist das Bundesjagdgesetz*

Deshalb muss der Jäger schon wissen, was erlaubt ist und was nicht: Das BJagdG sagt in §19 Abs. 1 Nr. 11, dass es verboten ist, Wild aus Luftfahrzeugen, Kraftfahrzeugen und maschinengetriebenen Wasserfahrzeugen zu erlegen. Diese Aussagen bedürfen der Interpretation, besonders vor dem Hintergrund der Intention dieser Jagdbeschränkung, nämlich dass dem Wild (gegenüber der technischen Überlegenheit des Jägers) Chancen einzuräumen sind:

1. Abs. 1 Nr. 11 meint: ... verboten ist, Wild aus Fahrzeugen... zu erlegen.... Mit »aus« ist unbestritten gemeint, dass das Erlegen dann verboten ist, wenn dies aus dem Fahrzeug heraus geschieht.

*Zulässiger Umkehrschluss*

Der zulässige Umkehrschluss dagegen erlaubt es, Wild vom Fahrzeug aus zu erlegen. Der Unterschied bezieht sich – bislang unwidersprochen – auf die Positionierung des Schützen zum Kraftfahrzeug. Nach spezieller Rechtsauffassung handelt jemand »aus (dem Fahrzeug heraus)«, dessen Körper sich überwiegend im Fahrzeug befindet. Daraus folgert, dass für einen legalen Waffeneinsatz vom Auto aus die Beine (oder zumindest ein Bein) des Schützen und damit wohl die überwiegende Masse des Körpers sich außerhalb des Fahrzeugs befinden muss – und natürlich auch die Waffe. Somit ist erlaubt das Auflegen auf dem und das Anstreichen am Auto.

*Auflegen und Anstreichen*

2. Wenn im Zusammenhang mit dem Thema von Kraftfahrzeugen die Rede ist, so sind diesen gleichgestellt alle Automobile in jedweder Form (auch der abgeplante Jeep!), sowie land- oder bauwirtschaftliche Fahrzeuge (auch der Traktor oder der Mähdrescher!), sowie alle Luftfahrzeuge und motorgetriebene Wasserfahrzeuge.
3. Abs. 1 Nr. 11 meint eindeutig »erlegen von Wild«. Zum Wild gehören die in §2 Absatz 1 BJagdG aufgezählten (sowie durch Landesgesetze zusätzlich zugeordnete) Arten. Somit könnten andere, nicht dem Jagdrecht unterliegende Tiere aus dem Auto eliminiert werden z. B. verwildertes Vieh oder ausgebrochene Zirkustiere (aber nur wenn der Schütze eine dafür gültige Schießerlaubnis der zuständigen Behörde hält).
4. Durch den bewussten Gebrauch des Begriffes Wild im Gesetzestext ist es nach BJagdG zwar nicht verboten, Hunde und Katzen (sofern »wildernd«) aus dem Auto zu erlegen,

**Wenn schon vom Auto aus geschossen wird, dann sollte die stabilste Auflage gesucht werden: Sich zwischen Chassis und ganz geöffneter Tür einklemmen und den Schießarm auf das Autodach legen ist eine gängige Methode.**

| | |
|---|---|
| UVV beachten | weil Katzen und Hunde nicht zum Wild gehören. Allerdings ist anzumerken (freilich unter Verlassen des Rechtskreises BJagdG), dass nach den Unfallverhütungsvorschriften das Mitführen der geladenen Waffe im Auto verboten ist. Diese UVV-Ordnungswidrigkeit kann mit hohen Geldstrafen geahndet und – schlimmer noch – bei Unfällen der Versicherungs- und womöglich der Haftungsschutz versagt werden. |
| Erlegen, beschießen, anschweißen | 5. Den Vätern des BJagdG ist bei der angeführten Nr. 11 ein dummer Formulierungsfehler unterlaufen, indem von »erlegen« die Rede ist. Demzufolge wäre nach Auffassung nicht weniger Fachleute das lediglich »beschießen« oder gar nur »anschweißen« von Wild aus dem Auto heraus zulässig, was ja wohl undenkbar ist! Manche Landesjagdgesetze haben den Formulierungsfehler bereits durch nachgeordnete Zusatzbestimmungen ausgemerzt. Wo dies noch nicht der Fall ist, dürften bei einer richterlichen Einzelentscheidung der gesunde Menschenverstand sowie die Hinterfragung der Gesetzesintention (»Was wollte der Gesetzgeber mit diesem Verbot erreichen?«) die beschriebenen Tätigkeiten »beschießen« bzw. »anschweißen« unter den Begriff »erlegen« subsummieren. |
| Erlegungsgebot bei krankem Wild | 6. Gebote stehen vor Verboten. Dies führt im Falle des an sich verbotenen Schusses aus dem Fahrzeug zu dem Umstand, dass das Erlegungsgebot in §22a BJagdG, nach dem krankes Wild von vermeidbaren Leiden erlöst werden muss, ähnlich wie bei einem Notstand höher zu bewerten ist als das Erlegungsverbot nach §19 Abs. 1 Nr. 11. Somit darf krankes Wild aus dem Fahrzeug heraus erlegt werden, wenn dies gleichzeitig die schnellste und sicherste Art der Befolgung des Erlegungsgebotes nach §22a BJagdG darstellt. |
| Ausnahmen für Körperbehinderte | 7. Für Körperbehinderte kann die zuständige Behörde vom Erlegungsverbot nach §19(1)11 BJagdG Ausnahmen zulassen und eine Erlaubnis erteilen. Unter »zuständige Behörde« ist die Untere Jagdbehörde zu verstehen, die sich für eine Entscheidung wohl amtsärztliche Gutachten einholen wird. |
| | Nun zur (schieß)technischen Seite des Schusses aus dem Auto heraus oder vom Auto aus: |
| Wenn schon denn schon | Wenn aus dem Auto heraus geschossen werden darf – was unter Beachtung der UVV für das gelegentliche Anschießen – die Abgabe eines Kontrollschusses im Revier – denkbar sein kann, |

so sollten alle Vorteile im Sinne einer spannungsarmen Waffen- und Schützenabstützung erschlossen werden. In das Autofenster eingehängte, bleigefüllte Vorderschaft-Säckchen sowie die Führung des Hinterschaftes mit der V-förmig von unten greifenden Führhand, verbunden mit Abstützung des Schießarmes im (gesperrten) Lenkrad erhöhen die Treffsicherheit immens. Beim Schuss vom Auto aus gilt es wichtige sicherheitstechnische und physikalische Gegebenheiten zu beherzigen:

**Hilfsmittel für die Auflage**

1. Keine schießtechnischen Halbheiten, wer schon das Auto in die Schussabgabe einbezieht: Nicht frei stehend an der instabilen Autotür anstreichen, sondern diese im Anschlag fixieren und den Körper an's Auto anlehnen, d. h. sich zur besseren Stabilisierung zwischen voll geöffnete Tür und Chassis spreizen. Es wäre dumm die Waffe nur anzustreichen, wenn aufgelegt z. B. auf das Dach, den Kühler oder das Reserverad sicherer geschossen werden kann. Immer den Körper anlehnen und Ellbogen aufstützen. Ein Sandsack am Vorderschaft und das den Benchrestern abgeguckte Ohrensäckchen am Hinterschaft wirken Wunder!

**Körper anlehnen und Schießarm abstützen**

2. Achtung Dachschuss: Den geringsten Schaden hat noch, wer sich die im Zielfernrohr nicht erkennbare Antenne oder einen Teil des Dachträgers abschießt. Immer muss wegen des vertikalen Abstandes zwischen Laufseele und Visierlinie auf ausreichende Mündungsfreiheit geachtet werden. Der Lack verschmaucht und der Schuss geht wegen Verwirbelung der Mündungsgase in die Botanik, oder es gibt eine teure Dachreparatur, oder – viel schlimmer – wir haben eine durch Splitter verletzte Autobesatzung (oder einen tödlichen Unfall!).

**Dachschuss!**

3. Am besten mit Spannung: Das dicke Blech und vor allem die gespannte Eiform der früheren Automobile (besonders des VW-Käfers) machten diese zum beliebten »Schießstand«. Heutige Autos haben nicht viel gespanntes Blech zu bieten und sind kaum für den sauberen Dachschuss geeignet. Geländewagen sind überdies zu hoch dafür. Günstig für eine Auflage der Waffe – weil am wenigsten federnd – sind noch die formstabilen Teile des Daches bzw. der Motor- oder Gepäckraumhaube, welche direkt an Front- oder Heckscheibe anschließen.

**Auflage nicht federnd**

Wo ein Zuviel an jagdlichen Ansitzeinrichtungen zu teuer oder aus landschaftsschützerischen Gründen unangebracht wäre,

**Teure Ansitzeinrichtungen**

z. B. im Feld bei der Saujagd in der Nacht oder am Mais oder bei schützenreichen Bewegungsjagden im Wald, wird das auch aus »taktischen« Gründen einer ortsfesten Einrichtung vorzuziehende Fahrzeug als »fahrbare Auflage« benützt. Unter Anwendung der oben genannten Schießtechniken kann vom Auto aus meist sauberer und damit tierschutzgerechter geschossen werden als von einer »windigen« Leiter oder einem unbequemen Schirm. Ein ausreichend großes und dichtes, die Konturen des Fahrzeugs und dessen metallische Spiegelungen verdeckendes Tarnnetz wird zusätzlich zum Erfolg beitragen.

»fahrbare Auflage«

Tarnnetz zweckmäßig

## Knall, Rückstoß und Mündungsfeuer

Manchmal erheblich störende Nebenerscheinungen des Schusses sind Knall, Rückstoß und Mündungsfeuer. Sie lassen sich nicht ausschalten, aber mit unterschiedlichen Maßnahmen zumindest teilweise in Grenzen halten. Der Knall beim Schuss ist eine scheinbar komplexe und an sich recht einfach messbare Erscheinung, doch unterscheidet man mehrere Ursachen, nämlich einmal den Geschossknall und zum anderen den Mündungsknall – dieser setzt sich wiederum aus Schussknall und Mündungsfeuerknall zusammen. Vom »Überschallknall« der Flugzeuge kennen wir den Ge-

Büchsenläufe mit und ohne Mündungsbremse (Weatherby)

schossknall. Er ist die akustische Begleiterscheinung eines schneller als der Schall fliegenden festen Körpers. Von Überschallgeschwindigkeit spricht man bei einer Geschossgeschwindigkeit von – je nach Beschaffenheit der Luft – etwa 330 m/s. Der Geschossknall resultiert aus der verdichteten Luft um die sogenannte Kopfwelle des fliegenden Körpers, tritt entlang der gesamten Flugbahn auf – nicht etwa nur an der Mündung

Geschossknall

– und ist hörbar, solange Überschallgeschwindigkeit vorliegt. Er lässt sich deshalb weder reduzieren noch ausschalten. Durch technische Vorrichtungen dämpfen lässt sich dagegen der Mündungsknall. Er hat zwei Ursachen: **Mündungsknall**
- Den »Schussknall« – das ist die akustische Begleiterscheinung des Druckwellenstoßes zwischen Laufmündung und Geschoss.
- Der vom Mündungsfeuer (durch die Restverbrennung nicht vollständig oxidierter Verbrennungsgase und deren Zusammentreffen mit freiem Luftsauerstoff) verursachte »Mündungsfeuerknall«. Das Mündungsfeuer ist eine optische Erscheinung vor der Mündung, die der Schütze bei Tageslicht manchmal gar nicht wahrnimmt, vor dunklem Hintergrund und vor allem in der Dämmerung aber als störend empfindet. Starkes Mündungsfeuer – besonders von Magnumpatronen in kurzen Läufen und noch verstärkt durch die Zieloptik – kann bei Nacht zur minutenlangen Blendung des Schützen führen.

**Mündungsfeuer besonders bei starken Patronen in kurzen Läufen**

Zeitlich und als psychologische Störung mit dem Knall eng verbunden ist der Rückstoß, der sich aus zwei physisch wirkenden Komponenten zusammensetzt: der Rückstoßgeschwindigkeit und der Rückstoßenergie. Beide lassen sich mit geeigneten Apparaturen genau messen, doch kann zwischen den objektiven Messergebnissen und dem, was subjektiv empfunden wird, ein beträchtlicher Unterschied bestehen. Auf die Nerven des Schützen wirkt, wie Untersuchungen gezeigt haben, die Rückstoßgeschwindigkeit besonders intensiv, während selbst hohe Rückstoßenergien leichter verdaut werden können. Je höher Geschossgeschwindigkeit und Geschossmasse und je geringer das Gewicht der Waffe, desto stärker wird der Rückstoß empfunden. Dabei wirken sich Veränderungen des Waffengewichtes nur proportional, Veränderungen von Geschossgeschwindigkeit und Geschossmasse jedoch exponential (im Quadrat) und damit viel stärker aus.

**Rückstoß**

**Subjektive Unterschiede**

**Hohe $V_0$ und schweres Geschoss = starker Rückstoß**

Praktisch ließe sich der Rückstoß also ausschalten, wenn aus einer schweren Waffe ein Geschoss von geringem Gewicht mit geringer Geschwindigkeit verschossen würde. Freilich ist diese Lösung nur dort von praktischer Bedeutung, wo es wie beim Scheibenschießen ausschließlich auf das Treffen ankommt, und nicht auch auf die bei der Jagd so wichtige außen- und zielballistische Wirkung.

**Leichte Waffen problematisch**

Trotzdem zeigt die aufgezeigte Lösung für Jagdwaffen in die richtige Richtung, wenn es um Rückstoßprobleme geht: Nicht (der Bequemlichkeit wegen) zu leichte Waffen wählen, nicht zu schwere Geschosse und zu hohe Geschossgeschwindigkeiten verwenden – bzw. schwere Geschosse nur bei geringer $V_o$ nehmen, sowie bei hoher $V_o$ nur leichte Geschosse.

**»Raketeneffekt«**

Bei der letztgenannten Lösung – leichtes Geschoss bei hoher $V_o$ – kommt allerdings der rechnerisch nicht fassbare »Raketeneffekt« dazu. Darunter versteht man den subjektiv verstärkt empfundenen Rückstoß, wie er bei den hohen Strömungsgeschwindigkeiten einer großen Menge an austretenden Pulvergasen sowie an (wegen des verzögerten Brennschlusses) unverbrannten Pulverteilchen auftritt. Mit dem Raketeneffekt erklärt man auch, dass Waffen mit kürzeren Läufen einen größeren Rückstoß haben, sowohl gemessen als auch subjektiv fühlbar. Ein Großteil des unangenehm empfundenen Rückstoßes lässt sich also schon durch eine aufeinander abgestimmte Kombination von Waffe und Munition vermindern.

**Brennschluss**

**Schießhaltung Kondition**

Viel bewirkt auch die richtige Schießhaltung und die gute nervliche sowie körperliche Kondition des Schützen – und besonders die psychologische Einstellung: Bekannt ist ja, dass Jäger im praktischen Jagdbetrieb – und erst recht angesichts eines annehmenden Büffels – beim Schuss aus einer Großwildbüchse überhaupt keinen Rückstoß empfinden, während sie jeder Schuss auf dem Schießstand »beinahe umbringt«. Ganz wichtig ist auch eine optimale, körpergerechte Schäftung, die den Rückstoß in möglichst geringem Winkel auf den Körper überträgt. Hier liegt nämlich das Geheimnis der Mündungsbremsen, bei denen feine, seitwärts und (schräg) nach oben gerichtete Bohrungen oder Schlitze (»Magnaport«) in den Mündungsbereich des Laufes eingebracht werden. Eine Mündungsbremse dämpft also nicht nur den eigentlichen Rückstoß, sondern leitet die beim Schuss dort austretenden Mündungsgase nach oben, was den lästigen »Hochschlag« des Laufes reduziert. Dadurch läuft der Rückstoß nahezu axial d.h. in Längsrichtung der Waffe auf den Schützen zu und wird von diesem weit weniger unangenehm empfunden. Gelungene Rückstoßdämpfung ist immer eine Kombination aus mehreren Maßnahmen. So ist ein höheres Waffengewicht hilfreich sowie eine den Rückstoß absorbierende z.B. ventilierte (oder nur be-

**Schäftung**

**Mündungsbremsen verringern den Hochschlag der Mündung**

sonders breite) Schaftkappe, während andere mechanische Rückstoßhinderer wie in den Schaft eingelassene, nach dem Massenträgheitsprinzip funktionierende Schockabsorber als letzte Mittel übrigbleiben.

Das Mündungsfeuer kann durch die Wahl einer ausreichenden Lauflänge wirkungsvoll gedämpft werden, auch der damit zusammenhängende Mündungsfeuerknall als Teil des Mündungsknalls. In den meisten Fällen konnten die Hersteller das Mündungsfeuer bereits durch Zugabe von chemischen Feuerdämpfern im Treibladungspulver verringern, zumindest ab einer normalen Lauflänge. Eine solche ist 60 cm bei Standardpatronen und 65 cm bei starken Magnums. Die beim Verschießen von starken Patronen in kurzen Läufen verstärkt auftretenden abträglichen Effekte wie Mündungsfeuer, (Mündungsfeuer)Knall und Rückstoß erinnern den Schützen bei jedem Schuss an seinen beim Waffenkauf gemachten Fehler: Ausgewogenheit ist auch hier das Geheimnis. Eine ultrakurze Büchse im Kaliber .300 Win. Mag. wird sich dagegen als feuerspeiendes, brüllendes und tretendes Monster entpuppen – ganz abgesehen davon, dass sie mit ihrem zu kurzen Rohr auf die Leistung einer .30-06 kastriert wurde.

Mechanische Mündungsfeuerdämpfer wie sie z.B. bei militärischen Schnellfeuerwaffen wegen des dort meist verwendeten billigen und mündungsfeuerträchtigen Pulvers nötig werden, sind bei erstklassig verladenen Jagdpatronen überflüssig. Wichtig: Der mit einer mechanischen Mündungsbremse versehene Lauf produziert ein größeres Mündungsfeuer und damit einen lauteren Mündungsfeuerknall. Nicht umsonst raten deshalb die Hersteller von mündungsgedämpften Waffen dringend zur Verwendung eines guten Gehörschutzes, nicht nur auf dem Schießstand, sondern auch auf der Jagd. Dies lässt sich in der jagdlichen Praxis natürlich nicht immer mit der Notwendigkeit des guten Gehörs vereinbaren. Vielleicht können die Hersteller von elektronisch arbeitenden Gehörschutzmitteln eine Antwort darauf geben. Diese im Ohrgang unterzubringende Gehörschützer dämpfen nur die lauten Knalle und lassen ansonsten »normal laute« Geräusche durch. Gehörschäden entstehen im Gehirn und sind deshalb irreparabel, wie manche »taubgeschossenen« Altvordern zu berichten wissen: Galt doch das Tragen eines Gehörschutzes früher beim Militär und Schützenwesen als »unmännlich« – mit den bekannten Folgen.

**Breite Schaftkappen**

**Schockabsorber**

**»Phlegmatisierung« des Treibladungsmittels**

**Ausgewogenheit**

**Mündungsbremsen sind laut!**

**Elektronische Gehörschutzmittel**

**Gehörschäden sind nicht reparierbar!**

**Nebenwirkungen beim Schuss verringern**

Zusammenfassend sei festgestellt, dass durch
- die Auswahl der richtigen Patrone und Laborierung
- im Zusammenhang mit der richtigen Schäftung und
- geringfügigen mechanischen An- bzw. Einbauten an einer von Dimension und Masse richtig gewählten Waffe
- durch die richtige Einstellung des Schützen bei der Schussabgabe
- durch Tragen eines Gehörschutzes

ein Großteil der Nebenwirkungen vermieden oder abgeschwächt werden kann.

**Geschossknall ist nicht dämpfbar**

Nicht dämpfbar ist der Geschossknall. Auch deswegen muss das Tragen eines guten Gehörschutzes zumindest auf dem Schießstand als Selbstverständlichkeit betrachtet werden.

# Weite Schüsse

**»Weit« kommt auf die Umstände an.**

»Weit« ist relativ und hängt von den Umständen ab. So kann für den mit der Kurzwaffe Ungeübten bereits der Trägerschuss auf ein 5 m entfernt sitzendes, krankes Rehkitz »weit« sein. Anders für einen, der im beidhändigen Umgang mit der kurzen Nachsuchwaffe besonders geübt ist. Er vermag dem bei einem Verkehrsunfall verletzten Hirsch, der eine Annäherung nur bis auf 50 m zulässt, auch auf diese relativ weite Distanz erfolgreich die Kugel antragen: Unter Ausnützung einer möglichen Auflage aufs Blatt oder auf den Trägeransatz. Eine so große Distanz ist aber selbst unter Vorliegen günstiger Umstände und starker Munition das Maximum an Weite für den Fangschuss mit der Kurzwaffe.

**»Biertisch-Distanzen«**

Dasselbe gilt im allgemeinen Jagdbetrieb für den Einsatz mit der Büchse. Wenngleich die meisten »weiten« Schüsse mehr am Biertisch als in der Praxis vorkommen, so gilt beim Schuss mit dem Einzelprojektil, also auch mit dem Flintenlaufgeschoss, dass auf zu weite Entfernungen nicht nur die Treffgenauigkeit geringer wird, sondern auch die Rasanz der Flugbahn und die dem Geschoss innewohnende Energie im Ziel ($E_z$, Auftreffwucht). Erschwerend wirken sich zudem andere atmosphärische Einflüsse aus, z. B. die Abdrift bei Winden jeder Richtung.

**Abdrift nicht unterschätzen**

Vor allem die Wirkung des Seitenwindes wird vom unerfahrenen Jäger unterschätzt, und so mancher weite (Fehl)Schuss wäre in Kenntnis der Driftabweichung unterblieben. Wer bedenkt schon, dass die meisten der so genannten Standardlaborierungen bereits eine Geschossabdrift von nahezu einem Meter haben, wenn bei nur geringem Wind (Blätter bewegen sich) auf ein 300 m entferntes Ziel geschossen wird?

Der Jäger sollte seine persönlichen und waffen- sowie munitionsbedingten Weitschussgrenzen kennen. Dabei ist das Wissen um Präzision und Treffpunktlage der »Brenneke«-Ladung genauso wichtig wie die Ermittlung von Präzision und Treffpunktlage beim Büchsenschuss auf größere Entfernungen. Statische Entfernungsangaben sind bei der Festlegung einer persönlichen oder waffenspezifischen »Weitschussgrenze« allerdings unangebracht: Eine Waffen/Flintenlaufgeschosskombination findet ihre Weitschussgrenze noch vor 50 m. Andere Flintenläufe treffen unter günstigen Bedingungen und unter Verwendung eines Zielfernrohres beliebig oft den berühmten Bierfilz auf 100 m und mehr. Beim Büchsenschuss ist es ähnlich: der eine Jäger ist mit seinem alten Püster bereits vor Erreichen der 150 m Distanz überfordert, anderen bereiten Zielentfernungen über 300 m noch kein Kopfzerbrechen, vorausgesetzt Waffe und Gerät sind in Ordnung und die Konditionen »passen«. Trotzdem wird hier nicht der Weitschieße-

**Die Bergjagd macht Weitschüsse nicht regelmäßig notwendig, doch ist man besser darauf vorbereitet.**

**Fließende Weitschussgrenzen**

*Zielballistischer Grenzbereich*

rei das Wort geredet, denn weite Schüsse können aus anderen Gründen unsicher sein und sollten zu den Ausnahmen gehören. Zu den bereits beschriebenen Nachteilen kann nämlich kommen, dass die in das Geschoss »hineinkonstruierten« zielballistischen Eigenschaften bei ungenügender Geschwindigkeit im Ziel ($V_z$) gar nicht mehr zur Wirkung kommen können. Dies gilt verstärkt für den rauen Schuss.

*Lange Flintenläufe kein Vorteil*

Es ist ein Märchen, dass lange Läufe die Weitschusstauglichkeit einer Flinte erhöhen oder dass ein kurzer Schrotlauf besonders für Waldjagdentfernungen tauglich wäre: Es stimmt zwar, dass lange Läufe besser schwingen – was die Eignung der Waffe auf Flugwild verbessern kann – und dass man mit kurzen Läufen im Wald oder beim Frettieren besser zurechtkommt, doch hängt die Leistung des Schrotlaufes bzw. die Wirkung des Schusses viel mehr von der Konfiguration d. h. Bohrung der Mündung und vom Aufbau der verwendeten Laborierung ab.

*Grober Schrot nachteilig*

Auch ist es ganz falsch anzunehmen, dass grober Schrot auf großen Entfernungen Vorteile hätte, im Gegenteil: Durch die Verringerung der Schrotzahl pro Garbe ist die wichtige »Deckung« nicht mehr gegeben. So wird das Wild nur von einzelnen Schroten getroffen und vielfach krankgeschossen. Ausgewogenheit ist das Geheimnis des Schrotschusserfolgs, und zwar sowohl in der Relation von Schrotgröße und Wildstärke (den Schrot lieber eine Nummer kleiner wählen) als auch im Verhältnis von Schussentfernung zu Schrotgröße und Wildstärke. So kann 2,7 mm-Schrot auf den »turmhohen« Fasan richtig sein, denn selbst gut konditionierte Fasane streichen selten höher als 25 m. Ein in tiefer Deckung davon hoppelnder Hase dagegen, auf 30 m beschossen, dürfte lediglich durch Zufall zur Strecke kommen, ganz gleich mit welchem Schrot er befunkt wird.

*Fasanen streichen selten höher als 25 m*

## Der Fangschuss

*Erlegungsgebot*

Schwerkrankes Wild muss durch den Fangschuss möglichst rasch von seinen Leiden erlöst werden. Der Fangschuss auf Schalenwild als effektivere Maßnahme hat dabei in fast allen Situationen Vorrang vor anderen Methoden wie z. B. dem Abnicken oder Abfangen. Beim Niederwild ist der rasche Fang-

schuss immer dann gefordert, wenn das Stück sich durch Flucht entzieht und nicht durch eine andere Maßnahme sachgerecht getötet werden kann, zum Beispiel durch Abschlagen beim Kaninchen.
Im Falle des Fangschusses mit Schrot auf Niederwild (auf Rehwild und anderes Schalenwild ist der »Raue Fangschuss« mit Schrot verboten) wird man bestrebt sein, den Schuss etwas höher anzusetzen – »höher zu halten« –, damit die Schrotgarbe zwar Kopf und Hals gut trifft, jedoch nicht das Wildbret entwertet. Man hüte sich, den Fangschuss mit Schrot aus kurzer Entfernung abzugeben. Schrote sind höchst unstabile Projektile und können zum Schützen zurückprallen, wobei das ungeschützte Gesicht und hier besonders die Augen gefährdet sind. Also auf die Lage des Stückes sowie auf den Schusswinkel zu Umstehenden achten – dies betrifft vor allem den Fangschuss anlässlich von Verkehrsunfällen.

Im Prinzip gilt dies natürlich auch für den Kugelschuss. Jagdgeschosse sind auf Deformation oder Zerlegung konstruiert. Bei ihren relativ großen Geschossmassen genügen abprallende Splitter, um umstehenden Personen schwere Verletzungen zuzufügen. Besondere Vorsicht ist beim Fangschuss nach Wildunfällen gegeben, weil der Straßenbelag die Gefahr von Abprallern stark vergrößert. Es ist deshalb auch in eigenem Interesse, die möglicherweise gefährdeten, bei Unfällen offenbar unvermeidlichen Zuschauer unter Aufbietung der eigenen Fachautorität recht weit weg zu schicken. Da angefahrenes oder

Fangschussbüchsen für den Nachsuchenführer: kurzer 98er mit Handspannung und Magnaport und Unterhebelrepetierbüchse Winchester 94 in der Ausführung »Guide Gun«.

**Schock**

sonstwie verletztes oder krankes Wild bereits unter einer gewissen Schockeinwirkung steht, ist mit der gewohnten Wirkung des Schusses kaum zu rechnen, ganz gleich ob beim Fangschuss mit der Flinte, mit der Büchse oder mit der Kurzwaffe. Es muss also versucht werden, das Nervensystem schlagartig auszuschalten. Dies erreicht man am besten durch Kopf- und Rückenmarkstreffer, weniger durch Organverletzungen. Da aber die Kopfzone, z. B. bei Trophäenträgern, aber auch – wegen der anschließend notwendigen seuchenmedizinischen Gehirnuntersuchung – bei tollwutverdächtigen Tieren problematisch sein kann und kein besonders günstiges Ziel abgibt, sollte der Fangschuss in solchen Fällen hoch am Träger angetragen werden. An der genannten Stelle des Halses ist der Verlauf der Wirbelsäule ziemlich eindeutig, während er an den unteren Partien des Trägers fälschlich oft in Richtung Körperoberkante vermutet wird. Richtige Geschosskonstruktion vorausgesetzt genügt meist ein Schuss dicht am Rückenmarksstrang um das Wild zu erlösen. Das Ziel »obere Halswirbel« gilt unabhängig vom Zustand und der Stellung des verletzten Wildes, das heißt auch beim Schuss spitz oder schräg von vorne oder hinten. Kann der Treffersitz »obere Halswirbel« auf Grund der Umstände nicht sichergestellt werden, so sollte man sich nicht scheuen, auch ungewöhnliche Trefferlagen auszuwählen, wenn nur der Zweck des Fangschusses, nämlich das rasche Erlösen des Wildes, erreicht werden kann. Durch ungewöhnliche Treffersitze wahrscheinliche Wildbretentwertungen dürfen keine Rolle spielen. Ein gutes Beispiel ist der Schuss von hinten auf den Beckengürtel. Selbst schweres Schalenwild wird damit zumindest auf den Platz gebannt und kann dann mit einem weiteren gezielten Schuss erlegt werden.

**Idealer Treffersitz: Hoch am Träger**

**Beim Fangschuss zählt jeder Schuss**

**Schuss auf den Beckengürtel**

Führt man nur die Kurzwaffe und steht das verletzte Wild wider Erwarten weiter weg, kann es angebracht sein, auf das Blatt oder notfalls auf den Beckengürtel zu schießen. Besonders hier »zählt« jeder Schuss, der das Wild noch kränker macht und auf den Platz bannen könnte. Namentlich Rot- und Damwild stellt sich, wenn es angefahren wurde und innere Verletzungen oder Knochenbrüche erlitt, oft nicht weit von der Straße ein und bleibt lange auf den Läufen. Ist das Stück einwandfrei als krank erkannt, so sollte man, wenn keine Langwaffe erreichbar ist, zuerst auf das Blatt schießen, damit weitere Organe verletzt werden und das Stück schweißt. Anderenfalls bräche das Tier

**Verkehrsunfälle**

## Schießen auf der Jagd

Üben, üben!

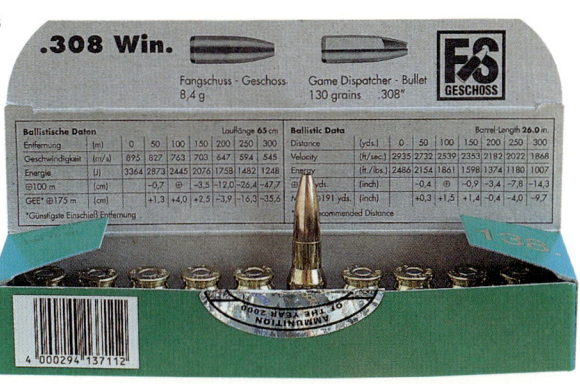

unter Umständen vom Menschen weg und würde ohne Schweißfährte nur schwer zu finden sein. Den Fangschuss mit der Kurzwaffe auf größere Entfernung als die übliche Scheibendistanz muss man intensiv üben und man wird über die guten Ergebnisse erstaunt sein! Es sind bevorzugt starke Patronen mit Teilmantelgeschossen oder speziellen Fangschusslaborierungen zu verwenden.

Bei Langwaffen kann das Flintenlaufgeschoss den Fangschuss aus der Flinte legalisieren (Achtung Abpraller!) und bei Büchsen wird man die normale Jagdladung nehmen. Hundeführer sind nicht immer dieser Meinung, wobei es zwei Lager gibt: Die einen Gespannführer möchten (was technisch leider noch nicht möglich ist), am liebsten ein im Wildkörper sich »100 % total« zerlegendes Geschoss, damit keine austretenden Splitter die Hunde gefährden können; andere Rüdemänner möchten am liebsten Vollmantel- oder Vollgeschosse, die das Wild ohne jede Splitterabgabe voll durchschlagen. Es steht nur fest, dass sowohl mit dem einen wie mit dem anderen Geschosstyp – hier Splittergeschoss, dort Voll(mantel)geschoss) – schon mancher brave Hund aus Versehen zur Strecke kam. Aufpassen muss man immer; die alleinige Verantwortung liegt beim Schützen. In diesem Zusammenhang sei erwähnt, dass ohne vorherige Absprache nur der Hundeführer den Fangschuss vor dem stellenden Schweißhund abgibt und sonst niemand!

»Fangschusspatrone« von Dynamit Nobel. Das Verbleiben des gesamten Geschosses ohne Gefährdung der Hunde in Stücken ab ca. 25 kg wird in Aussicht gestellt.

Wer als Hundeführer mit Fangschusssituationen konfrontiert ist, wird sich über kurz oder lang eine spezielle Nachsuchenwaffe zulegen. Diese sollte kurz und führig sein, um im Unterholz nicht ständig hängenzubleiben. Dazu wird man die Riemenbügel seitlich am Schaft bzw. seitlich gleich hinter der Laufmündung anbringen. Wegen der Kurzläufigkeit ist der Einbau einer Mündungsbremse zum Beispiel als Magnaport zumindest diskussionswürdig. Man muss aber wissen, dass jede Mündungsbremse die Knallstärke vervielfacht und dadurch

Hundeführer Nachsuchwaffe

**Vorsicht bei Mündungsbremse**

das Gehör des Schützen und das des Hundes empfindlich gestört werden kann. Die weiteren Kriterien für die Nachsuchenwaffe entsprechen denen der Drückjagdwaffe: Es kommt nur ein Direktabzug in Frage und bei der offenen Visierung wird man entweder eine Rechteck Standkimme mit abfallenden Flanken und ein Balkenkorn wählen, falls man nicht eine der heute ausgereiften Drückjagdvisierungen wählt, zum Beispiel die von Raetz. Zusätzlich sollte für den Fangschuss auf weite Distanz ein schnell abnehmbares Zielfernrohr montiert sein, zumal die Waffe außerhalb des Nachsucheneinsatzes als Drückjagdwaffe dient.

**Drückjagdvisierung und abnehmbares Zielfernrohr**

# Anschlagsarten mit der Büchse

**Bei »sitzend aufgelegt« beginnt das Übel**

Die im deutschsprachigen Jagdraum am häufigsten ausgeübte Anschlagsart ist wohl »sitzend aufgelegt« – und damit beginnt schon das Übel: Verunsichert von Schießstand- und sonstigen Sicherheitsvorschriften, verdorben durch die verweichlichenden Umstände der nahezu überwiegend ausgeübten »Sitzfleischjagd« (d. h. Ansitz von bequemen Jagdeinrichtungen), und ablauftechnisch in das Schema »Entsichern, Einstechen, Abziehen« gepresst, sind vielen Jägern die anderen wichtigen Anschlagsarten völlig fremd geworden bzw. diese wurden erst gar nicht erlernt. Mangelndes Selbstvertrauen beim Schießen und fehlende Übungsmöglichkeiten, aber auch alle möglichen Ausreden kommen dazu.

**Mangelnde Übung**

**»Hindernis Stecher«**

Eines der größten Hindernisse für praxisnahes, gutes Jagdschießen ist der Stecher, weil seine bis an Allgemeingefährlichkeit reichende, sensible Einstellung das Erlernen der richtigen Abzugstechnik und seinen Gebrauch anders als mit aufgelegter oder angestrichener Büchse kaum zulässt. Deutsche Jäger haben im Ausland einen guten Ruf, meist aber nur hinsichtlich ihrer optimalen technischen Ausrüstung und nur dort, wo die Schwierigkeit des Erlegungsschusses den Schützen nicht fordert. Denn leider haben viele an sich brave Waidmänner bereits bei einem freihändigen 80-Meter-Schuss die Grenze ihrer Leistungsfähigkeit überschritten.

**Der gute Ruf deutscher Jäger im Ausland bezieht sich selten auf ihre Schießfertigkeit**

## Schießen auf der Jagd

Wenn gerade von sitzend aufgelegt als gewohnter Anschlagsart die Rede war, so heißt das nicht, dass dabei keine Fehler gemacht werden können. Wichtig ist die Auflage: Entgegen der landläufigen Meinung darf sie hart sein, das ist besser als weich und schwabbelig. Deshalb genügt beispielsweise der Gewehrriemen als Unterlage, denn die darf keinesfalls federn. Wichtig ist die Abstützung des Schießarmes. Hier müssen auch im Hochsitz alle möglichen Hilfen ausgenützt werden. Generell gilt, dass bei jeder Anschlagsart alles nur technisch mögliche an Hilfsmitteln zugezogen werden sollte (Beispiel: Sandsack in der Kanzel oder die Verwendung des Gewehrriemens als Schießriemen beim freihändigen Schuss).

*Auflage wichtig*

*Nichts darf federn*

*Hilfsmittel benützen*

Was den stehend freihändigen Schuss auf stehendes Wild betrifft, so sollte dieser, als am wenigsten sicher, nur in wirklich unumgänglichen Zwangssituationen angewandt werden. Ersatzweise sind andere Anschlagsarten vorzuziehen. Manchmal ist dies nicht möglich, z. B. wenn zu hohe Bodenvegetation oder zuviel Seitenäste an einem an sich für das Anstreichen geeigneten Baum die sichereren Stellungen »kniend angestrichen« bzw. »stehend angestrichen« verhindern. Dann sollte man besser nicht in den sogenannten sportlichen Anschlag mit eingeknickter Hüfte, abgestütztem Ellenbogen und nur lose mit den Fingerspitzen von unten gestützter Waffe verfallen. Bei ihm kann nämlich weder durchs »Feuer« beobachtet, noch die Waffe sofort wieder schussbereit gemacht werden. Zudem verbietet der Rückstoss jagdlicher Kaliber diese auf das Schießen mit dem KK-Gewehr abgestellte Anschlagsart von selbst. Außerdem kann sich im praktischen Jagdbetrieb sehr schnell ein Wechsel der Situation einstellen, z. B. das Wild wieder in Bewegung geraten. In diesem Fall kann man nur mit »langem« Führarm richtig reagieren.

*Stehend freihändig nur in Ausnahmen*

*Stehend freihändig mit »langem« Führarm*

Eine Verbesserung der labilen Stehendstellung ist das Anstreichen an Bäume, das Auflegen auf Leitersprossen, Felsbrocken usw. und die Zuhilfenahme des Bergstocks. Dabei machen Anfänger ziemliche Fehler: Baum und Vorderschaft dürfen keinen Kontakt haben, weil dies sonst den Schuss verprellt. Also die Hand als »Puffer« dazwischenlegen. Was aber selbst langjährige Schießlehrer predigen, muss nicht immer richtig sein: Beim angestrichen Schießen wird immer empfohlen, sich in einiger Entfernung vom Baum aufzustellen und sich dann quasi nach vorne fallend mit gespreizten Beinen in eine »stabile«

*Anstreichen nur mit »Puffer«*

*Alte Fehler vermeiden*

| | |
|---|---|
| Körper nicht verkrampfen | Dreierstellung »Bein, Bein, Führhand« zu begeben. Dies ist falsch. Vielmehr sollten die Füße etwa wie beim Flintenschießen schulterbreit aber quer zur Schussrichtung auseinanderstehen. Noch wichtiger: die Vorlage (das nach-vorne-Fallen) sollte sich nur auf wenige Zentimeter erstrecken. Nur so kann der Körper unverkrampft auch für längere Zeit stabil bleiben. Bei der Auflage auf Felsen, Holzstößen, das Autodach usw. ist auf die |
| Mündungsfreiheit! | Mündungs- und Flugbahnfreiheit zu achten. Aber nicht nur durch das Zielfernrohr sehen, sondern sich auch die Zeit für einen prüfenden Blick entlang des Laufes nehmen! Stehend am Bergstock angestrichen ist eine Anschlagsart, die man entweder intensiv eingeübt hat und beherrscht, oder niemals. Wer nicht mit dem Bergstock als Gehhilfe (»drittes Bein |
| Bergstock nur für Könner! | des Bergjägers«) umgehen kann, wird ihn kaum als Anschlaghilfe zu gebrauchen wissen. Die Schwierigkeit beim Bergstockschießen ist, die Seitenrichtung zu halten. Das macht man aber nicht mit einer Verspannung des Körpers oder der Beine, sondern mit dem frei beweglichen Führarm und eben das muss geübt sein. Überdies ist es irrig anzunehmen, dass der Bergjäger regelmäßig stehend am Bergstock angestrichen schießt. In den weiten Entfernungen des Gebirges ist der stehende Schuss die ganz große Ausnahme. Eher wird der Bergstock zur nochmaligen Verbesserung der stabileren Stellungen sitzend und kniend eingesetzt. Auf Grund der Hanglage ist bei der Bergjagd oft die Möglichkeit gegeben »sitzend« und »kniend« miteinander zu verbinden, was beim abwärtsschießen – wo sich der Liegendschuss meist verbietet – zu einer Art »Schneidersitz mit eingeklemmtem Bergstock« führt, der sich gut |
| Isometrische Benützung der Muskeln | zu einer stabilen Stellung ausarbeiten lässt. Wichtig bei allen Anschlagsarten und vor allem bei den etwas komplizierteren ist die Aufteilung der Haltemuskeln in »drückende« und »schiebende«. Es muss also stets genug isometrische (gegenläufige) Muskelkraft angewendet werden, um mit den sich aufhebenden Haltekräften eine möglichst hohe Stabilität erreichen zu können ist. Sitzend und kniend freihändig heißt keineswegs, überhaupt keine Stabilisierungshilfe in Anspruch zu nehmen: Bei diesen Anschlagsarten ruht zumindest der Führarm auf dem Knie; beim Sitzendschießen findet zusätzlich der Schießarm Abstützung auf dem Knie der Schießhandseite. Dabei dürfen keineswegs die |
| Kardinalfehler | spitzen Ellenbogen auf die Knie gestützt werden, denn dies ist |

der Kardinalfehler dieser Stellungen überhaupt! Vielmehr muss die stabile Abstützung des Oberarms auf dem Knie gewährleistet sein; der Ellenbogen liegt mit seiner Spitze also vor dem Knie. Diese Stellung bereitet den »untersetzten Größen« etwas Mühe, kann aber durch ein wenig Training gemeistert werden.

Die Anschlagsart »sitzend« bietet vor allem mit gekreuzten Beinen – dem so genannten »Burenanschlag« – mehr Stabilität als jede andere Stellung ohne Hilfsmittel und hat gegenüber der Anschlagsart »liegend freihändig« den großen Vorteil der freieren Atmung, der besseren Übersicht und der sicheren Mündungsfreiheit in unseren ja selten vegetationslosen Revieren. Im deckungslosen Gelände bietet die Sitzend- gegenüber der Liegendstellung den Vorteil, dass kein Schnee oder Staub vom Mündungsdruck vor dem Schützen aufgewirbelt wird, was die Beobachtung im Schuss erleichtert. Ein weiterer Vorteil des Sitzendschießens mit gekreuzten Beinen ist die Tat-

**»Burenanschlag«**

**Der Rucksack wird oft als Auflage genommen, ist aber meist »schwabbelig«. Eine harte vordere Auflage ist vorzuziehen (hier mit Gewehrriemen und Fingern »gepuffert«); der Rucksack dient besser als Stütze für den Schießarm.**

**Bei Rückenbeschwerden**

**Liegend schießen manchmal kompliziert**

**Freie Atmung ist wichtig**

**Belastung der Ellenbogen verteilen**

**Schießarm abstützen**

sache, dass es aus der Pirsch heraus (»Schneidersitz aus dem Stand«) schneller und geräusch- bzw. bewegungsärmer vollzogen werden kann. Außerdem sind Jäger mit »Kreuzbeschwerden« oft nicht in der Lage, liegend zu schießen. Aus dieser Sicht ist es übrigens unverständlich, dass das Sitzendschießen bei den DJV-Wettkämpfen nicht als Alternative zum Liegendschießen zugelassen ist.

Zum Liegendschießen sind ebenfalls einige Anmerkungen zu machen, vor allem hinsichtlich der richtigen Körperhaltung. Im Gegensatz zum sportlichen Schießen, wo sich die Stellung auf nur eine begrenzte Zeit beschränkt, muss im praktischen Jagdbetrieb oftmals sehr lange »bäuchlings« ausgeharrt werden. Jeder Schütze sollte sich deshalb eine möglichst bequeme Ausgangsposition suchen, in der die Atmung nicht beeinträchtigt ist und von der schnell in die Schießposition gewechselt werden kann. Empfehlenswert ist hier die Verlagerung nach der Führarmseite bei gleichzeitigem Anziehen des schießarmseitigen Beines. Das muss unbedingt vorher geprobt sein, ebenso ein vom Wild möglichst unbemerkter Stellungswechsel (notfalls durch langsam seitwärts Rollen – ein bißchen Rückerinnerung an die infanteristische Grundausbildung schadet nicht!). Wichtig beim Liegendschießen ist auch die Verteilung der Belastung auf die Ellenbogen. Zu leicht ist man versucht, den Rat dahingehend abzufassen, dass das Waffengewicht gleichmäßig auf die Ellenbogen verteilt werden soll. Dies ist zwar grundsätzlich richtig, kann aber besonders bei korpulenten Jägern falsch sein. Bei diesen ruht die Waffe mehr auf dem Führarm, was aber gleichzeitig zu dessen steilerer Haltung führen muss, um ihn nicht vorzeitig zu ermüden. Für diesen Fall ist eine ergonomisch günstige Verlagerung der Beine nach der Führhandseite nötig und zudem muss die unumgängliche Höherlegung des Schießarmellenbogens ausgeglichen werden. Das erfolgt am besten mit Hilfe des Rucksacks der dann auch gleichzeitig den Schaft der Waffe abstützt. Vor allem beim Bergaufschießen ist dies eine unschätzbare Hilfe. Kann man noch zusätzlich den Vorderschaft auflegen (Gewehrriemen unterlegen!), ist die Stellung so sicher wie sitzend aufgelegt, in jedem Fall viel stabiler als eine Auflage des Vorderschafts der Waffe auf dem Rucksack bei gleichzeitig freiem d. h. nicht unterstütztem Schießarm. Zusammenfassend sei gesagt, dass aus der jagdlichen Situation immer die jeweils beste Anschlagsart gesucht werden muss, auch wenn dies einen »Zeitverlust« mitbringen sollte. Damit man aber in Notsituationen auch mit ungewohnten Stellungen fertig wird, ist die intensive Vorübung eine Grundvoraussetzung. Wer sagt »Diesen Waffendrill brauche ich nicht!«, überschätzt sich selbst.

»Waffendrill«

Besonders bei der Jagd im Ausland muss man sich auf die veränderten Bedingungen einstellen. Natürlich erfordert der bequeme Schuss aus einer beheizten Kanzel irgendwo in Osteuropa keine Umstellung, doch schon für eine Rothirschjagd in den schottischen Highlands oder eine Elchjagd in Schweden sollte man sich intensiv vorbereiten! Im ersteren Fall durch Abgabe von Schüssen aus liegender Position oder hinter einer Deckung sitzend, im zweiten Fall durch Üben des freihändigen Schusses auf ziehendes und stehendes Wild, auch auf größere Entfernung als die üblichen 60 m des Keilerstandes.

Besondere Anforderungen der Auslandsjagd

Wer eine Jagdreise plant, muss sich informieren. Es gibt kein schlechteres Aushängeschild für das deutschsprachige Waidwerk als die Auslandsjäger, bei denen Rede- und Schießkunst sich diametral gegenüberstehen.

Abschließend noch zu einer »Anschlagsart«, die man nur unter äußerster Zurückhaltung praktizieren sollte, nämlich das Auflegen auf der Schulter oder dem Rücken eines Begleiters. Besonders dienstbeflissene Jagdführer neigen dazu, sich anzubieten – und der Gast, aus seiner vermeintlich »hohen Stellung« heraus oder weil er ganz einfach zu faul ist um sich selbst um eine Lösung zu kümmern, nimmt die scheinbar bequeme Auflage gerne an. Abgesehen von der zweifelhaften Stabilität und den möglichen Folgen dieser unzureichenden menschlichen »Auflage« – bei einem Fehlschuss hat selbstverständlich der Führer gewackelt – ist das Verletzungsrisiko zu groß.

Nicht ohne Probleme: Auflegen auf der Schulter des Jagdführers

Und nicht nur bei Verwendung von Mündungsbremsen besteht beim Führer die große Gefahr eines Gehörschadens. Wenn der Begleiter oder Pirschführer helfen möchte, soll er andere Hilfsmittel bereitstellen, z. B. einen zweiten Rucksack oder Bergstock, der dann, zusammen mit dem eigenen als Zweibein verwendet, selbst dem im Umgang mit Schießstock Ungeübten eine große Hilfe sein kann.

Gehörschaden

Auch hat schon oft das als »Bergstock« verwendete Gewehr des Begleiters zu einem guten Schuss verholfen, vor allem im baum- und felslosen Gelände, wo große Schussentfernungen den Jäger beim freihändigen Schuss überfordern.

Gewehr des Führers als Schießhilfe

# Flüchtig mit der Kugel

Flüchtigschießen mit der Büchse unterscheidet sich wesentlich vom Flintenschießen und zwar sowohl von der Technik, als auch von den Anforderungen. Die ganz schnellen Schnappschüsse auf kurze Entfernung (wo mit der Büchse »flintenähnlich« agiert – und sehr viel gefehlt wird) einmal ausgenommen, ist der flüchtige Büchsenschuss im Prinzip nichts anderes als der Punktschuss auf ein stehendes Ziel. Nur dass hier in Abhängigkeit von der Wildgeschwindigkeit die Waffe dem Ziel nachgeführt wird und das Absehen des Zielfernrohrs oder die offene Visierung nicht auf den gewünschten Treffpunkt gerichtet ist, sondern um den berechneten oder geschätzten »Vorhalt« davor.

Technisch stellt sich der Flüchtigschuss mit der Kugel so dar, dass die schützen- sowie waffenbezogene Zeitverzögerung und die Wildbewegung durch das entsprechende Mitschwingen der

**Nur der geübte Schütze wird auf diesen Rotspießer fertig.**

Waffe kompensiert werden, während nur die flugzeitbezogene Verzögerung, d. h. die Zielauswanderung durch den Vorhalt korrigiert wird. Diese Methode hat gegenüber z. b. der »Abfangmethode« (wo die Laufmündung im Moment der Schussabgabe steht) den großen Vorteil, dass man sich nur über zwei (statt drei) Fakten Gedanken machen muss. Ein weiterer großer Vorteil: Merkt man sich »sein« Vorhaltemaß nicht in Zentimetern, sondern in »Wildlängen«, so wird dadurch sogar der Fluchtwinkel des Zieles kompensiert, d. h. auf die vom Auge erfasste (in diesem Fall reduzierte) Wildlänge abgestimmt. Wichtig ist auch, dass man die »Höhe« des Abkommens hält. Dies ist z. B. relativ leicht beim Schwarzwild, wird aber beim Rotwild und erst recht beim Dam- und Rehwild wegen dessen Auf- und Ab-Fluchtbewegungen sehr viel schwerer. Dass sich größere Schussentfernungen auf flüchtiges Wild von selbst verbieten, zeigt folgendes Beispiel: Ein mit einer $V_0$ von etwa 880 m/s fliegendes Geschoss (z. B. aus einer 7 x 64) hat bis 100 m eine Flugzeit von etwa 0,12 Sekunden. Bewegt sich ein Querziel während dieser Zeit mit einer Geschwindigkeit von etwa 10 m/s (was in etwa »normalflüchtig« entspricht), so muss trotz intensiven Mitschwingens ein Vorhalt von bereits etwa 1,20 m genommen werden. Bei hochflüchtigem Wild müsste sich dieser Vorhalt verdoppeln, was zieltechnisch und wegen der Unwägbarkeiten kaum mehr bewerkstelligt werden kann, selbst nicht von ansonsten vorbildlichen Kugelschützen.

**Abfangmethode zweifelhaft**

**Vorhaltemaß in Wildlängen merken!**

**Bei flüchtigem Schwarzwild kann die Abkommen – Höhe leichter gehalten werden.**

**Vorhaltemaß für Standardladungen**
(z. B. 7 x 64, 10,5-g-TIG)

| auf | Wild | | |
|---|---|---|---|
| | im Trott | flüchtig | hochflüchtig |
| 25 m | 0,1 m | 0,3 m | 0,6 m |
| 50 m | 0,2 m | 0,6 m | 1,2 m |
| 75 m | 0,3 m | 0,9 m | 1,8 m |
| 100 m | 0,4 m | 1,2 m | 2,4 m |
| 125 m | 0,6 m | 1,6 m | 3,2 m |

**Wegen des großen Vorhalts verbieten sich weite Schüsse auf flüchtiges Wild. Trotzdem muss man auf den Ernstfall vorbereitet sein, z. B. bei Nachsuchen.**

# Präzision im Revier

Wenn von Jägern eine Präzisionsgarantie für Jagdbüchsen von 20 mm bei fünf Schuss auf 100 m Schussentfernung gefordert wird, so ist das im Sinne einer tierschutzgerechten Jagdausübung berechtigt. Andererseits sind solche Präzisionsvorgaben, selbst wenn sie unter optimalen Bedingungen aus einer guten Büchse erreicht werden können, weitgehend ohne Bezug zur Praxis: Regelmäßig liegt die Schießfähigkeit des Jägers weit unter den Möglichkeiten der Waffe. Deren Präzision geht immer in der sogenannten Revierstreuung unter. Darunter versteht man die Summe der auf die Waffe, die Munition, die Schussabgabe usw. wirkenden, negativen Einflüsse beim Schießen im Revier. Zusammen mit dem technisch vorhandenen Potenzial führen diese zu dem vor Ort gefertigten Streukreis auf der Scheibe, dem eigentlichen Maßstab für die Genauigkeit von Büchse und Munition.

Eigenpräzision meint das unter optimalen Schießstandbedingungen erzielte Resultat an Streuung, und zwar nach Büchse und Patrone getrennt. Daraus ergibt sich, dass sowohl Büchse

Wildbretschonender, dabei sofort tödlicher Schuss hinter das Blatt. Selbst bei einer Abweichung von bis zu 10 cm um diesen Einschlag würde das Stück noch »gut getroffen« sein. Andererseits gilt »so präzise wie möglich«, weil die Revierstreuung berücksichtigt werden muss.

als auch Munition für sich präzise sein müssen. Darüber hinaus unabdingbar ist das »Zusammenspiel« dieser beiden Hauptelemente der Präzision. Nicht jeder Lauf, jede Büchse »kann« mit jeder beliebigen Laborierung, jedem einzelnen Fertigungszeichen. Die Aufgabe des Schützen ist es, durch Versuchsschießen mit verschiedenen Laborierungen des gewünschten Einsatzzwecks ein besonders gut zusammenwirkendes »Gespann« aus Waffe und Munition zu ermitteln.

**Probeschießen mit verschiedenen Ladungen unabdingbar**

Meistens zeigen diese Erprobungsschießen, dass eine oder mehrere der marktgängigen Fabrikladungen die Präzisionsvoraussetzungen aus der spezifischen Waffe nicht erfüllen, während andere Ladungen gut schießen. Selten können mit allen Ladungen gleichmäßig gute Streukreise erzielt werden.

**Nicht jede Laborierung schießt gleich**

Schießt die Büchse mit keiner einzigen Laborierung ausreichend präzise, so liegt ein Waffenfehler oder ein grober Mangel an Montage oder Optik vor, der vom Büchsenmacher oder Hersteller behoben werden muss. Jede Waffe reagiert anders und so sind die Resultate aus dem Testschießen einer einzelnen Büchse ohne Nachprüfung keinesfalls auf andere Gewehre – selbst solche gleichen Fabrikats – übertragbar. Die Erklärung für dermaßen unterschiedliche Reaktionen verschiedener Waffen auf die gleiche Munition liegt überwiegend am ungleichen Schwingungsverhalten der Waffen. Letzteres wird meist von den zwischen Schaft und Lauf, Lauf und System, Schaft und System, System und Montage sowie zwischen Montage und Zielfernrohr und zudem von eventuellen Spannungen des Laufes selbst her rührenden Wechselwirkungen beeinflusst. Da die Entstehung derselben nicht einmal im Zeitalter einer weitestgehend hochtechnologischen Waffenfertigung dem Zufall überlassen ist, bleibt zur Ermittlung einer Patronen- und Waffenkombination mit höchstmöglicher Präzision nur das Erprobungsschießen.

**Resultate nicht auf andere Waffen übertragbar**

**Laufschwingungen Waffenverspannungen**

Wenn wir davon ausgehen, was Benchrester mit ihren »Schießmaschinen« zustande bringen – die dort erzielten Streukreise werden nicht mehr nach Millimetern, sondern nach Zehntelmillimetern gemessen – so müssen sich die mit von spezialisierten Büchsenmachern aufgearbeiteten Büchsen und handgeladener Munition vor allem der »schützenfreundlich« präzisen Kaliber wie .222 Remington, besonders aber mit der ebenfalls rehwildtauglichen »Super Benchrestpatrone« 6 mm PPC erzielbaren Streukreise von unter 10 mm nicht verstecken. Dies

**Winzige Streukreise**

**»Getunte« Büchsen**

natürlich nur unter günstigsten Konditionen im Revier, womit eine stabile Benchrestauflage, beste Optik, und nur geringe atmosphärischen Störungen usw. gemeint sind. Doch nicht jeder Jäger will (und kann) sich eine solchermaßen »getunte« Büchse leisten und ist auf Serienwaffen angewiesen. Serienbüchsen mit (ausgesuchter) Fabrikmunition gelten heute als »hervorragend schießend«, wenn 5er Kreise unter 25 mm gehalten werden können – und nicht etwa nur die glückliche Ausnahme sind. In der Regel wird sich der Jäger mit einer unter diesem Limit liegenden Präzision bescheiden müssen (siehe »Revierstreuung«), wobei 100 m Streukreise von etwa vier Zentimetern bei fünf Schuss, eigenhändig erzielt, als praxisgerecht gelten. Dieser Wert ist angesichts der Zielgröße unseres Wildes ausreichend: Selbst der schwächste Jungfuchs wird sicher mit einem Schuss zur Strecke kommen, der innerhalb eines um den Zielpunkt »Mitte Blatt« geschlagenen Kreises von 4 cm Durchmesser liegt, sogar auf eine weit größere Entfernung als 100 m.

Bei großen Distanzen ist wichtig zu wissen, dass der auf 100 m erzielte Streukreisdurchmesser sich nicht etwa nur verhältnisgleich zur größeren Entfernung öffnet, sondern unverhältnismäßig stärker. Dies hängt mit den sich ebenfalls unproportional vergrößernden äußeren und inneren Einflüssen zusammen und führt dazu, dass sich eine auf 100 m z. B mit 40 mm gemessene Ladung auf 250 m nicht nur bis 2,5 x 40 = 100 mm öffnet, sondern einen Streukreis von durchaus 120 mm oder mehr ergeben kann.12 cm Streukreis oder mehr scheinen auf den ersten Blick zu schlecht zu sein für einen gut wirkenden Schuss auf diese Entfernung. Jedoch muss die Größe des Streukreises in ein Verhältnis zur Zielgröße gesetzt und außerdem bedacht werden, dass es sich ja um eine Abweichung von lediglich 12 : 2 = 6 cm vom (theoretischen, da die GEE bzw. Flugbahnkurve nicht berücksichtigenden) Haltepunkt handelt. Somit ist sogar der »spekulativ schlechteste Schuss« eines 120 mm Streukreises noch gut für eine »Neun« auf der Rehscheibe und das reicht – unter Vorliegen sonstiger optimaler Umstände – für einen sauberen Schuss selbst auf kleine Ziele wie ein schwaches Rehkitz. »So präzise wie möglich« heißt das Schlagwort bei der Auswahl der »richtigen« Munition für die spezifische Waffe. Andererseits ist es frustrierend, übersteigerte Erwartungen nicht erfüllen zu können und zwar waffen- wie auch schützenseitig.

# Die GEE

Darunter versteht man die »Günstigste Einschieß-Entfernung« für Jagdbüchsen. Der Begriff wurde speziell für den Jäger eingeführt, da er – anders als der Sportschütze – es mit ständig wechselnden Zielentfernungen zu tun hat und diese oft nicht genau bekannt sind. Wie man weiß, beschreibt das Geschoss eine annähernd parabelförmige Flugbahn, die sich zuerst unter, dann über, dann wiederum unter der Visierlinie befindet. Es gilt nun das Einschießen der Waffe – über die offene Visierung bzw. das Zielfernrohr – so zu gestalten, dass eine hohe Trefferwahrscheinlichkeit auf jagdliche Ziele erreicht wird, ohne dabei ständig den Haltepunkt verändern; d. h. »darüber« oder »darunter« halten zu müssen. Aus der Art und dem Verlauf der Flugbahn ergibt sich, dass sie sich mit der Visierlinie (die eine Gerade bildet) im Regelfall zweimal schneidet. Es gibt daher nur zwei Punkte bzw. Entfernungen auf dem gesamten Verlauf der Geschossflugbahn, auf denen Haltepunkt und Treffpunkt zusammenfallen.

»GEE« speziell für den Jagdbereich geschaffen

Justieren auf GEE gewährleistet eine hohe Trefferwahrscheinlichkeit

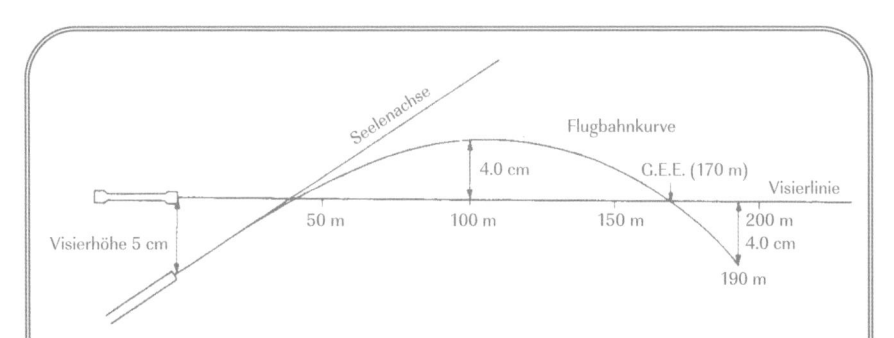

Beispiel einer Flugbahnkurve: Bei 4 cm Hochschuss auf 100 m liegt die GEE bei 170 m und die Jagdliche Treffgrenze bei etwa 190 m. Bei Fleckschuss auf 100 m würde sich auf 200 m ein Tiefschuss von über 15 cm ergeben.

Die GEE ist nun die Schussentfernung, bei der die Geschossflugbahn die Visierlinie das zweite Mal schneidet und zwar unter der ganz wesentlichen Bedingung, dass bis dahin der höchste Abstand zwischen Visierlinie und Flugbahn nicht mehr als 4 cm beträgt. Besagte 4 cm entsprechen einem willkürlich festgelegten jagdpraktischen Wert. Unter Zulassung der jagdlich tolerierbaren, maximalen Flugbahnabweichung von 4 cm

4 cm Abweichung von der Visierlinie tolerierbar

**Die »Jagdliche Treffgrenze« ist der eigentlich interessante Wert, da er eine Weitschussgrenze definiert.**

stellt die GEE diejenige Entfernung dar, bis zu der ohne Haltepunktveränderung geschossen werden kann wobei der (spekulative) Treffpunkt um nicht mehr als 4 cm über dem Haltepunkt zu liegen kommt. Natürlich kann auch über die GEE hinaus geschossen werden: An dem Punkt bzw. bei der Schussentfernung, bei der die Abweichung zwischen Flugbahn und der – jetzt darüberliegenden – Visierlinie wiederum 4 cm beträgt, d. h. kein größeres Tiefschuss als 4 cm vorliegt, spricht man von der jagdlichen Treffgrenze einer Laborierung. Anders ausgedrückt ist dies die Entfernung, bis zu der sich die (mittlere) Geschossflugbahn nicht mehr als etwa 4 cm über oder unter dem Haltepunkt bewegt. Bis zur jagdlichen Treffgrenze kann man also ohne Haltepunktveränderungen schießen und der Treffpunkt wird (theoretisch) nicht außerhalb eines um den Haltepunkt geschlagenen Kreises von 8 cm Durchmesser zu liegen kommen.

**Ohne Haltepunktveränderung**

Betrachtet man nun auf diese Entfernung einen Streukreisdurchmesser von etwa 5 cm, so wird selbst das am weitesten vom Haltepunkt bzw. Zentrum der Gruppe liegende Geschoss sich nicht weiter als 7 cm vom Haltepunkt befinden – ein ja sogar bei kleinen Zielen wie einem Jungfuchs noch ausreichender Wert.

**Max. Erhöhung der Flugbahn meist bei ca. 100 m**

Bei fast allen Jagdkalibern ist die maximale Erhöhung der Flugbahnparabel in etwa bei der üblichen Scheibenentfernung von 100 m zu finden. Deswegen schießen wir die Waffe auf diese Entfernung mit etwa 4 cm Hochschuss ein, um die Vorteile der GEE ausnützen zu können. Vorstehende Skizze macht die Vorteile deutlich: Die Laborierung (in diesem Fall eine 7 x 64 mit 11,2-g-H-Mantelgeschoss) hat bei 4 cm Hochschuss auf 100 m eine GEE von 170 m, schießt also auf diese Entfernung »Fleck«. Darüber hinaus fällt das Geschoss erst bei 190 m Schussentfernung um mehr als 4 cm unter den Haltepunkt, so dass mindestens bis zu dieser als »jagdliche Treffgrenze« benannten Entfernung immer »draufgehalten« werden kann, bei großen Zielen mit entsprechender tödlicher Trefffläche auch noch wesentlich weiter.

**Einschießen auf »100 m Fleck« ist nachteilig, selbst wenn jemand »nie« über 100 m schießen möchte.**

Zum Vergleich und um den Vorteil des Einschießens auf GEE (sprich Einschießen mit 4 cm Hochschuss auf 100 m) aufzuzeigen: Schösse man die Waffe mit der gleichen Laborierung auf 100 Meter »Fleck« ein, so beträgt die 200-Meter-Ablage zum Haltepunkt, d. h. der Tiefschuss am Ziel über 15 cm. Man würde bei Nichtanwendung der GEE einen Rehbock also glatt unterschießen, wohingegen man mit der auf GEE justierten Waffe mit gleicher Ladung auf die gleiche weite Distanz sogar noch ein Jungfüchslein getroffen hätte! Niemand soll also sagen, er brauche die GEE nicht, es sei denn er beschränkt sich auf »halbe« Schussentfernungen! Vorher wurde bemerkt, dass die maximale Erhöhung der Flugbahnparabel bei fast allen Jagdkalibern in etwa bei der üblichen Scheibenentfernung von 100 m zu finden ist. Es gibt also Ausnahmen: Bei sehr langsamen Geschossen liegt die maximale Erhöhung der Flugbahn bereits vor den gängigen 100 m Scheibenentfernung; bei sehr schnellen Geschossen ist sie dagegen erst bei etwa 150 bis 160 m erreicht. Dies sind die beiden Gründe, warum solche Patronen wie 9,3 x 72 R einerseits oder 6,5 x 68 andererseits mit einem etwas geringeren Hochschuss als 4 cm auf 100 m eingeschossen werden dürfen, um korrekt auf GEE justiert zu sein.

Und was passiert eigentlich, wenn jemand in Erwartung großer Schussentfernungen – 300 m beispielshalber bei der Elchjagd in Alaska – seine Waffe mit einem höheren Hochschuss als 4 cm/100 m bzw. auf die erwartete Entfernung »Fleck« einschießen möchte? Dagegen ist nur dann nichts zu sagen, wenn der Hochschuss sich in Grenzen hält und auf kurze Entfernungen nicht zu schlechten Schüssen oder zum Überschießen möglicher kleinerer Ziele führt – wenn zum Beispiel während der Elchjagd auf 150 m ein Wolf auftaucht. Zusätzlich ist zu bedenken, dass die meisten auf 100 m höher als 4 cm justierten Ladungen auf größere Entfernungen noch »steigen« können. Hier ein (zur besseren Verdeutlichung bewusst extrem gewähltes) Beispiel mit der 9,3 x 62 und einem 18,5 g TMR-Geschoss (V0 ca. 700 m/s), das jemand auf 300 m Fleck einschießen will. Dazu müsste der Hochschuss bereits auf 50 m etwa 15 cm und auf die Schiessstandentfernung von 100 m über 25 cm betragen. Auf 150 bis 200 m würde die Ladung bis 30 cm steigen und auf 250 m immer noch 10 cm über dem Haltepunkt liegen, um dann auf 300 m Fleck zu schießen. Abgesehen davon, dass sich der gesuchte Elch höchstwahrscheinlich nicht exakt auf die Wunschentfernung von 300 m hinstellen wird: Nichts ist leichter, als mit einer solchen Justierung den besagten, überraschend auftauchenden 150 m Wolf sauber zu überschießen, nämlich um die etwa 30 cm Hochschuss, an die man im Jagdfieber bestimmt nicht denken wird! Die Flugbahn der gleichen, jedoch auf GEE eingeschossenen Ladung liest sich dagegen so: 4 cm

**Jeder braucht die GEE!**

**Ausnahmen bei der maximalen Flugbahnerhöhung: sehr schnelle und sehr langsame Ladungen.**

**Etwa 7 cm Hochschuss/100 m sind genug**

**Beispiele mit Hilfe der Schusstafeln durchrechnen**

**Bei unbekannten Entfernungen, zumal in fremder Umgebung, ist der E-Messer ein unschätzbares Hilfsmittel.**

Hochschuss auf 100 m, Fleckschuss auf etwa 150 m, 15 cm bzw. 30 cm tief auf 200 m bzw. 250 m und etwa 60 cm tief auf 300 m. So kann man mit der auf GEE eingeschossenen Waffe – ohne sich Gedanken über die Flugbahn und Treffpunktlage machen zu müssen – bis fast 250 m »Fleck« halten. Der auf größere Entfernungen auftretende Tiefschuss lässt sich durch einen höheren Haltepunkt leicht ausgleichen, vor allem wenn ein präziser Entfernungsmesser zur Verfügung steht. Abgesehen davon ist im geschilderten Fall eine rasantere 9,3 mm Ladung vorzuziehen, mit der – bei sogar noch höheren Energiewerten als mit dem Teilmantel-Rundkopfgeschoss – die Geschossflugbahn »gestreckt« werden kann, z. B. die mit dem 19,0 g TUG. Diese Laborierung hat, auf GEE eingeschossen, einen 300 m Tiefschuss von weniger als 40 cm. Ein hochblatt gezielter Schuss würde bei einem Alaska-Elch immer noch tiefblatt im Leben sitzen!

**Die richtige Ladung wählen**

# Kimme und Korn

**Besser mit offener Visierung**

Die meisten Jäger kommen ohne die »offene« oder »mechanische« Visierung an der Büchse aus, weil diese mit einem Zielfernrohr, der »optischen« Visierung versehen ist, – oder sie glauben zumindest, ohne Kimme und Korn auskommen zu können. Manche Waffenhersteller tun wenig für das in manchen jagdlichen Situationen oder z. B. bei plötzlicher Unbrauchbarkeit des Zielfernrohres unerlässliche offene Visier. Viele Büchsen werden so, wegen ein paar Mark Einsparung, ohne Kimme und Korn angeboten.

**Besondere Anforderungen bei Auslandsjagden**

Der Jagdreisende, zumal in schwierigem Gelände, wird kaum auf die offene Visierung verzichten wollen. Man denke nur an die raue Behandlung, denen das Zielfernrohr auf Reisen ausgesetzt ist.

**»Weitverbreitet« heisst noch lange nicht »empfehlenswert«**

Welche mechanischen Visierungen sind nun gängig und welche sind zu empfehlen, wobei die Popularität eines bestimmten Typs allein noch nichts über die echte Brauchbarkeit aussagt! Häufig findet man die sogenannten Rampenvisiere, wo die Kimme auf einer schiefen Ebene höhenverstellbar ist und die Seite durch Verschieben des Kimmenblatts gerichtet werden kann. Die Idee ist gut, doch die Praxis zeigt, dass die meist einfachen

## Schießen auf der Jagd

Schraubbefestigungen unterdimensioniert sind. Deshalb verstellt sich die Kimme unbeabsichtigt und das ist von großem Nachteil, denn eine dejustierte Visierung ist schlechter als gar keine! Verkleben der Schrauben hilft, doch sind Klebeverbindungen meist nur durch Anwärmen zu lösen, wenn die Visierung umgeschossen werden muss.

Unpraktisch sind alle Arten von Klappvisierungen, denn sie sind wegen ihrer filigranen Scharniere ziemlich anfällig für Beschädigungen. Zudem haben sie die mehr als lästige Eigenschaft, in dem Moment umgeklappt zu sein, in dem man sie unbedingt braucht. Diese negative Beurteilung trifft auch die Mehrklappenvisiere oder Expressvisiere, wie sie heute wieder an »nostalgisch« ausgeführten Großwildbüchsen zu finden sind. Solche Visiere mit unterschiedlich hohen Klappen für verschiedene Schussdistanzen hatten ihre Berechtigung im Zeitalter der Schwarzpulverpatronen mit ihren gekrümmten Flugbahnen. Für moderne Patronen sind sie überflüssiger Zierrat.

Ähnlich unsinnig, aber eben »nostalgisch« sind Schmetterlingsvisiere, wie sie in Kombination mit zweiteiligen Klappvisieren oder mehrteiligen Expressvisieren zu finden sind. Mit ihren aufsteigenden Flanken verdecken sie vom Ziel mehr als jedes andere Visier. Robust und verlässlich sind Standvisiere, wie sie in guter Büchsenmacherarbeit an besseren Büchsen zu finden sind. Die bei ihnen meistens verwendete Schwalbenschwanzaufnahme ist nicht nur sichere Befestigung, sondern dient auch dem seitlichen Verschieben des Visiers. Mit einer Balken- oder U-Kimme und mit einem auswechselbaren und verstellbaren Balkenkorn stellt die Standvisierung – nach dem auch »geschlossene Visierung« genannten, für Jagdwaffen nur selten verwendeten Diopter – sicher das Optimum für den gezielten Schuss auf stehende Ziele dar.

Für Drückjagdwaffen gibt es ähnlich robuste Fluchtvisiere die wegen der abfallenden Flanken und der teilweise markanten Farbgebung besonders gut zum Flüchtigschießen geeignet sind. Ähnlich tauglich sind manche der »Drückjagdschienen«.

Jeder Jäger muss sich über die Treffpunktlage seiner Waffe mit offener Visierung im klaren sein. Braucht man sie im Notfall, so ist bestimmt keine Zeit für Probeschüsse. Das Einschießen der mechanischen Visierung wird erleichtert durch die Seitenrichtfähigkeit der Kimme und die Austauschbarkeit von Kornen verschiedener Höhe, was Feilarbeit erspart.

**Unterdimensionierte Befestigungen**

**Klappen sind grundsätzlich untauglich**

**Unsinnig, da zuviel vom Ziel verdeckend sind alle Arten von Schmetterlingsvisieren.**

**Robust: Standvisier und Balkenkorn**

**Sehr gut: Fluchtvisiere mit abfallenden Flanken**

**Offene Visierung selbst justieren**

Normalerweise sind neue Büchsen werksseitig zumindest »auf Stange« gerichtet. Falls der Jäger die offene Visierung selbst einschießen will, können folgende Hinweise hilfreich sein:
- Linksschuss beseitigt man mit dem Verschieben der Kimme nach rechts.
- Tiefschuss beseitigt man durch Absenken des Korns. Ist das Korn nicht verstell- oder austauschbar, so muss die Kimme niedergefeilt werden. Nach dem Verschieben des Visiers ist dieses mit einem scharfen Meißel zu verkörnen.

# Fehlschüsse und deren Ursachen beim Büchsenschuss

**»Mucken«**

Nicht alle Ursachen für Fehlschüsse lassen sich klar ansprechen, aber doch sehr viele. Auf die jagdliche Praxis bezogen kommen vor allem Schützenfehler in Frage. Die meisten Fehlschüsse werden »vermuckt«. Mucken ist die unmittelbare Reaktion auf die Angst vor dem Schuss bzw. vor dessen Nebenwirkungen Knall, Mündungsfeuer und Rückstoß und äußert sich im Extremfall durch Schließen der Augen und Durchreißen des Abzugs. Besonders der längst antiquierte Stecherabzug verführt zum Mucken, weswegen man – wo immer vom Schlosstyp möglich – auf Direktabzug umstellen sollte. Nur die richtige Abzugstechnik und die passende »mental«-positive Einstellung zur Waffe und zum Schuss kann das leidige Mucken kurieren.

**Auf Direktabzug umstellen**

Selbstverständlich müssen zur Vermeidung von Fehlschüssen alle waffentechnischen Details »passen« wie Waffengewicht, Schaftmaße, Schaftform, Anschlag, Abzugseinstellung, Optik, Montage usw. und natürlich muss auch die Munition verwendet werden, mit der das Gewehr eingeschossen wurde (Einschließlaborierung). Dabei genügt es keinesfalls, lediglich das gleiche Geschossgewicht zu verwenden: es muss auch die gleiche Laborierung und sogar die gleiche Fertigung sein.

**Nur Patronen mit gleichem Fertigungszeichen garantieren gleiche Leistung und TPL**

Das Fertigungszeichen (FZ) ist auf der jeweils kleinsten Verpackungseinheit aufgedruckt. Im Zusammenhang mit der Präzision ist darauf zu achten, dass die Geschossspitzen nicht beschädigt sind. Stauchungen und besonders einseitige Verdrückungen können ziemliche Abweichungen nach sich ziehen, auch wenn bei modernen Magazinkonstruktionen – mit Schulteranlage – dieser Mangel abgestellt wurde.

**Waffe regelmäßig inspizieren (lassen)**

Regelmäßige Überprüfungen von Zielfernrohr und Montage, mindestens einmal im Jagdjahr und mindestens vor jeder Jagdreise, schützen vor weiteren Überraschungen.

Was Trefferabweichungen durch Fremdkörper im Lauf betrifft, wobei auch der Ölschuss und Metallablagerungen im Lauf durch Geschossabrieb gemeint sind, ist im entsprechenden Kapitel nachzulesen. Laufablagerungen werden meist nicht als Verursacher schlechter Präzision erkannt.

**»Ölschuss«**

Lockere oder zu stark oder nicht gleichmäßig angezogene, somit Verspannungen hervorrufende Systemschrauben, sowie ein durch Witterungseinflüsse verzogener Schaft oder ein am Lauf anliegender und so dessen freie Schwingungen verhindernder Vorderschaft sind weitere Mängel, die zu sogenannten »ungeklärten Fehlschüssen« führen können. Manchmal treten diese Mängel nicht regelmäßig, sondern witterungs- oder jahreszeitlich bedingt auf, was die Ursachenforschung erschwert. So kann eine Waffe nach großer Feuchtigkeitseinwirkung plötzlich eine andere Treffpunktlage haben, um nach Normalisierung der Witterung wieder »wie immer« zu schießen.

**Verspannungen beachten bzw. vermeiden**

Die richtige Anschlagsart und Auflage will ebenfalls beachtet sein und natürlich ist eine genaue Kenntnis der Anatomie des Wildes und der außenballistischen Gegebenheiten – Flugbahnkurve mit GEE und Seitenwindempfindlichkeit – wichtig für die Wahl des richtigen Haltepunktes, z. B. auch beim Winkelschuss.

**Winkelschuss: »Bergauf und bergrunter, halt immer drunter.«**

# Flintenschießen

Abgesehen von gelegentlichen Schüssen auf sitzendes oder stehendes Wild handelt es sich beim Schuss mit der Flinte um ein dynamisches Bewegungsschießen, bei dem es viel mehr als beim statischen Büchsenschuss um den Einsatz des gesamten Körpers geht. Sehr wichtig ist dabei die Körperhaltung, besonders die Fußstellung, bzw. die Fußarbeit. Gerade hier wird zu viel falsch gemacht. Eine zu breite Beinstellung – über Schulterbreite – schränkt die Bewegungsfreiheit beim Schwingen ein;

**Häufige Fehler: zu breite Beinstellung**

**Auch wenn die Haltung noch nicht perfekt ist: Flintenschützen müssen unter erfahrener Anleitung jung beginnen!**

**Das zielnahe Bein wird stärker belastet.**

das zu weite Vorstellen eines Beines setzt automatisch die andere Schulter zurück. Der Hauptfehler besteht aber darin, den Schuss durch »Ziehen« am Abzug auszulösen, anstatt durch ein Zusammenspiel zwischen dem sich verstärkenden Druck der Fingerbeere des Schießfingers auf den Abzug zusammen mit dem Vorbringen der Schießschulter.
Conny Wirnhier spricht auch in diesem Zusammenhang vom »mit der Waffe nach dem Ziel greifen« und Edward H. Owen sagt noch drastischer »... steck die Mündung in das Ziel!«. Im Moment des Abdrückens (dieses Wort ist viel treffender als »Abziehen«) beschreibt die Schulter mit der Waffe und somit der ganze Körper eine Bewegung nach vorne, denn nur so lässt sich die Schussauslösung harmonisch in das unbedingt nötige Mitschwingen integrieren. Vor dem Aufnehmen des Ziels und dem Mitschwingvorgang sind die Beine gleichmäßig belastet, jedoch trägt beim Vorschwingen, im Moment der Schussabgabe und beim Nachschwingen das zielnahe Bein das

hauptsächliche Körpergewicht. Dabei darf dieses Bein – beim Rechtsschützen des linke – niemals durchgedrückt sein: »Knie vor!« heißt die Zauberformel.

Die Hälfte aller Flintenschießfehler wird bereits gemacht, bevor die Waffe überhaupt an der Schulter ist! Dazu gehört der falsche Einsatz des (beim Rechtsschützen) linken Arms. Das ist der Führarm, mit dem die Richtbewegungen des Körpers weitergegeben werden. Insofern dürfen Führarm und Führhand niemals alleine agieren, sondern immer nur als Bestandteil der Körperbewegung. Das Anschlagen (Auffahren, Anbacken) nach der visuellen Erfassung des Ziels muss eine einzige, flüssige Bewegung sein und hat sofort nach der Zielaufnahme in das Mit- und Vorschwingen überzugehen. Der Schuss bricht in dem Moment, wo die Zielgeschwindigkeit und die Zielrichtung erkannt sind. Jedes »Nachkorrigieren« verdirbt den Schuss, weswegen nicht zu früh angeschlagen werden sollte. Der Treffer ergibt sich zwangsläufig, wenn während und nach der Schussabgabe durch- und zielangepasst weitergeschwungen wird. Nicht der Schuss beendet den Bewegungsablauf, sondern das Nachschwingen!

Das »Geheimnis« des Flintenschusses ist also weder »das Vorhalten« (wer auf einen imaginären Luftfleck vor dem Ziel »vorhalten« muss, wird sich meist verrechnen), noch das »Zielen« (wer auf sich bewegendes Wild »zielt«, wird um Meter hinten vorbeischießen), sondern das Durch-, Vor- und Weiterschwingen wobei der Blick auf das Ziel gerichtet bleibt, vorzugsweise auf dessen Kopf. Weder die Schiene noch das Korn dürfen bewusst gesehen werden, wenn der Schuss bricht.

Beim breit flüchtenden Fuchs muss der Blick ganz vorne auf den Fang gerichtet sein: Wegen des großen optischen Volumens der Lunte wird der visuelle Schwerpunkt dieser begehrenswerten Beute allzuleicht nach hinten verlegt. Ähnlich ist es bei langstoßigen Vögeln. Auch hier muss der vordere Teil des Kopfes, also die Schnabelspitze, zum Bezugspunkt genommen werden. Hier noch ein Tipp für den Schuss auf die hoch im Baum sitzende Taube: Immer auf die Ständer halten.

Ganz allgemein wird bewegtes Wild zuviel hinten vorbei geschossen. Anfängern – und ebenso manchen wegen mangelnder Praxis sich in einem Formtief befindlichen Alten Hasen – ist daher oft mit dem Rat geholfen, dass sie versuchen sollen, das Ziel vorne vorbeizuschießen.

»Knie vor!«

Der Führarm schießt mit!

Nicht zu früh Anbacken.

Optische Täuschung

Und wenn's gar nicht mehr klappen sollte: Versuchen, »vorne vorbei« zu schießen!

Die Sichtbarkeit bestimmter Körperteile der Beute dient zur Unterstützung der Entfernungsschätzung: Die Schussentfernung ist meist dann richtig, wenn man den Ring der Ringeltaube sieht oder wenn die Augen des aufstehenden Rebhuhns oder die Farben des Fasans erkennbar sind. Natürlich sind solche Faustregeln immer nur als grober Anhaltspunkt zu betrachten und hängen vom eigenen Sehvermögen ab. Bei Fasanen wird die Entfernung häufig überschätzt, in Wirklichkeit streichen selbst häufig getriebene Fasane selten höher als 25 m und sind deshalb noch gut im Bereich der für solche Schüsse idealen 2,75 mm oder 3 mm-Schrote.

*Kein »Herumstochern«*

Anstreichende Fasane, besonders im Bukett, versetzen unerfahrene Schützen gerne in Panik: Dem Herumstochern (der unentschlossenen Zielaufnahme) kann man einfach dadurch begegnen, indem man einen Fasan aus dem Bukett mit dem (gedachten) Wunsch »Auch Du wirst in der Pfanne enden!« aufnimmt und etwa bei »Pfanne« abdrückt. Das führt in den meisten Fällen zu einem wunderschönen Überkopfschuss, den man sich vorher nicht zugetraut hätte.

*Mit entsprechendem Schießtraining fühlt man sich viel sicherer, sei es auf Flugwild ...*

Weit unterschätzt werden dagegen die Entfernungen von Wasserwild, sowie von Hase und Fuchs. Bei letzteren hängt dies mit der Körpergröße zusammen. Schließlich erscheint selbst ein schwacher Hase auf 50 m immer noch doppelt so groß wie ein Kaninchen auf 35 m. Ein 70-m-Fuchs, zumal im trockenen Balg eines schönen Wintertages, stellt für viele Schützen eine so begehrenswerte Beute dar, dass sie den Schuss nicht zurückhalten können. Das falsche Vertrauen in zu grobe Schrote – und sträflich übertreibende Werbesprüche – richtet zusätzlichen Schaden an!
Sowohl für den Hasen als auch für den Fuchs gilt die einfache Regel, dass man sie nicht mit Schrot beschießen sollte, wenn ihre Seher nicht sichtbar sind. Dies schließt auch den balg- und wildbretzerstörenden Schuss auf nahe Entfernung von hinten aus (es sei denn, man setzt den Schuss gut über die Löffel- bzw. Gehörspitzen), wenn der Merksatz auch in erster Linie hinsichtlich der Schussentfernung zu verstehen ist.
Am meisten wird jedoch beim Wasserwild gesündigt, was die Unterschätzung der Entfernung angeht. Dies hängt mit vielerlei Umständen zusammen (Fehlen markanter Geländepunkte,

... oder auf **Karnickel**

**Falsches Vertrauen in grobe Schrote verführt zur Weitschießerei.**

»Das Auge sehen«

große Unterschiede in der Wildgröße, ungünstige Lichtverhältnisse, oft lange Wartezeiten am Stand usw.) und wird durch das unberechtigte Vertrauen in die nicht vorhandenen Vorteile viel zu grober Schrote noch verstärkt. Hier hilft nur äußerste Disziplin.

*Disziplin beim Schuss auf Wasserwild*

Der Zielfernrohrschuss mit der kombinierten Waffe auf Fuchs und Hase birgt Gefahren hinsichtlich der Überschreitung der Schussentfernung, weil die Optik das Ziel noch vergrößert. Gewissenhafte Jäger markieren sich deswegen vor dem Ansitz die höchstmögliche Schussentfernung von 35 m.

*Maximale Schussentfernung markieren*

Anzusprechen wäre noch, dass sich die Waffenhaltung beim Schuss auf Flug- oder Luftziele geringfügig unterscheidet: Während bei der Flugwildjagd die Waffe von der Führhand ziemlich weit vorne gefasst wird, sollte diese beim Schuss auf Erdziele etwas weiter hinten liegen. Zugleich ist beim Erdzielschießen die Schießschulter höher zu bringen, was man durch leichtes Anheben des Ellbogens machen kann. Wichtig für den Erfolg ist auch das richtige Verhalten auf dem Stand bzw. generell auf der Niederwildjagd: Wer nervös nach rechts und links zu den Nachbarn schaut, deren Erfolge oder Misserfolge registriert und kommentiert, wird kaum gut schießen. Ebenso ist das abzulegen, was man sich selbst als »Erfolgszwang« auferlegt: Z. B. nicht an die zwei Hasen zu denken, welche man dem Jagdvorsteheher versprach oder auch nicht an das, was man seinem angeblichen Ruf als guter Schütze schuldig zu sein glaubt. Der gute Flintenschütze steht völlig entspannt, mit der Waffe in der Armbeuge, locker auf beiden Füßen. Die Augen sind nach vorne ins »Leere« gerichtet, weil man durch dieses indirekte Sehen das ganze Gesichtsfeld überwachen und deshalb besser reagieren kann. Reagieren heißt aber nicht unbedingt schneller sein als andere: Der gute Flintenschütze schlägt erst unmittelbar vor dem Beginn des Mitschwingens an.

*Schießschulter heben*

*»Erfolgszwang« ablegen*

*Angemessen, nicht hastig reagieren.*

Nach dem Schuss wird nachgeladen (wenn man die Patronen in der Tasche kräftig schüttelt, »stehen« sie alle griffgerecht mit dem Rand nach oben), die Flinte wieder in die Armbeuge gesteckt und das Gelände weiterbeobachtet. Zwischen den Treiben ist die Waffe immer zu entladen und gebrochen zu führen.

# WELTWEIT AKTIV

*Die Jagd stellt je nach Kontinent die unterschiedlichsten Anforderungen an den Jäger und seine Ausrüstung. Was die Waffe betrifft, hat sie eine universelle Technik gefunden.*

R 93 Safari:
Kal. .375 H+H oder
.416 Remington Mag.
Weitere Informationen im neuen Blaser Gesamtkatalog, im Blaser Fachhandel oder auf Anfrage bei Blaser Jagdwaffen, D-88316 Isny
www.blaser.de
e-mail: info@blaser.de

Die Blaser Repetierbüchse R 93 wird weltweit universell eingesetzt. Auf der Großwildjagd demonstriert sie in der Ausführung »Safari« das ganze Ausmaß ihres Könnens.

Die Schnelligkeit, mit der die R 93 bedient werden kann, die Präzision, mit der sie schießt, der Komfort und die Vielseitigkeit, die sie bietet, sind unübertroffen.

# Blaser

# Messer für die Jagd

## Jagdmesser

**Mehr Werkzeug als Waffe**

Zwar wird das Jagdmesser gelegentlich noch unter dem Begriff »Waffe« geführt, doch ist es längst keine Waffe mehr. Messer gehören einfach zum Handwerkszeug des Jägers. Sie sind also viel mehr Werkzeug als Waffe, was nicht ausschließt, dass Messer nicht teuer ausgestattet sein dürfen. Dabei bedeutet »teuer ausgestattet« bei weitem nicht nur aufwendig graviert oder mit Edelmetallen aufgewertet – das gibt es seit der Antike – sondern diese teuer ausgestatteten und oft von einem spezialisierten Messermacher stammenden Unikate tun sich hervor

**Unikate vom Messermacher**

durch ihre , wertvollen, manchmal schwer bearbeitbaren Werkstoffe. Wenn gerade von »glänzen« die Rede war: Es ist nicht alles Gold was glänzt und so gibt es neben guten und deswegen teuren Messern leider auch solche, die nur teuer und für den praktischen Gebrauch so gut wie wertlos sind. Trotzdem: Die Anfang der 80er des 20. Jahrhunderts aufkommende »Messermacherszene« belebte mit ihren Ideen und Idealen die gesamte konservative Messerindustrie.

Zahlreiche Messermacher betätigen sich als Designer bei etablierten Herstellern. Wertvolle Impulse, wie die Favorisierung besonderer Konstruktionen – etwa das Integralmesser oder Schließmechanismen wie das »Liner Lock« – oder bestimmte Materialien – etwa Damaststahl für die Klingen gingen zweifellos von den Messermachern aus. War in Solingen Ende der sechziger Jahre der Werkstoff DIN 1.4034 noch Standard, so ging man zu geeigneteren Klingenstählen wie 440 C über, welche von guten Messermachern wie Becker, Borger, Faust, Herbst oder Koob schon lange verwendet worden waren. Um etwa die gleiche Zeit gelang mit Manfred Sachse die Wiedergeburt des Damaszenerstahles; Richard Hehn und Friedrich Schneider kamen mit dem rostfreien Damast. Diese Werkstoffe standen später auch in (teuren) Serienmessern zur Verfügung. Dasselbe gilt für die heute nahezu Standard darstellenden pulvermetallurgischen Stähle (z. B. CPMT 440 V) oder weitere von Dietmar Kressler oder H. P. Klötzli verwendete Sorten, die vorher als »industriell nicht kostengünstig verarbeitbar« angesehen wurden. Die meisten deutschsprachigen Messermacher sind in der 1986 gegründeten Deutschen Messermachergilde zusammengeschlossen.

Wer sich für besondere, handgefertigte Jagdmesser von Mitgliedern der DMG interessiert, kann sich an folgende Adresse wenden: Franz Becker, Bruckbergstraße 23, 84533 Marktl/ Inn. Parallel zur zahlenmäßigen Relation zwischen der heute ebenfalls auf einem hohen Niveau befindlichen Industrieware – auch hierbei handelt es sich zumindest bei den besseren Stücken quasi um Unikate und keineswegs um seelenlose Resultate aus der Automatenfertigung – und den Einzelstücken der Messermacher sollte letzteren nicht mehr Bedeutung zugemessen werden als ihnen zusteht. Doch ist der kunsthandwerkliche und konstruktionspraktische Einfluss der Messermacher auf die – auch wegen dieses Einflusses heute gar nicht mehr so konservativ agierende – Messerindustrie unverkennbar.

Der Jäger wird heute von der Messerindustrie so gut bedient wie noch niemals zuvor in der Geschichte des »Werkzeugs Messer«. Wer jedoch ein höchst individuelles Messer haben will, wird sich der »Einrichtung Messermacher« genau so bedienen, wie ein Waffenliebhaber, der seinen favorisierten Büchsenmacher, Schäfter und Graveur mit einer speziellen Aufgabe für ein ganz individuell gebautes Gewehr betraut.

**Neue Designs, Materialien und Konstruktionen**

**Damast: zwischen Nostalgie und Moderne**

**Pulvermetallurgische Stähle**

**Industrieware auf hohem Niveau**

**Der Jäger hatte noch nie soviel Spitzenmesser zur Auswahl**

**Meistens Nicker oder Kombimesser**

Konstruktionsbezogen unterscheidet man bei Jagdmessern die Schließmesser und die Messer mit feststehender Klinge. Während früher die einfachen Nicker – oder Gnicker (was vom Genickfang kommt) – üblich waren, kamen später die mit vielerlei nützlichen oder unnützen Ergänzungswerkzeugen (Säge, Aufbrechklinge, Federwildhaken) ausgestatteten, oft viel zu voluminösen Schließ- oder Klappmesser. Abgesehen von den praktischen, aus einer Kombizange samt zahlreichen Zusatzklingen und Werkzeugen bestehenden, immer mehr in Jägerhänden anzutreffenden »Tools« wie denen von Leatherman und Victorinox – die ja nichts anderes sind als die Fortentwicklung des berühmten Universal-Schweizermessers – ist man wieder beim einklingigen Jagdmesser angelangt, sei es in den vielen Ausführungen als Schließmesser oder mit feststehender Klinge. Man scheut sich mittlerweile auch nicht, das Messer (oder Tool) offen am Gürtel zu tragen – wie in anderen Ländern traditionsgemäß üblich. Klappmesser befinden sich dabei in einer Gürteltasche aus Leder oder Stoff, Messer mit feststehender Klinge meist in einer Köcherscheide. Von den Alpenländern aus hat sich die in der Jagdhose eingenähte Nickertasche verbreitet. Es ist eine der besten Methoden, nicht zu große Jagdmesser immer am Mann zu haben. Die Nickertasche muss nur lang genug sein, nicht absichtlich knapp bemessen wie die der Trachtenhose, wo ja der verzierte Hirschhorngriff des Trachtenmessers gut zur Wirkung kommen soll. Anwendungsbezogen müssen Jagdmesser – abgesehen von Sonderausführungen wie die historischen Formen Waidblatt, Praxe oder Hirschfänger – zwei Grundaufgaben erfüllen können. Zum einen das Aufbrechen – die »Rote Arbeit« gleich nach dem Erlegen –, zum anderen das Zerwirken, womit die weitergehende Verwertung des Wildes in der Kühlkammer gemeint ist.

**Gute Jagdmesser müssen keineswegs nur grüne Griffschalen oder solche aus Hirschhorn haben!**

**Für Aufbrechen und Zerwirken**

Für das Zerwirken kommen heute zu Recht alle möglichen geeigneten Werkzeuge zur Anwendung, bis zum reinen Metzgerwerkzeug einschließlich elektrischer Knochensäge. Diesen Hilfsmitteln ist schon wegen der wildbrethygienischen Bestimmungen unbedingt das Wort zu reden. Nur am Rande sei daher erwähnt, dass der Verfasser Anfang der sechziger Jahre noch lernen musste, erlegtes Rotwild ausschließlich mit dem Nicker zu versorgen – ohne jedes andere Hilfsmittel – und zwar vom Aufbrechen bis zum fertigen Bratenstück einschließlich der zum Gerben zugerichteten Decke und einschließlich dem Öffnen des Schädels und der Röhrenknochen, um an Hirn und Mark zu kommen. Der Gebrauch nicht »traditionsgerechter« Werkzeuge wie Säge oder Zerwirkzange (z. B. zum leichteren Trennen der Rippen – auch dies geschah nur mit dem Nicker!) stand gar nicht zur Diskussion. Immerhin beweist die Erfahrung, dass man alle genannten Arbeiten mit nur der Messerklinge bewerkstelligen kann – wenn auch nicht mehr können muss. Welches Messer oder welcher Klingentyp für welche Arbeit geeignet ist, wird jeder Jäger nach entsprechender Übung selbst herausfinden. »Großes Wild – Große Klingen« gilt nicht immer, aber überlange Klingen sind nur in Sonderfällen nötig, etwa wenn schweres Wild auf der Auslandsjagd im Busch zerwirkt. Für solche Jagden empfiehlt sich die Mitnahme von zwei Messern, genauso, wenn im Jagdlager viel abgebalgt werden muss. Aufbrechen und Abhäuten kann man zwar mit dem gleichen Messer, aber normalerweise nimmt der Fachmann dazu zwei verschiedene Klingen. Man braucht nur dem Metzger oder dem Präparator auf die Finger zu sehen. Der Anfänger kauft immer zu dicke Klingen, in der Meinung, er habe dann etwas besonders »stabiles«. Leider sind die meisten handelsüblichen Jagdmesser-

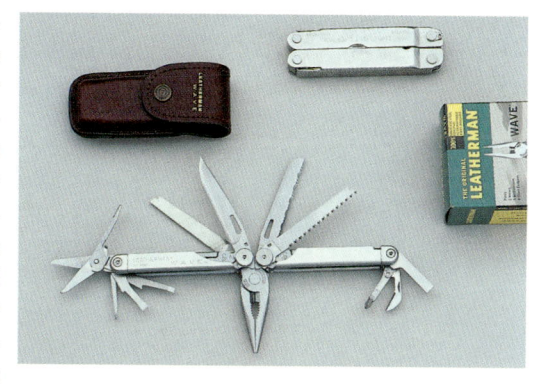

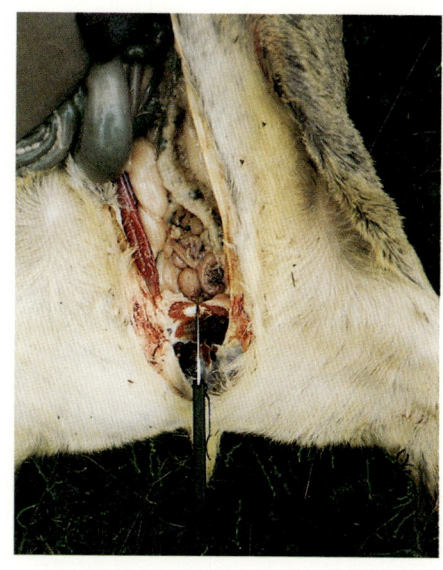

**Tools: als Weiterentwicklung des Schweizermessers nicht mehr wegzudenken**

**Mit der richtigen Klinge (sie darf nicht zu rückenstark sein) kann jedes Schloss geöffnet werden**

**Fast alle großen Messer haben zu dicke Klingen**

klingen zu rückenstark, so dass sie weder zum Öffnen des Schlosses geeignet sind, noch dazu, ein gleichmäßig dünnes Rädchen von der Hartwurstabzuschneiden. Und letzteres ist wohl das mindeste, was man von einem Jagdmesser verlangen muss.

# Klingen müssen scharf sein

**Stumpfe Klingen sind wertlos – und gefährlich!**

**Bloß nicht mit dem schnell laufenden Schleifstein**

**Ölsteine**

**Auf den Schärfwinkel kommt es an**

Ein stumpfes Messer kann schlechter sein als gar keines und dazu gefährlicher als ein scharfes: Man muss Gewalt anwenden, rutscht ab und verletzt sich eher als mit einem Werkzeug, dessen Schärfe bekannt ist und respektiert wird. Die früher verwendeten, meist stark rostenden Kohlenstoffstähle waren weniger hart und deshalb auf dem oft »Metzgerstahl« genannten, mit rundem oder ovalem Querschnitt gängigen Messerstahl mit wenigen Strichen scharfzuhalten. Die danach kommenden härteren, durch ihren höheren Chromanteil besser rostgeschützten Stähle stellten ihre Benützer bei der Instandhaltung vor größere Probleme, denn der Metzgerstahl zeigte praktisch keine Wirkung, der kalte Wasserschleifstein war aus der Mode gekommen und die schnelllaufende Korundscheibe ist »Gift« für gute Klingen.

Nur zögerlich nahmen Handel und Verbraucher die nachrückenden modernen Geräte an. Pioniere auf diesem Gebiet waren wohl die aufgeblockten Ölschleifsteine vom Typ Arkansas, später dann die Kombinationen aus solchen Steinen im Zusammenhang mit Vorrichtungen zur Einhaltung des »richtigen«, reproduzierbar gleichbleibenden Schärfwinkels (Beispiel Lansky Schärfset). Ceramicstäbe und diamantbesetzte Schärfgeräte aller möglicher Formen von Block bis Stick folgten. Heute unterscheiden wir vom Schleifmedium her nach Stein, Ceramic und Diamant. Davon besitzt der Stein vor allem in den schärfwinkelorientierten Ölsteingeräten immer noch einen großen Marktanteil, wird aber wohl von den Ceramic-Sticks und besonders von den diamantbesetzten Geräten stark bedrängt. Stehen am unteren Ende der Schärfgeräte mit diamantbesetzten Werkzeugen einfache Flach- oder Rundfeilen bzw. einfache V-Geräte, sowie weiter oben die beliebten, auf einem Holzblock V-förmig angeordneten und somit den Schärfwinkel unveränderlich vorgebenden Sticks, so finden wir im teuren Bereich die teilweise selbstantreibenden, halbprofessionellen oder professionellen Scheibenschleifer. Ob man überhaupt Hand an die Klinge legt oder die Scharfmacherei einem Profi überlässt bzw. für welches Schleifmedium und für welche Methode man sich entscheidet, hängt nicht nur vom Geldbeutel sondern auch vom handwerklichen Geschick des Messerbesitzers ab. Wichtig ist nur, dass das Klingenmaterial, das Schärfmedium und die Schärfmethode aufeinander abgestimmt sein müssen, sonst wird man keine große Freude an einem Messer haben, unabhängig wie teuer es war.

*Doppelscheibenschleifer sind nicht billig, aber eine nützliche Anschaffung*

Die immer mehr aufkommenden Klingen mit Wellenschliff sind zwar gebrauchstüchtig und strapazierfähig, können aber ein erhebliches Problem hinsichtlich der Schärfe darstellen. Ihre Instandhaltung erfolgt mit runden, dem Wellenradius angepassten Diamant- oder Ceramic-Stäben, sofern man keinen der speziellen Scheibenschleifer zur Verfügung hat. Die auch in Jägerhaushalten immer mehr benützten Messer mit supermodernen Klingen aus Titanium oder Ceramic halten ihre Schärfe unter normalen Umständen ein ganzes Messerleben lang. Bei Missbrauch werden sie stumpf und können nur mit speziellen diamantbesetzten Geräten instandgesetzt werden. Hersteller und Handel halten für diese Sonderfälle einen Schärfservice vor. Zum Schärfen anderer jagdlich benützter Werkzeuge: Die Motorsäge einmal ausgeklammert, ist bei modernen Sägen – ganz gleich ob Bügel-, Astungs- oder Knochensäge – das Schärfen

*Wellenschliff mit Problemen*

*Ceramic-Stäbe*

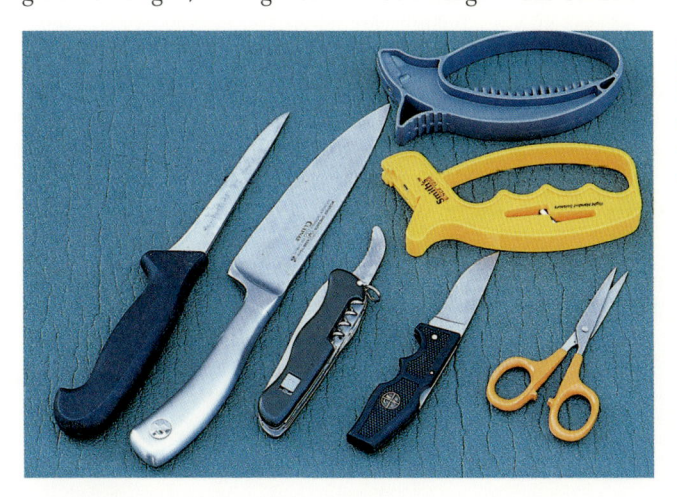

*Alle Klingen im Jägerhaushalt lassen sich leicht mit den preiswerten V-Geräten schärfen*

---

# Faust

## Hangefertigte Jagd- und Sammlermesser
## Messer nach Kundenwunsch

Kirchgasse 10, 95497 Goldkronach
Tel.: +49 9273 64 98, Fax.: +49 9273 9 66 67 5

http://www.faustmesser.de · E-Mail: info@faustmesser.de

---

**Es gibt kaum noch nachschärfbare Sägeblätter**

überhaupt kein Thema mehr, denn das Material ist einfach zu hart zum Schleifen und der Preis für ein Auswechselblatt liegt zumeist weit unter dem Aufwand für das händische Schärfen, ganz abgesehen, dass es kaum noch nachschärfbare Sägeblätter gibt. Axt und Beil dagegen werden nach wie vor aus relativ weichem Stahl gefertigt und das richtige Schärfen einer solchen Schneide ist nicht nur eine Kunst, sondern hängt auch vom Verwendungszweck ab. So muss eine vornehmlich zum Spalten gebrauchte Axt V-förmig, d. h. keilförmig geschliffen sein, während

**Die Schneide von Axt und Beil wird meist »ballig« geschliffen.**

die für spanabhebende Arbeiten beim Hochsitzbau und beim Ausästen von Bäumen benützten Äxte oder Beile »ballig« geschliffen werden müssen. Der daraus resultierende Radius des Ballens verhindert den Rücksprung der Schneide im Holz und das Festbeissen der Schneide. Das Schärfen von Axt und Beil lässt man sich am besten von einem Waldarbeiter beibringen, der dafür den runden, mit zwei unterschiedlichen Körnungen belegten Korundstein benützt – und viel Spucke.

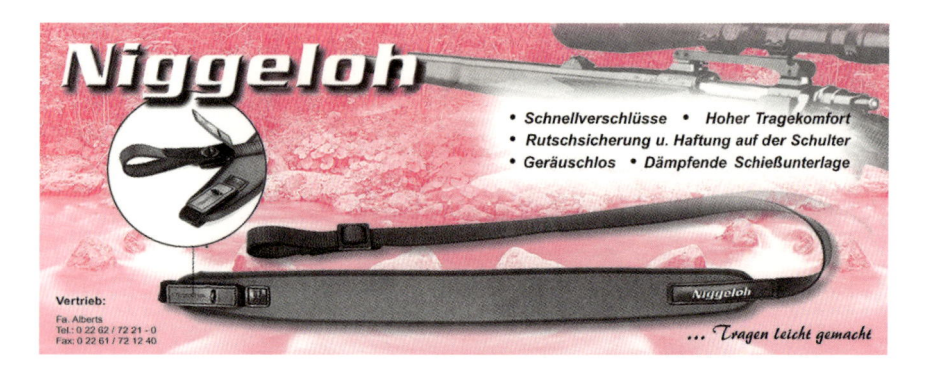

# Tipps für die Jagdreise

## Vorbereitung für die Jagdreise

Es gibt Jagdausflüge, die sich wegen der relativ kurzen Entfernung zum Zielort in fast nichts von einer Fahrt in das heimische Revier unterscheiden, abgesehen von einem Grenzübertritt oder einem kurzen Flug. Wer nach Ungarn zum Schnepfenstrich oder nach Polen zur Bockjagd fährt, braucht zwar Pass, Waffenpapiere und Einladung, aber weder eine spezielle Ausrüstung, noch eine andere als die gewohnte persönliche Vorbereitung. Aber schon die Teilnahme an einer spanischen Monteria mit ihren traditionsgebundenen Gepflogenheiten (die den Gebrauch eines langklingigen Abfangmessers genauso vorsehen wie weite Schüsse auf flüchtiges Wild) oder die Hirschjagd in den grünen Hügeln Irlands (wo nur Patronen des Kalibers 5,6 mm erlaubt sind und schon allein deshalb sicher geschossen werden muss – und das oft noch weit und ohne Anschlagshilfe), fordert die entsprechende Vorbereitung. Wichtig ist also, sich rechtzeitig und umfassend vom Einladenden oder Jagdreisevermittler informieren zu lassen und auch

*Manche Jagdreisen sind nichts anderes als ein längerer Pirschgang.*

*Rechtzeitige Information ist die Gewähr für die richtige Vorbereitung*

**Über die Rechtslage informieren!**

hinsichtlich der Ausrüstung und der persönlichen Vorbereitung entsprechend zu reagieren. Wie peinlich, wenn man zur Elchjagd nach Schweden die kombinierte Waffe wegen der Flintenlaufgeschosse mitgenommen hat, oder 3,5 mm-Patronen für die angekündigte Wasserwildjagd – um dann erst an Ort und Stelle erfahren zu müssen, dass weder das FL-Geschoss auf Elch noch Schrote über 2,5 mm auf Wasserwild erlaubt sind! So etwas muss man vorher erfragen!

**Kombinierte Waffen nutzen das Beutespektrum besser aus.**

Genauso wäre es umgekehrt unklug, z. B. für den Jagdausflug nach Grönland nicht die Kombiwaffe mitzunehmen. Dort gibt es nämlich neben der Pirsch auf Wild-Ren oder Moschusochse noch erstaunlich ergiebige Jagdmöglichkeiten auf Schneehühner, Wasservögel und Polar- bzw. Blaufüchse. Diese unerwartete Artenvielfalt könnte sogar die Mitnahme des Einstecklaufs oder eines Bockdrillings rechtfertigen.

Bei der Kaliberwahl muss man sich als erstes vergewissern, ob und ggf. welche Mindestkaliber im Zielland vorgeschrieben sind.

**Kaliber- und Geschosswahl: Maßstab bleibt das heimische Wild, aber »eine Nummer dicker« schadet nicht.**

Darüber hinaus kann es empfehlenswert sein, ein entweder rasanteres oder ein stärkeres Kaliber – oder beides – oder eine leistungsfähigere Laborierung innerhalb des geführten Kalibers zu wählen, auch wenn man dieselbe Wildart bejagen will wie Zuhause. Es stellt eben doch andere Anforderungen an Waffe und Munition, ob ich im heimischen Revier den Rehbock von stabiler Kanzel auf 80 m beschieße – oder einen »Sibirier« vom Wagen auf 250 m – abgesehen davon, dass der sibirische Rehbock von Gebäude und Körpermasse deutlich über normalem Rehwild steht. Im Grunde kann man auch im Osten den kapitalen Brunfthirsch oder das hauende Schwein mit 7 x 57 R oder .308 Winchester erlegen – und mit der gewohnten Laborierung.

Es ist jedoch zu bedenken – aus Fairness dem Wild gegenüber, aus Rücksicht auf das dortige Jagdpersonal aber auch zum Eigenschutz, nämlich um sich selbst Nachsuchen mit ungewissem Ausgang zu ersparen – dass z. B. ein Keiler in den laubreichen Mittelgebirgen Bulgariens gut und gern 350 kg auf die Waage bringen kann. Deswegen sollte die dicke Pille lieber »eine Nummer größer« gewählt werden.

**Bediengleichheit erleichtert die Umgewöhnung**

Wenn man sich zu einem stärkeren Kaliber entschließen muss, so sollte die Umgewöhnung von der anderen Waffe, dem Zielfernrohr usw. möglichst erleichtert werden. Es bietet sich also an, das gleiche Waffen- und Zielfernrohrmodell oder – wegen der Bediengleichheit – die gleiche Marke in Erwägung zu ziehen. Besonders günstig zu sehen ist in diesem Zusammenhang die Möglichkeit von Wechsellaufbündeln bei Kipplaufwaffen bzw. von Wechselläufen bei Kipplaufbüchsen und Repetierbüchsen.

Leichte Kipplaufbüchsen sind im schweren Gelände und auf der Bergjagd angebracht, wo es auf jedes Gramm ankommt, das der Jäger selbst schleppen muss. Repetierbüchsen sind für Auslandsjagden dort erste Wahl, wo es auf stärkeres Wild geht und mit Folgeschüssen gerechnet werden muss.

Mehrläufige Büchsen sind eine Angelegenheit des schnellen Folgeschusses in dichter Deckung. Bei Vorliegen dickerer Kaliber sind sie für schweres und wehrhaftes Wild besonders geeignet. Früher traute man ihnen freilich keine besondere Eignung für Schüsse auf größere Entfernung zu – was in den meisten jagdlichen Situationen auch nicht notwendig war. Doch hat die Technik der mehrläufigen Kipplaufwaffen in den letzten Jahren rasant aufgeholt, beispielsweise bei den freischwingenden Läufen und damit zusammenhängend bei der Präzision auch beim Warmschießen. Es steht von der Präzision nichts dagegen, beispielsweise eine Bockbüchse, Doppelbüchse oder einen Drilling samt großkalibrigem Einstecklauf bzw. einen der

**Zum Transport zerlegbare Waffen sind von Vorteil**

**Krieghoff Doppelbüchse Classic »Big Five«: Die Jagd auf wehrhaftes Wild bedarf guter Vorbereitung und Beratung.**

**HiTech:
Freischwingende
Läufe**

ebenfalls mit freischwingenden Läufen ausgestatteten Doppelbüchsdrillinge mit auf die Großwildjagd zu nehmen und auch auf größeren Schussdistanzen einzusetzen. Präzision ist keine Frage des Waffentyps mehr.

**Eigene Flinte
mit Vorteilen**

Auf vielen Auslandsjagden lohnt sich die Mitnahme einer Flinte, selbst wenn es hauptsächlich dem Großwild gilt: Manche Jäger hatten im Nachhinein betrachtet genausoviel Freude an der »Kochtopfjagd«, wie an der geführten, reglementierten und unter den Augen des Personals durchgeführten Trophäenjagd. Zwar belastet die Flinte das ohnehin umfangreiche Reisegepäck noch mehr, doch ist das Risiko groß, mit einer geliehenen Flinte nicht zurechtzukommen. Führt man eine kombinierte Waffe, so ist zumindest ein Schrotlauf gleich mit dabei, sehr zur Freude des Schützen und zur Bereicherung des Speisezettels.

**Unbedingt
vorher üben!**

Die schießtechnischen Vorbereitungen für eine Jagdreise hängen von ihrer Art ab. Wer auch im Ausland so jagt wie Zuhause, wird seine Waffe auf dem Schießstand sitzend aufgelegt probeschießen, noch ein paar freihändige, fangschussähnliche Übungsschüsse nachsetzen und einige Schüsse auf den laufenden Keiler abgeben und sich dann gewappnet fühlen. Immer die offene Visierung überprüfen! Werden Abweichungen vom Haltepunkt festgestellt, so ist die offene Visierung unbedingt einzuschießen. Wer meint, sich Abweichungen vom Haltepunkt merken und im Notfallstress dann die richtige Korrektur halten zu können, muss schon ein großer Optimist sein.

**Alle Ladungen
überprüfen**

Ohne Ausnahme sind alle zur Verwendung gedachten Laborierungen vor Reiseantritt zu überprüfen. Dies gilt bei kombinierten Waffen bzw. bei Flinten auch für das Flintenlaufgeschoss und auch für den Schrotlauf. Wer erst auf der tunesischen Saujagd merkt, dass die mitgenommene Brenneke-Laborierung aus diesem Lauf partout nicht gut schießt oder wer erst nach Ankunft im Wolfsrevier feststellen muss, dass die für den engen Lauf des Drillings gedachten 3,7 mm Patronen eine miserable Deckung aufweisen, ist zu spät dran.

**Vor allem mit
der Büchse
vorbereiten!**

Ungewöhnliche Vorkommnisse erfordern ungewöhnliche Maßnahmen, auch in der schützenbezogenen Vorbereitung vor allem beim Kugelschießen (Flintenschießen ist praktisch auf der ganzen Welt gleich). Es gibt kein schlechteres Aushängeschild für ein Land als solche Jäger, die im Umgang mit der Schusswaffe unsicher sind und sich nicht auf andere Verhältnisse einstellen können. Sicher ist man von daheim den ruhigen, beson-

nenen Schuss von der sicheren Kanzelbrüstung gewöhnt und auch im Ausland muss man bedacht sein, unter Ausnützung aller Hilfsmittel einen möglichst guten, sicheren und effektiven Schuss abzugeben. Nur erfordern die landesspezifischen Umstände mehr Flexibilität. Das kann die Forderung des Jagdführers nach einem unüblich weiten Schuss sein, wenn es um Bergwild geht – besonders am letzten Tag der Jagdreise. Oder das Wild ist nur mit schnell hingeworfenen, drückjagdähnlichen Schnappschüssen zu kriegen, was eine Benützung des Stechers ausschließt. Wie überhaupt der Stecherabzug und die mit ihm verbundenen eminenten Nachteile viel an Negativem zum an sich guten Ruf des deutschsprachigen Jägers beisteuert!
Im Afrika-Dornbusch oder im Erlenverhau alaskanischer Flüsse werden sich kaum andere Möglichkeiten bieten, als stehend oder kniend freihändig oder vielleicht sitzend am Gewehr des Führers angestrichen zu schießen. Wer kapitale Kegelrobben an Norwegens Küste erbeuten will, muss wissen, wie man das Auf und Ab der See und damit des Ziels kompensiert. Und wer nicht weiss, um wieviel er bei einem Winkelschuss von 80 Grad bei welcher Entfernung unter das Ziel halten muss, um das begehrte Wildschaf zu bekommen, der hat auf der Bergjagd nichts

**Der spanische Steinbock kommt mit der auch im heimischen Revier geführten Waffe zur Strecke.**

**Negativ: Der Stecher**

**Einschlägiges Spezialwissen ist gefragt.**

zu suchen. Jagdreisen sollen den Jäger mit den Gegebenheiten und Gepflogenheiten des dortigen Jagdbetriebes vertraut machen, und schließlich zum Erfolg führen. Mangelnde Vorbereitung bedeutet nicht nur umsonst ausgegebenes Geld; darüber hinaus wird man auch schuldig, wenn wegen mangelnden Trainings die saubere Jagdausübung leiden muss.

*Körperliche Kondition muss passen*

Wer sich optimal vorbereiten will, sollte auch unter der Belastung eines gepackten Rucksackes schießen üben, ganz zu schweigen von der nötigen Verbesserung der allgemeinen körperlichen Kondition.

Das Training muss nicht in Qualen ausarten, aber vor einer Wildnisjagd sollte man viel laufen, keine Aufzüge benützen und ein paar Pfunde abspecken. Für den Nichtreiter gehört das Absolvieren einiger Reitstunden zum Vorbereitungsprogramm, wenn z. B. in Nordamerika oder in China vom Pferd aus gejagt werden soll. Zwar stellen die meisten Bergponys und der Westernsattel keine Anforderungen, doch hilft ein vorhergehendes Training demjenigen sehr, der zum ersten Mal im Leben auf einem Gaul sitzt und nach stundenlangem Geländeritt – mit entsprechend weichen Knien – auch noch sauber schießen soll.

*Besser nicht das erste Mal auf einem Pferd sitzen.*

Ausreichend genaue Kenntnis der Umstände einer geplanten Auslandsjagd sind also die Grundlagen für ein gewissenhaftes Training unter »simulierten« Bedingungen. Dabei ist körperliches Training auf jeden Fall nötig; dem schießtechnischen Training muss großes Augenmerk geschenkt werden. Sich mit dem »Handwerkszeug Waffe« zu befassen führt – durch mehr Vertrauen in Büchse und Flinte – zu einer besseren Schussleistung. Dies dient so nicht nur dem eigenen Erfolg, sondern letztlich dem gesamten Waidwerk. Schließlich sind auf der Auslandsjagd die gleichen, hohen Anforderungen an jagdliche Fairness dem Wild gegenüber anzusetzen wie im heimischen Revier.

*Gleicher Anspruch auf Fairness*

# Richtig packen für die Jagdflugreise

Bei einer (Auslands)Jagdfahrt mit dem Auto ist Menge und Art der mitgenommenen Ausrüstung nur durch die Transportkapazität des (Jagd)Wagens sowie durch etwaige zollrechtliche Be-

*Zollrecht*

stimmungen eingeschränkt. Anders bei Jagdflugreisen: hier gilt es mit dem Gepäck maßzuhalten und zwar nicht nur hinsichtlich der Stückzahl, sondern auch beim Gewicht. Dabei werden folgende Einteilungen gemacht:

- Wir unterscheiden Charterflüge und Linienflüge, wobei der Jäger aus triftigen Gründen wohl eher den etwas teureren, aber organisationssicheren und oft »waffenfreundlicheren« Linienflug wählen wird. Aber keine Regel ohne Ausnahme: Anchorage/Alaska zum Beispiel wird günstig von Charterfliegern bedient und viele zufriedene Jäger profitieren davon.
- Vom Jäger in die Fluggastkabine, d. h. an Bord mitgenommenes Gepäck darf gewisse Rahmenmaße und Gewichtsgrenzen (zumeist 8 kg) nicht überschreiten. Die Details schwanken von Airline zu Airline und hängen auch von der Kapazität des Luftfahrzeugs ab: kleine Anschlussflieger haben i. d. R. winzige oder gar keine individuellen Gepäckfächer und kaum oder gar keinen Platz unter den Sitzen. Als Anhalt für ein »gerade noch« zulässiges Handgepäck kann ein mittelgroßer Tourenrucksack angenommen werden. Berechtigte sachliche Beschränkungen verbieten die Mitnahme von »gefährlichen« Gegenständen im Bordgepäck. Beim Jäger trifft dies vor allem zu auf Munition, Messer, Gaskartuschen, Wasserstoffsuperoxyd oder andere Knochenbleichmittel sowie u. a. auf Feuerzeugbenzin. Auch »wesentliche Waffenteile« dürfen nicht in die Kabine, deshalb keinesfalls den Waffenverschluss z. B. die Kammer der Repetierbüchse und auch nicht den Vorderschaft der Kipplaufwaffe in das Bordgepäck legen, wie das von »Experten« manchmal geraten wird. Das Zielfernrohr und andere fernoptische Geräte dürfen jedoch hinein. Als Bordgepäck nimmt man zweckmäßigerweise den auf vielen Jagden sowieso benötigten Rucksack. Eine Reisetasche in der vorgeschriebenen Größe tut es auch; die Tasche sollte einen Schultertragegurt haben, weil man ja mit den zwei anderen Gepäckstücken bereits »alle Hände« voll zu tun hat.
- Das Bordgepäck enthält wertvolle und wichtige persönliche Gegenstände wie Medikamente und Waschzeug sowie eine Garnitur Bekleidung, falls das Hauptgepäck nicht oder verzögert ankommt. Manche Linienfluggesellschaften und die meisten Reiseversicherungen zahlen bei über Nacht verspätet ausgeliefertem Gepäck einen angemessenen Betrag für

**Beim Gepäckgewicht maßhalten**

**Linienflüge meistens »jägerfreundlicher«**

**Alles dasselbe: Handgepäck, Bordgepäck, Kabinengepäck**

**Das Mitführen »gefährlicher« Gegenstände ist nicht gestattet.**

**Wichtige Sachen in's Handgepäck**

ersatzweise am Zielort angeschafftes Nachtzeug, sowie Wäsche und Toilettenartikel. Dazu muss man am Ankunftsort von der Airline eine Bestätigung über das nicht ausgelieferte Gepäck einfordern und später die Rechnungen zur Bezahlung vorlegen.

**Munition bis ca. 5 kg**

- Alle anderen Gepäckstücke, die nicht Bordgepäck sind, d. h. große und schwere, sowie Waffen und Munition enthaltende Behältnisse müssen im Frachtraum des Fliegers befördert werden. Die Patronenschachteln sollten mit Klebeband stabilisiert sein: lose Munition würde beim Durchleuchten auffallen und das Gepäck aus Sicherheitsgründen nicht befördert werden.
- Die Mitnahme von Munition ist i.d.R. auf 5 kg beschränkt, was wegen der hohen Patronenstückgewichte von Schrot- und Dickhäuterpatronen aber eher den Flintenschützen und den Afrika-Großwildjäger trifft als den durchschnittlichen Kugelschützen.

**Die Waffe muss »hart« verpackt sein**

- Eine Waffe muss ungeladen in einem abschließbaren festen Behälter (»hard case«) verpackt sein. Das ist i.d.R. ein Waffenkoffer, man kann aber die Waffe auch in einen abschließbaren Schalenkoffer packen. Für die Unterbringung einer Waffe ausreichend große Schalenkoffer sind jedoch schwer und somit geht unnütz Gewicht verloren. Vor allem lassen sie sich in kleinen Verkehrs- oder Buschfliegern nur mühsam oder gar nicht unterbringen. Deren Piloten sind für ihre Konsequenz bekannt und nicht selten wird so ein Kofferungetüm auf der Rollbahn zurückgelassen. Das Verpacken der Waffe in einem »weichen« Gepäckstück (Seesack oder in einer Reisetasche) – ohne dass sich die Waffe zusätzlich in einem Waffenkoffer befindet, ist nicht zulässig. Dafür ist immer ein »hard case« vorgeschrieben.

**Frachtraumgepäck: i.d.R. 2 Stück (zusammen 20 kg), nach Nordamerika 2 Stück á 32 kg**

- Hinsichtlich der Regeln für die Mitnahme von im Frachtraum zugelassenen Gepäckstücken müssen wir nach zwei grundsätzlichen Flugstrecken unterscheiden: Auf Linienflügen außer nach Nordamerika sind zwei Gepäckstücke mit zusammen nur 20 kg erlaubt. Dies schließt wohlgemerkt Waffe und Waffenkoffer ein, denn die manchmal für anderes Sportgerät (z. B. Golfschläger oder Skier) gewährten Erleichterungen hinsichtlich der Nichtberechnung des Sportgeräts als drittes Gepäckstück gelten nicht für Waffen. Aufpreis für Übergepäck wird – je nach Fluglinie – für jedes die zulässigen 20 kg überschreitende Kilogramm oder manchmal erst etwa ab 22–24 kg oder auch pauschal verlangt. In jedem Fall wird es teurer!

- Auf Nordatlantikflügen geht es großzügiger zu als bei anderen Linienflügen. Da sind wir zwar ebenfalls auf nur zwei Gepäckstücke beschränkt, aber von denen darf jedes 32 kg wiegen. Diese Angaben gelten für die Touristenklasse (»Economy«); in der Business Class und in First Class gibt es noch bessere Bedingungen hinsichtlich der Gepäckanzahl und des Gewichtslimits. Allerdings sind diese Komfortklassen wesentlich teurer.

**In den Komfortklassen ist mehr Gepäck zulässig.**

- Wie packt man »richtig«: Es gibt da kein Generalrezept, aber für die meisten Reisen ideal sind entweder zwei stabile, abschließbare Reisetaschen oder eine Reisetasche und ein Seesack. In eines dieser Gepäckstücke kommt der kurze Waffenkoffer mit der zerlegten Büchse. Dadurch spart man zwar nur unwesentlich an Gewicht, dafür aber ein ganzes Gepäck-

**Zerlegbare Waffen von großem Vorteil.**

**Lange Gewehrkoffer und schweres, voluminöses Gepäck haben in kleinen Anschlussfliegern oft keinen Platz.**

stück ein. Muss eine unzerlegbare Büchse im langen Waffenkoffer mitgeführt werden, so ist daneben nur noch ein weiteres Gepäckstück zulässig. Dieses darf bei Nordatlantikflügen 32 kg wiegen, bei allen anderen Flügen nur die Differenz zwischen dem höchstzulässigen Gepäckgewicht von 20 kg abzüglich des Gewichts des Waffenkoffers samt Inhalt. Patronen müssen stets getrennt von der Waffe im zweiten Gepäckstück verstaut werden, keinesfalls im Bordgepäck.

**Waffe und Munition stets getrennt**

# Checkliste Auslandsjagd

Die nachfolgende Aufzählung kann bei der großen Vielzahl und Unterschiedlichkeit der Ziele naturgemäß nicht vollständig sein. Sie ist auch keine der üblichen Listen zum Abhaken, sondern beschreibt vielmehr die bei einer Auslandsjagdreise subjektiv empfehlenswerten Ausrüstungsgegenstände für solche Jagdländer, bei denen Unterscheidungen zu den im mitteleuropäischen Jagdraum herrschenden Verhältnissen offensichtlich sind.

## Jagdwaffe und Optik

**Eigene Büchse immer besser**

- Man führt tunlichst die auch zu Hause für die Hochwildjagd bewährte eigene Büchse, wenn deren Verwendung von Waffentyp und Kaliber im Zielland legal bzw. möglich ist. Vorsicht ist bei Selbstladewaffen geboten, selbst wenn deren Magazin auf zwei Patronen beschränkt ist, sowie bei bestimmten Kalibern militärischen Ursprungs!
- Mit einer speziell für diese Reise ausgeliehenen oder kurz vorher erworbenen Büchse muss man sich unbedingt zuvor auf dem Schießstand vertraut gemacht haben.

**Möglichst keinen Stecher**

- Man sollte versuchen, ohne den unpraktischen und für die Begleitmannschaft gefährlichen Stecher auszukommen. Trotz der geringen Anzahl von zur Auslandsjagd noch verwendeten Stecherwaffen wird von einem überproportional hohen Prozentsatz von mit Stecherabzug verursachten, schwerwiegenden Jagdreiseunfällen berichtet!
- Bei einer Neuanschaffung sollte man eine Waffe ohne Stecher nehmen und ausgiebig üben, nicht nur am Schießstand sitzend aufgelegt, sondern auch im stehendfreihändigen, knieenden und im liegenden Anschlag.

**»Ofenrohr« – Zielgläser selten nötig**

- Das Zielfernrohr sollte ausreichend vergrößern, braucht aber – natürlich abhängig von der Jagdart – z. B. nächtliche Ansitzjagd am Luder – keine hohe Dämmerungsleistung zu haben, weil in vielen überseeischen Jagdländern nur am Tag legal gejagt werden darf.
- Die Zielfernrohrmontage muss stabil und spannungsfrei montiert sein und bei gleichbleibender Treffpunktlage und Schussleistung die schnelle Abnahme des Glases ermöglichen. Unsinnigerweise an der Montage und am Glas sparen kann »teuer« werden!

- Das Zielfernrohr kann auf der Reise beschädigt werden oder verloren gehen. Deshalb sollte die Waffe eine ersatzweise benützbare offene Visierung in Form von Kimme und Korn, oder einen jagdtauglichen Diopter aufweisen. Falls solche nicht angebracht werden können, bietet sich ein Reserve-Zielfernrohr an, das natürlich eingeschossen werden muss. Eine andere Lösung ist die Mitnahme eines leichten, auf der hinteren Montagebasis montierten Rotpunktzielgeräts. Auch dieser vielleicht den Erfolg sichernde Ersatz muss natürlich bereits zu Hause eingeschossen worden sein.

  **Kimme und Korn oder Diopter oder Reservezielfernrohr**

- Unabhängig von der Streckenerwartung sollte man bei der Jagd in den unwirtlichen Gegenden dieser Erde mindestens 40, besser 60 Patronen mitnehmen. Bei extremen Jagden unter körperlicher Anstrengung – besonders nach Fehlschüssen – kann der tägliche Probeschuss im Camp das Vertrauen in die Waffe (wieder) herstellen.

  **Besser mehr Patronen**

- Bedenkenswert: Gute Jagdfreunde mit gleichen Waffen und demselben Kaliber können sich bei gleicher Laborierung prima gegenseitig aushelfen.

- Bei der Beobachtungsoptik ist das Beste gerade gut genug. Man wird die Nenndaten des Fernglases nach dem Einsatzzweck wählen, dabei gilt »so leistungsfähig wie nötig, so leicht wie möglich«. Was bei einer nur leidlich gegebenen Eignung der im heimischen Revier geführten Fernoptik für den spezifischen Reisezweck einschließen sollte, dass man sich ein ergänzendes Doppelglas zulegt, z. B. ein leichtes 8 x 40 zum vorhandenen 8 x 56.

  **Das richtige Fernglas**

- Das Gewichtslimit beim Flugreisegepäck setzt zwar Grenzen, aber in Anbetracht der manchmal bescheidenen optischen Ausrüstung der Jagdführer sollte ein erstklassiges Spektiv (unbedingt samt stabilem Stativ) oder zumindest einer der brauchbaren Telekonverter oder »Booster« für das Zielfernrohr oder das Fernglas dabei sein. Solche Konverter verdoppeln bis verdreifachen die Vergrößerungsleistung der Optik. Man kann aus einem Fernglas 10 x 40 ein Monokular 20 x 40 oder aus einem 6-fachen Zielfernrohr ein 18-faches Teleskop machen. Wegen des stark verkürzten Augenabstandes darf nicht mit dem am Zielfernrohr montierten Konverter geschossen werden, denn damit besteht ein hohes Verletzungsrisiko für das Zielauge (und augenärztliche Hilfe ist weit!).

  **Spektiv unbedingt mit Stativ**

  **»Booster«**

**E-Messer obligatorisch**

- Ein Entfernungsmesser verführt keineswegs zum Weitschießen! Im Gegenteil hält er durch die Möglichkeit der Ermittlung der exakten Zieldistanz von extremen Schüssen ab! Wer einen guten E-Messer hat, soll ihn unbedingt mitnehmen, selbst wenn der Jagdführer bereits damit ausgerüstet sein sollte.

**Messer und Tool**

- Thematik »Messer«: Wer einigermaßen mit dem Häute- oder Fleischmesser umgehen kann und dem Jagdführer tatkräftig bei der Arbeit nach dem Schuss hilft – sei es Zerwirken oder Aus-der-Decke-schlagen, schafft sich – und den Kameraden im Camp – »Luft« für weitere Pirschgänge. Für die Rohpräparation oder das Häuten bzw. das Caping (abnehmen der Decke für ein Schulterpräparat) genügen 10 cm lange oder noch kürzere Klingen. Universell einzusetzen sind natürlich die Schweizermesser mit ihren mindestens zwei Klingen und die praktischen »Tools« mit ihren vielerlei Anwendungsmöglichkeiten.

## Bekleidung und Ausrüstung

**Der Rucksack ist unabdingbar**

- Der Jagdrucksack oder ein »neutral« aussehender bequemer Tourenrucksack dient als praktisches Reise- bzw. Bordgepäck und passt in die gängigen Überkopf-Gepäckfächer im Flugzeug. Mit dem Rucksack, der für die meisten Jagden sowieso unabdingbar ist, hat man die Hände frei für die anderen Gepäckstücke.

**Leichte Reisekleidung**

- Schwitzen macht müde und man riecht entsprechend. Deshalb in Zug und Flieger leichte Reisebekleidung tragen. Die Reisebekleidung einschließlich der auf der Reise getragenen Schuhe sollten als Reserve für die Jagd oder für das Camp taugen.

**Zwiebelschalenprinzip**

- Auf der Jagd ist das Zwiebelschalenprinzip angesagt, womit der alles andere als variable Standard »Jägerhemd-Pullover-Parka« ganz sicher nicht gemeint ist. Viel besser sind der Temperatur und dem Wind angepasste Kombinationen aus mehreren passenden Lagen Funktionsbekleidung. Selbstredend müssen die Wärme speichernden und Schweiß transportierenden Materialien aufeinander abgestimmt sein und das beginnt mit der Unterwäsche!
- Handschuhe bieten neben dem Kälteschutz – ihrer originären Aufgabe – viele andere Vorteile: In Leichtausführung

verhindern sie Sonnenbrand und Verletzungen, aus Neopren wärmen sie auch in nassem Zustand, als dünner Mückenschutz getragen – auch nachts – ersparen sie uns Infektionen durch Insektenstiche und beim tagelangen Reiten können sie Zügelschwielen verhindern. In jeder Ausführung helfen sie, unsere hellen Hände zu tarnen.

**Handschuhe nicht nur zum Wärmen**

- Mützen und Kappen sind auf bestem Wege, sich gegen den klassischen Jägerhut durchzusetzen. Über die individuelle Kopfbedeckung des Jägers ließe sich ein Buch vollphilosophieren, weswegen hier nur die Empfehlung gegeben wird, die den Umständen am besten angepasste Kopfbedeckung zu wählen. Vorbild können die einheimischen Jagdführer sein, die wissen was zweckmäßig ist: So wird man im heißen Dornbusch eher eine Legionärsmütze mit Nackenschutz als einen breitkrempigen Hut tragen (was in der Steppe anders sein mag, aber da wiederum geht nichts über einen Sturmriemen). Wer vom Boot aus jagt, ist mit Wollmütze und Südwester besser bedient als mit seinem (täglich mehrmals ins Wasser gewehten) »Jagahüatl«. Und der schottische Gamekeeper bleibt unter dem typischen Nackenschutz seiner (für uns skurrilen) Kopfbedeckung trockener als unsereins.

**Kontrollen der Zollorgane (hier in Johannesburg/Südafrika) begegne man freundlich und wohl organisiert, was Dokumente, Waffen und Munition betrifft.**

- Die Anzahl der benötigten Jagdhemden hängt auch von der olfaktorischen Duldsamkeit unserer Mitjäger ab aber normalerweise braucht man weniger als gedacht: im Afrika-Camp wird sowieso gewaschen und in kalten Gegenden ist Funktionswäsche zum Unterziehen dabei bzw. Polo- oder T-Shirts zum Kombinieren (Zwiebelschalenprinzip).
- Vorsichtshalber wird eine Garnitur Funktionsunterwäsche (ggf. auch lang) sowie die Badehose eingepackt.
- Eine leichte Fleecejacke wiegt »fast nichts«, aber sie klimatisiert herrlich und wärmt. Fleece muss aber mit einer Membrane kombiniert sein, weil

*Die Elchjagd ist mit dem Boot oft erfolgreicher und weniger strapaziös ...*

sonst kein Windschutz gegeben ist. (»Wind weht Wärme weg!«). Manche Stoffe sind nicht funkenfest (Lagerfeuer!).

**Gamaschen für viele Zwecke**
- Gamaschen gibt es in vielen Varianten. Sie erleichtern das Jagen in Geröll und Schnee und sind auch bei anderen Gelegenheiten von Vorteil (Zeckenschutz). Ihre Ausführung wird meist von Temperatur und Nässegrad bestimmt.

**Nicht ohne Licht**
- Einer der wichtigsten Nothelfer ist die Taschenlampe. Dabei gilt: lieber zwei kleine am Mann als den Handscheinwerfer zu Hause! Batterien sind zwar teurer und nicht so umweltfreundlich, leisten aber mehr als Akkus und gehen nicht schlagartig aus wie diese.

- Das kleine Notpäckchen mit Verbandspäckchen, Pflaster, Binden, Papier und Bleistift, Signalpfeife und -spiegel hat in der Weste oder im Rucksack Platz.

**Notpäckchen und wichtige Kleinigkeiten**
- Ein leichtes Dreieckstuch z. B. das Halstuch der Bundeswehr ist ein Allheilmittel: Als Schal, als Stirntarnung, als Sturm- und Staubschutz, als Schweißlappen, als Armtragetuch, zur Ersten Hilfe ...

- Ohrenstöpsel helfen nicht nur gegen den Knall beim Anschießen, sondern an windigen Tagen auch gegen Ohrenschmerzen und dämpfen das Schnarchen des Zeltnachbarn!

- Der Bergstock ist eine wertvolle Hilfe. Sein Nachteil bei Reisen ist die große Transportlänge (und zweiteilig ist er zum Gehen im Berg nicht mehr stabil genug). Auf großen Jagdtouren im schweren Gelände bieten sich eher ein Paar teleskopierbare Bergwanderstöcke oder notfalls Skistöcke an, die – über Kreuz gestellt und mit den Handriemen verschlauft – eine wesentlich bessere Auflage geben als der einfüßige Zielstock.

**Bergwanderstöcke auch als Zielhilfe**

**Besonderheiten bei der Jagd in Savanne und Steppe:**
Dort wird es tagsüber heiß, aber durch das kontinental geprägte Klima kann es im Schatten oder nachts »schweinekalt« werden. Es ist wahr, dass sich Jäger in Steppengebieten öfters verkälten als in der Arktis, was auch mit dem stetig blasenden Wind zusammenhängt! »Sonnenbrille und Handschuhe« sind in »Windy Wyoming«, im namibischen Hochland oder in den Weiten der Gobi kein Gegensatz! Es bewähren sich zwei leichte klimatisierende Jagdanzüge (jeweils Hose, Hemd, Weste, Jacke). Baumwolle ist im Camp leicht gewaschen und schnell trocken. Kurze Hosen, Sandalen und nackter Oberkörper mögen auf Zigarettenwerbung zwar »cool« aussehen, haben jedoch außerhalb des Camp nichts zu suchen, denn nur »Möchtegern-Abenteurer« riskieren Jagdausfälle durch Verletzungen oder Krankheiten. Praktischer als ein breitkrempiger Hut ist eine Jagdmütze mit Nackenschutz gegen Sonnenbrand und Sonnenstich. Einen Nackenschutz kann man sich mit Taschentuch und Sicherheitsnadeln selbst fertigen. Leichte Handschuhe aus Baumwolle schützen gegen Dornen, mittäglichen Sonnenbrand, morgendlicher Kälte und tragen im bewuchsfreien Gelände zur

**Extremklima**

**Keine Abenteuer suchen!**

... als mit dem Pferd in Sumpf oder Hochgebirge ...

**... oder als die Fußpirsch in der Tundra**

So sieht der Betrachter die Pirsch mit freiem Auge (oben) und mit dem Glas (Ausschnitt unten). Halb verdeckt der Elch.

Tarnung der noch mitteleuropäisch bleichen Jägerhände bei. Am besten haben sich leichte Safari-Schnürstiefel bewährt. Auf Sand sind Profilsohlen zu »laut«, hier bieten sich die klassischen Kreppsohlen der speziellen Wüstenstiefel oder flache Gummisohlen an. Leichte, waden- bis kniehohe Gamaschen über den halbhohen oder hohen Jagdschuhen schützen vor Insekten, Schlangen, Grassamen, Dornen usw.

Wie bei der Bergjagd muss auch in der Steppe oft weit beobachtet und geschossen werden und man sollte sich bei der Auswahl mit Waffe, Fernglas, Spektiv und Entfernungsmesser darauf eingerichtet haben. Favoriten für die Steppenjagd sind ein leichtes Fernglas 8 x 30 oder 10 x 40 und ein 30-faches, leichtes Spektiv.

**Vorher mit dem Zweibein üben!**

Ein am Vorderschaft der Büchse befestigtes Zweibein ist beim Liegendschießen eine unschätzbare Hilfe. Man muss sowohl die »leise« Handhabung als auch das Schießen damit eingehend geübt haben.

## Besonderheiten bei der Bergjagd:

Vieles bei der Jagd in Savanne und Steppe gesagte gilt auch am Berg, der den Jäger wegen der zu überwindenden Höhenunterschiede körperlich wesentlich mehr fordert. Fast immer muss auf die Hilfe des Jagdwagens genauso verzichtet werden wie auf die (mittäglichen) Annehmlichkeiten des Camps. Bergjagd heißt meistens in der Frühe auf- und am Abend abzusteigen, oft in Dämmerung oder gar Dunkelheit. Den »richtigen« Schuhen muss das größte Augenmerk geschenkt werden, denn die notwendigerweise »dreidimensionale« Fortbewegung in alpinem Gelände fordert den Fuß noch mehr. Für den Ungeübten sollten die Schuhe (und Touren) nicht zu schwer sein, da ist ein leichter, fester, knöchelhoher Tourenschuh besser als ein steifer, wenngleich steigeisenfester Bergschuh. Wichtig: Schuhe vorher einlaufen und mit dem kapitalen Hochgebirgsschuhwerk üben.

*Der Schuh kann entscheidend sein.*

## Besonderheiten bei der Jagd in den Tropen:

Schlechte Sicht im Halbdunklen und schnelle Schüsse auf meist kurze Schussdistanzen sowie nervende Insekten, Schweiss, Nässe und Schwüle lassen die Tropenjagd am Äquator zu einer harten Probe für Jäger, Ausrüstung und Bekleidung werden. Das Material Baumwolle für zwei Jagdanzüge (jeweils Hose, Hemd, Weste, Jacke) hat einige Vorzüge, selbst wenn in den Tropen meist nicht wie in den mehr zivilisierten Jagdgegenden täglich gewaschen werden kann. Mückenschutzbekleidung und Mückennetz sind obligatorisch, nicht nur nachts. Leichte knöchelhohe Segeltuchschuhe oder leichte Bergschuhe trocknen schneller als schwere Lederschuhe.

*Schweiss und Mücken*

## Besonderheiten bei der Jagd in Eis und Schnee:

In den wenigsten Fällen geht es dabei ausschließlich um den Schutz vor Kälte wie z. B. bei der Jagd auf die arktischen Bären oder Moschusochsen, wofür von den Veranstaltern meistens Spezialkleidung aus Rentierfell zur Verfügung gestellt wird. Eis und Schnee heißt auch Wasser und Wind, weswegen die Maßnahmen des Körperschutzes und das Augenmerk bei der Ausrüstung diesen beiden Extremen gelten muss. Allgemeine Tips lassen sich nur schwer geben und man ist auf die Ausrüstungsliste des Veranstalters angewiesen. Ansonsten zählt der gesunde Menschenverstand und somit alles, was man den einheimi-

*Eis, Schnee, Wasser, Wind*

**Die Schnur schützt vor Frostbeulen!**

schen Führern abgucken kann. Also wird man zum Beispiel lose Kleidungs- oder Ausrüstungsstücke wie Kopfbedeckung, Brille, Handschuhe und Messer mit Schnur sichern und man wird Nahrung und Flüssigkeit nur wohldosiert zu sich nehmen, um nicht allzu oft und nicht unzeitig aus der schützenden Kleidung fahren zu müssen.

### Besonderheiten bei der Jagd mit dem Pferd:

Das treue Trag- und Reittier ist ein (manchmal höchst lebendiges) Lebewesen und kann nicht so einfach wie ein Motorschlitten betrieben werden. Obwohl die meisten Bergponies handsam sind und mit Nichtreitern zurechtkommen, sollte man bereits zuhause einige Reitstunden genommen haben. Dazu bieten sich im Westernstil zugerittene Pferde an. Wer sein Pferd selbst pflegt und sattelt – sofern ihm dies gestattet wird – entlastet den Jagdführer und schafft sich und den anderen mehr Luft für die Jagd. Folgende Ausrüstungs- und Bekleidungsstücke sind für das Reiten wichtig:

**Fernglas, Kamera, Messer, Verbandspäckchen und der notwendige Krimskrams kommen am Gürtel unter.**

- **Kopfbedeckung:** Viele reitende Jäger schwören auf einen breitkrempigen, stabilen Westernhut, weil der nicht nur vor Sonne und Nässe, sondern vor allem vor peitschenden Zweigen schützt. Dies gilt besonders bei Nachtritten und schlechter Sicht, z. B im Schneetreiben. Ein stabiler Kinnriemen muss angebracht sein. — *Westernhut*
- **Handschuhe:** Die Zügel sind oft hart und scharf; ungeübte Hände zeigen bereits nach kurzer Zeit Blasen. Dagegen helfen weiche, dicke Lederhandschuhe, die z. B. in USA aus Hirschleder (»buckskin«) genäht sind und nur wenig kosten. Normale Jagdhandschuhe sind oft nach dem ersten Jagdtag hin. Mit einem guten Lederpflegemittel weich gemachte »bessere« Arbeitshandschuhe tun es auch (wichtig ist nur, dass keine Nähte drücken). An ein Ersatzpaar denken! — *Stabile Reithandschuhe*
- **Hosen:** Man muss einfach ausprobieren, ob Wundreiten auftritt, verursacht durch harte Nähte im Sitz- und Innenbeinbereich, durch den Inhalt bzw. das lose Futter von Taschen oder durch die Falten von zu weiten Hosen. Bei Druckstellen muss sofort reagiert werden, denn die Haut kann in wenigen Minuten wundgeritten sein. — *Wundreiten*
- **Oberbekleidung:** Sie soll vor Nässe und Kälte schützen, aber dampfdurchlässig sein, denn nicht nur Ungeübte schwitzen beim Reiten. Keinesfalls dürfen Jacke oder Mantel zwischen Körper und Sattel zu liegen kommen. Nicht wenige Wundreiter verdanken den Ausfall am nächsten Tag dem Kordelsaum ihres Parka! — *Reiter schwitzen!*
- **Schuhe:** Sie dürfen keinen ausgeprägten Stop hinter der Vordersohle haben und nicht zu breit sein, damit sie sich nicht im Steigbügel »fangen« Dies kann bei einem Sturz und Durchgehen des Pferdes lebensrettend sein! Gute Wildnis-Steigbügel sind durch einen vor Hindernissen schützenden Vorderschuh »tiefenbegrenzt« und dadurch weniger gefährlich. — *Gute Outfitter halten Wildnis-Steigbügel vor*
- **Rucksack:** Die kleinen Packtaschen der Reitpferde taugen nicht für die Aufnahme von wichtigen Geräten, welche deshalb in einem kleinen Rucksack oder am Gürtel mitgeführt werden sollten. Dahinein und keinesfalls um den Hals gehört auch das Fernglas, denn so mancher Reiter hat sich damit schon die Zähne lädiert. — *Rucksack besser*
- **Scabbard:** So wird der seitlich am Pferd befestigte Gewehrschuh genannt, den es auch für zielfernrohrbestückte — *Ein Scabbard für die Büchse*

**Waffe nicht im Scabbard lassen**

Büchsen gibt (siehe auch S. 221). Ohne Scabbard muss die Waffe am Riemen über dem Rücken getragen werden und das ist lästig. Gute Outfitter stellen Scabbards in verschiedenen Größen zur Verfügung. Die meisten Pferde wälzen sich in unbeaufsichtigten Momenten. Zur Vermeidung von Beschädigungen muss die Waffe immer aus dem Scabbard genommen werden, selbst wenn das Pferd knapp angebunden ist und auch wenn man sich nur wenige Meter entfernt.

**Besonderheiten bei der Jagd mit dem Boot:**

**Hohe Erfolgsrate**

Nicht nur ältere Jäger jagen gerne vom Boot aus, z. B. mit dem Motorschiff auf Küstenbären oder mit dem Kanu auf Elch, denn trotz begrenztem köperlichen Einsatz ist die Erfolgsrate hoch. Wo der Schuss vom Wasserfahrzeug erlaubt ist, muss man sich auf dessen Auf- und Ab-Bewegungen einstellen und den richtigen »vertikalen Vorhalt« wählen. Da hilft nur Üben und zwar vorher (beim Veranstalter vor der Jagd auf Probeschüssen bestehen). Die größere Schwierigkeit ist zu meistern, wenn das Boot schnell verlassen und vor dem erst dann legalen Schuss festes Gelände gesucht werden muss. Nicht wenige Jäger gehen dabei »baden«, was unter den harschen klimatischen Bedingungen des Nordens gesundheitliche Folgen haben kann.

**»Bootspäckchen«**

Der Bootsjäger hat deshalb immer eine wasserdicht verpackte, aus Unterwäsche, Socken, Jacke, Hose und Feuerzeug bestehende Notgarnitur dabei. Rucksack und Waffe werden mit Reepschnur an der obligatorischen Rettungsweste gesichert; für das Fernglas gibt es schwimmfähige Tragriemen. Hohe Watstiefel kauft man vor Ort, was Gepäck reduziert und billiger ist. Meist kommt man mit zwei über die Beine gezogenen Transportbeuteln aus beschichtetem Material zurecht, mit denen bei Tiefgang »trockenen Fusses« angelandet oder ins Boot gestiegen werden kann.

**Schwimmweste anlegen**

# Tipps für die Jagdreise

**Deutsche Jäger sind oft überausgerüstet**

**Tipp 1:** Nur Wichtiges mitnehmen – man glaubt gar nicht, wie wenig man braucht! Der »überausgerüstete« Jäger vergeudet zuviel Zeit für sich und für das Kontrollieren und Umpacken seines Krempels. Diese Zeit fehlt auf der Jagd.

**Tipp 2:** Man prüfe seinen Bestand an Gerät, Ausrüstung, Bekleidung und Gepäckbehältern vor einem Zukauf! Oft kommt man mit dem aus, was bereits vorhanden ist.

*Bestand überprüfen*

**Tipp 3:** Man trage seine gewohnte Geldbörse mit einem Tagesbedarf an Bargeld, den Kreditkarten und den üblichen Dokumenten (Führerschein, Krankenversicherungskarte, Personalausweis, Jagdschein usw.) genau wie auch zu Hause. So muss man sich nicht umgewöhnen und schont seine Nerven.

*Geldbörse wie zu Hause tragen*

**Tipp 4:** Größere Bargeldbeträge, Reiseschecks, Pass, Tickets und Dokumente sind in einem Hosengürtel mit innenliegendem Reissverschluss»tresor« oder/und in der Tresortasche der Jagdhose gut aufgehoben. Brustbeutel oder Leibgurt werden auf Dauer unbequem.

*Brustbeutel auf Dauer unbequem*

**Tipp 5:** Am bequemsten trägt sich Wertvolles in einer geräumigen (Schieß) Weste mit vielen Reissverschlusstaschen. Oft genügt für Bargeld, Schecks, Ticket, Pass und andere Dokumente schon die Beintasche der Jagdhose.

*Ideal: Jagdhose mit Beintasche*

**Tipp 6:** Patronenetui, kleines Fernglas und Autofocus-Kamera, Taschenlampe, Messer, Verbandszeug, (Sonnen) Brille usw. werden in der Schießweste verstaut (siehe Tipp 5) oder an einem Extra-Gürtel befestigt, der über der Oberbekleidung getragen wird. Die so »gepackte« Schießweste bzw. der zusätzliche Gürtel kann bei Bedarf schnell abgelegt werden und erspart beim Wechsel der Kleidung das lästige »Umräumen« dieser wichtigen/wertvollen Ausrüstung.

*Extra-Gürtel oder Schießweste*

**Tipp 7:** Erscheinen das Camp oder die Unterkunft unsicher, so kann man wertvolle bzw. »gefährliche« Sachen (mitsamt Weste/Gürtel – siehe Tipps 5 und 6) zu den Mahlzeiten oder während der Nachtruhe in den Waffenkoffer oder in den Seesack packen, diesen verschließen und zusätzlich mit einem Fahrradschloss oder einer Kette samt Vorhängeschloss an geeigneten Halterungen gegen schnelle Wegnahme sichern.

*Waffenkoffer als Behelfs«tresor«*

**Tipp 8:** Mit praktischen wenn gleich ungewöhnlichen Anzugslösungen (z. B. »zwei Hemden übereinander« oder »Campanzug unter der Jagdkleidung als Not-Wärmeschutz«)

**Unkonventionelle Lösungen**

kann ohne Mehrgepäck flexibel auf wechselnde Witterungsverhältnisse reagiert werden. Überhaupt ist auf der Jagdreise das intelligentere Zwiebelschalenprinzip mit seinen Kombinationsmöglichkeiten der bei uns besonders auf dem Ansitz beliebten, schweren Kälteschutzbekleidung vorzuziehen. Bei Kombination mehrerer leichter Bekleidungsstücke ist die Wind- und

*In heißen Ländern bewähren sich der Baumwollanzug mit vielen Taschen und die Legionärsmütze mit abklappbarem Nackenschutz.*

ggf. die Regendichtigkeit herzustellen. Unschlagbar praktisch ist die bei körperlicher Anstrengung den Schweiß ableitende, so genannte Funktionsunterwäsche. Man muss sie aber mit einer geeigneten Überbekleidung kombinieren, sonst wirkt sie nicht.

*Funktionswäsche*

**Tipp 9:** Jagd ist eine Form der Bodennutzung. Wir Jäger machen uns glaubhafter, wenn wir auch an gutem Wildbret Interesse zeigen, nicht nur an »Hörnern« und »Knochen«. Wenn keine veterinär-hygienischen Gründe entgegenstehen (dazu vor der Reise den amtlichen Veterinär des Heimatflughafens befragen), dürfen aus einigen Jagdreiseländern zum persönlichen Bedarf 30 kg Wildbret eingeführt werden. Bedingung: Das Wildbret muss gefroren, vakuumverpackt und vom Veterinär des Erlegungslandes zertifiziert sein. Dies lässt sich in USA und Canada völlig problemlos organisieren. Als Transportbehälter für das leckere Wildbret dient eine bequemerweise fahrbare und mit einem langen Handgriff ausgestatte »70-pounds-Kühlbox«, die bekommt man in Nordamerika für ein paar Dollar. 70 pounds = ca. 32 kg entsprechen dem auf Nordatlantikflügen für ein Gepäckstück zulässigen Gewicht. In der Box übersteht das gut gefrorene Wildbret die 10–12 Stunden bis zur Zollkontrolle, wenn man Trockeneis auflegt. »Dry Ice« muss beim Einchecken deklariert werden.

*Glaubhafter durch Mitnahme von Wildbret*

**Tipp 10: Das ist vielleicht der Praxistipp überhaupt: Suchen Sie beim Packen alles her, was Sie unbedingt mitnehmen müssen – und lassen Sie davon mindestens die Hälfte weg!**

*Supertipp!*

# Glossar

**ABC** = Jagdbüchsengeschoss (Hirtenberger)
**bar** = Einheit für den Druck
**bar (cu)** = Druck in bar mit Kupferstauchzylinder gemessen
**bar (piezo)** = Druck in bar mit elektr.-mechanischem Wandler gemessen (Piezo-Quarz)
**BB** = Bockbüchse
**BBF** = Bockbüchsflinte
**BC** = Ballistic Coefficient (Ball. Koeffizient)
**BD** = Bockdrilling
**BF** = Bockflinte
**BFD** = Büchsflintendrilling (oder Bockflintendrilling)
**BJagdG** = Bundesjagdgesetz
**BS** = Bergstutzen
**BSM** = Brückenschwenkmontage
**BT** = Boattail (einem »Bootsschwanz« ähnliches Geschossheck)
**BWaffG** = Bundeswaffengesetz
**CAD** = Computer Aided Design – rechnergestützte Konstruktionstechnik
**CAM** = Computer Aided Manufacturing – Fertigung auf Maschinen mit rechnergestützter Steuerung
**CDP** = Controlled Deformation Process (Geschoss der Blaser Patronen)
**CEPP** = Deformationsgeschoss für Kurzpatronen (Lapua)
**CIP** = Commission International Permanente (Ständige Internationale Kommission für die Prüfung der Handfeuerwaffen)
**CNC** = Computerized Numerical Control – rechnergestützte Steuerung von Werkzeugmaschinen
**DA** = Double Action
**DAO** = Double Action Only
**DB** = Doppelbüchse
**DBD** = Doppelbüchsdrilling
**DEVA** = Deutsche Versuchs- und Prüf-Anstalt für Jagd- und Sportwaffen e.V.
**DF** = Doppelflinte
**DIN** = Deutsches Institut für Normung e.V.
**DK** = Doppelkerngeschoss
**DMG** = Deutsche Messermachergilde
**DN (AG)** = Dynamit Nobel (Aktiengesellschaft)
**DWM** = ehem. Deutsche Waffen- und Munitionsfabriken
**$E_{100}$m** = Geschoss-Energie auf 100 m gemessen
**EAW** = Ernst Apel Würzburg (Montagen)
**EL** = Einstecklauf
**FC** = US-Munitionshersteller Federal Cartridges (Bodenstempel der Federal Patronen)
**FLG** = Flintenlaufgeschoss
**fps** = feet per second (veraltete Geschossgeschwindigkeitsangabe)
**FS** = Fangschuss (geschoss) oder Festspektiv
**ft/lbs** = footpounds (veraltete Geschossenergieangabe)
**FZ** = Fertigungszeichen (an Patronenschachteln)
**Geco** = Markenzeichen der DN
**GEE** = Günstigste Einschieß Entfernung
**gr** = Grain – von Wiederladern verwendetes veraltetes Gewichtsmaß (1 gr = 0,065432 g)
**H&H** = Holland & Holland (brit. Waffen- und Munitionshersteller)
**HMK** = H-Mantelkupferhohlspitzgeschoss
**HS** = Hohlspitz(geschoss)
**IS (auch JS)** = von Infanterie/ Infanterie und Spitz (Bez. für das dickere der beiden deutschen 8 mm Kaliber)
**ISO** = International Organization for Standardization (Internationale Standardisierungsorganisation)
**J(oule)** = Bez. für (Geschoss) Energie
**KK** = Kleinkaliber
**KS** = Kegelspitzgeschoss
**LA** = Lever Action (Unterhebelrepetierverschluss)
**m/s** = Meter pro Sekunde – Bez. für Geschossgeschwindigkeit

**MAG** = Magnum
**MEN** = Metallwerke Elisenhütte Nassau (Patronenhersteller)
**MSD** = massestabiles Deformationsgeschoss
**N(ewton)** = Bez. für Kraft (z.B. Abzugswiderstand)
**NBT** = Nosler Ballistic Tip (Geschoss)
**NE (N.E.)** = Nitro Express (Zusatz für große brit. Patronen)
**NP** = Nosler Partition (Geschoss)
**P** = Bez. für Druck z.b. $P_{max}$ (maximal zulässiger Druck)
**PPC** = Power Protected Point (Geschoss von Norma), auch Pindell Palmisano Cartridge (Patrone)
**QB** = Querschnittsbelastung
**R** = Rand (nach Patronenbezeichnung z.b. 7 x 57 R)
**REM** = Remington
**RF** = Randfeuer
**RWS** = Markenzeichen der DN (ehem. Rheinisch Westfälische Sprengstoff Aktiengesellschaft)
**S&B** = Sellier & Bellot
**S(-Kaliber)** = von Spitzgeschoss der 7,9 x 57 – Bez. für das dickere der beiden deutschen 8 mm – Kaliber
**SA** = Single Action
**SEM** = Suhler Einhakmontage
**SF(S)** = Schrägflächen(scharfrand)-geschoss von MEN
**SFLG** = Sabot-Flintenlaufgeschoss (unterkalibriges Treibspiegelgeschoss)
**SIG** = Schweizerische Industrie Gesellschaft
**SM** = Schwenkmontage
**SprErl** = für Wiederlader notwendige Erlaubnis nach §27 BWaffG
**SWC** = Semi-WC (Halbwadcuttergeschoss)
**TD** = Take down (engl.) für schnell zerlegbare Repetierbüchse

# Gothaer Jagdhaftpflicht 2000

Als Ergebnis unserer persönlichen jagdlichen Erfahrungen für eine zeitgemäße Absicherung des jagdlichen Risikos bieten wir allen deutschen Jägerinnen und Jägern ein kapitales Deckungskonzept, z. B. für die

**Haftung aus**
- unmittelbarem und mittelbarem Zusammenhang mit der Jagdausübung
- Halten und Gebrauch von bis zu drei Jagdhunden und Beizvögeln
- Betrieb von jagdlichen Einrichtungen
- Durchführung von Gesellschaftsjagden
- erlaubtem Bejagen und Erlegen von Gatterwild, Rabenvögeln und Kormoranen sowie von Kaninchen, Tauben und anderem Wild in befriedeten Bezirken
- nichtgewerbsmäßigem Wiederladen

**Weiterhin mitversichert**
- Schmerzensgeldansprüche Angehöriger bei Schussverletzungen
- weltweiter Versicherungsschutz ohne zeitliche Begrenzung, innerhalb Europas jetzt mit Kautionsklausel (bis 50.000,- DM)
- Abhandenkommen fremder Sachen
- Personen- und Sachschäden aus dem Inverkehrbringen von Wild bzw. Wildbret (Produktrisiko)
- Versicherungsschutz für Forderungsausfälle
- Vermögensschäden

**und das alles bei unveränderter Prämie**
Diesen einmaligen Versicherungsschutz haben alle bei der Gothaer versicherten Jäger. Sollten Sie noch nicht unser Kunde sein... jetzt ist es wirklich Zeit zum Wechseln.

Abt. JYS - Servicebereich Jagd
37069 Göttingen
Tel. 0551/701 43 91/92
Fax 0551/701 43 99
E-Mail: jagd@gothaer.de

**Gothaer Versicherungen**

**ThS** = Teilmantelhalbspitzgeschoss
**THS** = Teilmantel-Hohlspitzgeschoss
**TIG** = Torpedo Ideal Geschoss
**TM** = Teilmantelgeschoss
**TPL** = Treffpunktlage
**TS** = Teilmantel-Spitzgeschoss
**TUG** = Torpedo Universal Geschoss
**UVV/VSG** = Unfallverhütungsvorschriften/ Vorschriften für Sicherheit und Gesundheit der Landw. Berufsgenossenschaften
**v.H.** = vom Hofe (Patronen)
**$V_{100}$m** = von (lat.) velocitas: Geschossgeschwindigkeit auf 100 m
**VG** = Vollgeschoss (engl. Solid, Monolithic Solid)
**VM** = Vollmantelgeschoss (engl. Full jacket)
**VZF** = Variables Zielfernrohr
**WaffVO** = Verordnung zum (Bundes)Waffengesetz
**WBK** = Waffenbesitzkarte
**WC** = Wadcuttergeschoss (engl. Wadcutter = Lochpfeife)
**WEA** = Weatherby
**WIN** = Winchester
**X** = Jagd-Vollgeschoss (Barnes)
**ZF auch Zf** = Zielfernrohr

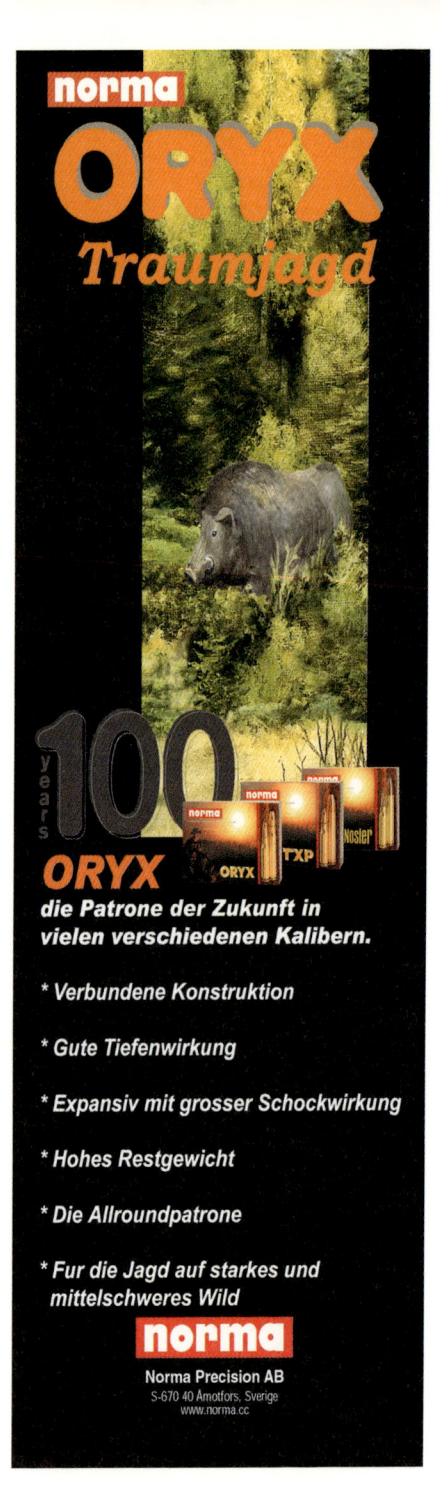

# Register

**A**bdrift 170
Abfangen 172
Abkommen 24, 36
Abnicken 172
Abpraller 58, 109, 153, 154, 175
Abschlagen 173
Absehen 39, 182
Abziehen 194
Abzug 31ff.
–, elektrisch 31
Abzugsgewicht 36
Abzugswiderstand 31, 160
Aluminiumrahmen 28
Anschießen 154ff.
Anschlag 161, 195
Anschlagsarten 176ff.
Anschussscheibe 157
Ansitzglas 114, 124
Ansitzjagd 51
Anstreichen 162
Aorta 92
Aufkippmontage 144
Aufkleber 157
Auflage 158, 161, 162, 163, 177
Auflegen 162
Auflösungsvermögen 118
Aufschubmontage 144
Augenabstand 112, 118
Auslandsjagd 15, 181, 190, 203, 207ff.
Ausrüstung (Jagdreise) 218
Ausschub 81
Ausschuss 69, 96, 97
Austrittspupille 111, 115, 121, 123
Ausziehfernrohr 126
Ausziehspektiv 125
Axt 206

**B**acke 38
, Bayerische 37
Balg 102, 106
Balkenkorn 191
Barnes-X 85
Baujagd 55, 56
Baukastensystem 30
Bediengleichheit 208
Bedienungsfehler 152
Behelfslauf 14
Beil 206
Bekleidung (Jagdreise) 218
Benchrestschießen 76, 140, 155, 156
Bergjagd 51, 223
Bergstock 178, 220
Bergstutzen 11, 12, 14, 21, 22
Beschuss 74
Besitzverbot 59
Bewegungsjagd 51
Biberschwanzvorderschaft 37
Big Five 209
Bildhelligkeit 51, 115
Bildqualität 116
Bildstabilität 123
Blaser 16, 19
Blaser Drilling 24
Blaser R 93 9
Blatt 90
Blattschuss 89, 90
Bleigeschoss 75, 93
Bleilegierung 83
Bleischrot 103
Blockverschlusswaffen 29
Bock 14
Bockbüchse 12, 14, 16, 21, 42, 51, 109, 209
Bockbüchsflinte 11, 12, 22, 42, 48, 109
Bockdoppelbüchse 14
Bockdrilling 208
Bockflinte 14, 22
Bockkombination 21

Bockwaffen 21ff.
Bohrungsarten (Schrotläufe) 44, 45
B-Okular 125
Bolzengeschoss 109
Bordgepäck 213, 218
Brenneke 83
Brenneke-TUG 97
Brennschuss 168
Brillanz 118
Brillenträger 118
Brillenträgerokulare 119
Brückenschwenkmontage 144, 147
Büchsdrilling 8
Büchsenkaliber 66ff.
Büchsenmacher 75
Büchsenmunition 77, 82
Büchsenprojektile 153
Büchsflintendrilling 8
Büchslauf 14, 21
Bukett 196
Bundeswaffengesetz 54
Burenanschlag 179

**C**eramicstäbe 204, 205
Charterflüge 213
Checkliste (Auslandsjagd) 216
Choke 44, 45
Chromanteil 204
CNC 7
Contender 57, 60

**D**achschuss 165
Damaststahl 201
Dämmerung 112
Dämmerungsglas 131
Dämmerungsleistung 113, 115, 123, 126
Dämmerungsoptik 51
Dämmerungszahl 114, 115, 122, 124
Daumensprung 29
Deckung 103, 105, 107, 157, 210

Deformationsgeschoss
57, 59, 68, 71, 88, 89
Detailerkennbarkeit 115
Deutscher Stecher
32, 35
Direktabzug 33, 34, 35,
38, 160
D-Mantelgeschoss 85
Doppelabzug 38
Doppelbüchsdrilling
8, 9, 42, 51 109,
210
Doppelbüchse 11,14, 21,
22, 51, 209
Doppelferngläser 116
Doppelflinte 10, 11, 14,
21, 22, 48
Doppelglas 127
Doppelkerngeschoss 84
Doppelkugeldrilling 9
Doppeln 35
Doppelschüsse 23
Doppelzüngelstecher
32, 34, 388
Doubletten 18, 42
Drehkammerprinzip 19
Drehverschlussbüchse
17
Dreieckstuch 220
Dreiläufer 42
Driftabweichung 171
Drilling 7, 42, 48, 51,
109, 209
Drosselschuss 90
Drücker 31
Drückjagdglas 135
Drückjagdoptik 51
Drückjagdschienen 191
Drückjagdvisierung 176
Drückjagdwaffen 142
Druckpunktabzug
33, 35
Duplex 105
Duralumin 40
»durch das Feuer« 160
Durchschlagsleistung 57
Dynamit Nobel 73, 75

Einabzug 29, 38
Einhakmontage 145
Einschießen 154ff.
Einstechen 33
Einsteckläufe 7, 41ff. 10,
12, 49, 51, 208
Einzelprojektil 104
Eis und Schnee 223
Energieabgabe 97
Entfernungsmesser
128ff.
Entspiegelung 122, 133
Entstechen 33
Erlegungsverbot 164
Erosion 28
Erstausrüstung 48ff.
Expressbüchse, -drilling
8
Expressvisiere 191

Fabrikpatronen 77
Fadenkreuz 140
Fallenjagd 55, 56
Fangschuss 55, 57, 92,
172ff.
Fangschussgeber 44
Fangschusslaborierung
58, 175
Fangschussladung 77
Fangschusspatrone
175
Fangschusswaffe 56
Farbwiedergabe 118
Federkraft 31
Fehlschüsse 192ff.
Feinabzug 11
Felder-Scheibe 45, 157
Ferngläser 110, 111,
115, 116ff.
Fertigungszeichen 192
Festigkeit 118
Festmontagen 143
Fiberglasschaft 27
Flachkopfgeschosse 18
Flachstichgravuren 46
Flash Dot 114, 138
Fleck 188

Flinte 17, 39, 51, 98,
99, 210
Flintendrilling 8
Flintenlaufgeschoss
17, 100, 104, 107ff.
Flintenschießen 193ff.
Flintenschießfehler 195
Flüchtigschießen 182ff.
Flüchtigschuss 37
Fluchtstrecken 109
Fluchtvisiere 191
Fluchtwinkel 183
Fluggepäck 127
Flugreise 212
Flugreisekoffer 15
Flugzeit 183
Försterpatrone 76
Französischer Stecher
34
Freiflug 67, 81ff.
Fremdkörper 154
Frontlinse 137
Führen von Jagdwaffen
151
Führhand 159
Führigkeit 39

GA-Ausführung 125
Gamaschen 220
Gamspatrone 70
Garbe 105
Gasdruck 80, 100
Gasdrucklader 16
Gebirgsjagd 12
Gehörschaden 169, 181
Gehörschutz 156, 169,
170
Geovid 130
Gepäckfächer 213
Geradezugverschluss-
repetierer 19
Geradzugverschluss 51
Geschoss 75, 82
Geschossabdrift 171
Geschossdeformation 58
Geschossgeschwindig-
keit 94 ff.

# Register

Geschossgewicht 69
Geschossknall 166
Geschosskopf 58
Geschossquerschnitt 58
Geschossquerschnittsfläche 84
Geschossraum 81
Geschossweg, rotationslos 82
Geschosswirkung 82, 89, 92
Geschwindigkeit 93ff.
Gesellschaftsjagd 151
Gesichtsfeld 113, 134, 198
Gewehrauflage 156
Gießwerkzeug 75
Glasfiberschaft 27
Glassorten 115
Grain 79
Gramm 79
Gravuren 38ff.
Grober Schrot 172
Großwildjagd 210
Großwildpatrone 97
Günstigste Einschieß-Entfernung 187
Gürtelholster 62, 63
Gürtelpatronen 13
Gürteltasche 62

Haltepunkt 187, 188
Haltepunktveränderung 188
Hammerless 22
Handgepäck 213
Handhabungstechnik 150
Handladen 76
Handschuhe 225
Handspanner 10
Handspannerbüchsen 19
Handunruhe 111
hard case 214
Hartbleischrot 108
Hauptschaft 37
Helligkeit 113, 118

Heym 10, 19
Hinterschäfte 37
Hirschfänger 202
Hi-Tech 129
H-Mantelgeschoss 83
Hochschlag 15, 168
Hochschuss 157, 189
Hochwildgeschoss 95
Hochwildkaliber 67, 70
hochwildtauglich 49
Hohlspitzgeschosse 59
Holland & Holland 72
Holo-Sight-Geräte 142
Holster 61ff.
Horizontalschuss 154
Hülsenfräse 79
Hülsenhals 81
Hülsenhalter 78
Hülsenkopf 19
Hülsenkürzgerät 78
Hülsenlänge 98

Innenbundholster 61
Integralmesser 201

Jagdfahrzeug 162
Jagdflugreise 212
Jagdmesser 200ff.
Jagdpatronen, Alte 73
Jagdreise 207ff.
Jagdschutz 55
Jagdstück-Gravuren 46
Jagdwaffen 7ff.
Jäger-Revolver 60
Joule 93
Justierung 118, 189

Kaisergriff 38
Kaliber 66ff.
Kaliberempfehlung 66
Kalibriermatrize 79
Kammerladungsbüchse 18, 19
Kammerstängel 30
Kammerverschluss 18, 19
Kegelspitzgeschoss 84

Kimme 190ff.
Kippblock-Büchse 24
Kipp-Blocksystem 16
Kippblock-Verschluss 8
Kipplaufbüchse 11, 14, 15, 40 209
Kipplaufpistole 56, 60
Kipplaufwaffen 13
Klappvisierung 191
Klingen 204
Knall 26, 166ff.
Knallstärke 175
Kohlenstoffstähle 204
Kombiabzüge 32
Kombinationswaffen 7, 22, 32, 41, 48, 99, 208
Kombistecher 35
Komponenten 74, 77, 78, 79, 81, 104
Kondition 212
Kontrollschuss 164
Kopfwelle 166
Korn 190ff.
Körperhaltung 159
Korrosion 28
Korth 56
Krico 19
Krieghoff DBD 9
Krieghoff UAS 32
Krieghoff-Drilling 10
Kugelfang 35
Kugelpatrone 81
Kugelschuss 89
Kunststoff 27
Kunststoffschaft 27, 36
Kupfermantelgeschoss 83
Kupferteilmantelgeschoss 93
Kurzdrilling 24
Kurzwaffen 55ff.

Laborierung 45, 67, 84, 185
Ladefähigkeit 80
Ladepresse 78

Ladung 79, 82, 97
Langwaffe 174
Laserstrahler 143
Lauf 8, 9, 10, 36, 172
Laufbündel 9, 21 74
–, kannelierter 40
Laufschiene 45
Laufschwingungen 185
Leichtbüchsen 40
Leistung 39
–, ballistische 39
Leuchtabsehen 49, 136, 141
Leuchtpunktabsehen 51
Leuchtpunktzielgeräte 39, 142ff.
Lever Action 18
Lichtdurchlässigkeit 122
Lichtmenge 111
Lichtstärke 115
Liegendschießen 180
Linienflüge 213
Linkshänderwaffen 28ff., 29
Linksschuss 192

Magazin 18, 19
Magnaport 168
Magnum 23, 68, 100, 105
Magnumpatrone 167
Maserholz 36
Masse 93ff.
Maßschaft 30
Matchgeschoss 68
Matrizensatz 78
Mauser 98 19
Mehrklappenvisiere 191
Mehrschichtenvergütung 115
Messermacher 200
Messschieber 78
Metzgerstahl 204
Mikrometer 78
Mitschwingen 24, 182, 194

Modulbauweise 9
Montagen 135
Motor-Fokussierung 126
Mucken 160
Multichoke 45
Mündungsbremse 168, 175
Mündungsenergie 55, 56, 57 68
Mündungsfeuer 26, 166ff.
Mündungsfeuerdämpfer 169
Mündungsfreiheit 159, 179
Mündungsgase 168
Mündungsgeschwindigkeit 24, 67, 100
Mündungsknall 166
Munition 66ff.
Munitionshistorie 74

Nachschwingen 194, 195
Nachsuchen 90, 97
Nachsuchenführer 64
Nachsuchengürtel 64
Nachtansitz 121
Nachtglas 121, 131
Nachtsichtgeräte 131ff.
Nachtzielgeräte 132
Neuhülse 76
Nicker 202
Nosler Partition 70, 71, 84, 85
Notpäckchen 220
Nussbaum 36

Oberflächenvergütung 133
Objektivdurchmesser 110, 111, 112, 113, 115, 121, 124, 126, 127
Ohrensäckchen 156, 159, 165
Ohrenstöpsel 220

Ölschleifstein 204
Ölschuss 193
Optik 110ff.
Overkilltheorie 95

Patronen 66ff.
, auslaufend 73
Patronenlager 82
Pferdejagd 224
Pfropfen 80
Pirschbüchse 15
Pistole 56, 57, 59
Pistolenpatronen 58
Pistolgriff 38
Pivotzapfen 146
Postenschrot 104, 107ff.
Praxe 202
Präzision 18, 39, 80
Presswerkzeug 75
Primärschock 104
Probeschießen 108, 191
Projektil 95
Prüfscheibe 105
Pulverladung 79
Pulvermetallurgischer Stahl 201
Pulverwaage 78, 79
Pump-Büchse, -Flinte 18
Punktabsehen 140
Punktschuss 106
Pupillendurchmesser 123

Querflinte 14, 21
Querschnittsbelastung 105
Querwaffen 21ff
Querziel 183

Raketeneffekt 168
Rampenvisier 190
Randfeuer 44
Randpatronen 13
Randschärfe 118
Randschrote 100, 154
Rasttiefe 31
Rauer Fangschuss 173
Rauer Schuss 106

# Register

Reduzierhülsen 44
Rehwildkaliber 42, 69, 70
Reiseversicherungen 213
Reiten 224
Remington 69, 73
Repetierbüchse 1 5, 19, 32, 48, 50, 209
Repetierflinten 19
Rettungsweste 226
Revierstreuung 184
Revolver 56, 57, 60
Rezeptur 79
Rigby 73, 85
Röhrenmagazin 18
Roller 107
rostfreier Damast 201
rostfreier Stahl 27
Rotpunkt 142
Rucksack 225
Rückschlag 15
Rückstecher 32, 33, 34, 35
Rückstoß 26, 99, 147, 160, 166ff.
Rückstoßenergie 167
Rückstoßlader 16

Sabot 17, 109
Sandsack 165, 177
Sandsackmethode 156
Sattelmontage 147
Savanne 221
Scabbard 225, 226
Schaft 36ff.
Schaftkappen 37
Schaftlänge 37
Schaftqualität 47
Schalenwild 95
Schärfmedium 205
Scheiben 156
Scheibengeschoss 68
Scheibenschleifer 205
Schichtholz 27
Schichtholzschäfte 36
Schiebemuscheln 119
Schießanlagen 155

Schießarm 62, 159, 163, 177, 178, 179, 180
Schießen 149ff.
Schießfinger 160
Schießprüfung 80
Schießstand 158
Schlagbolzen 31
Schlagfeder 31
Schlagstift 31
Schlagstück 31
Schmetterlingsvisiere 191
Schmidt und Bender 138
Schockabsorber 169
Schockwirkung 174
Schonzeitgewehr 48
Schonzeitkaliber 42
Schränkung 29, 38
Schrotdurchmesser 107
Schrotgarbe 153, 157, 173
Schrotgeschwindigkeit 100
Schrotgrößen 101ff.
Schrotkaliber 98ff.
Schrotladung 101
Schrotlauf 12, 21
Schrotpatronen 24, 80, 81
Schrotpatronen- laborierung 157
Schrotschusswirkung 104ff.
Schrotvorlage 100
Schuhe 225
Schulterblatt 90
Schulterholster 62, 63
Schussbild 161
Schussentfernung 99
Schusskanal 100
Schussknall 167
Schusstafel 189
Schusswinkel 96
Schutzbehälterklasse 52, 54
Schweinsrücken 37
Schweißfährte 97

Schweizermesser 202
Schwenkmontage 144
Schwingungsverhalten 26
Sehfeld 122
Sehstrahl 111
Seitenplatten 47
Sekundärschock 104
Selbstladebüchse 16, 18
Selbstladeflinte 16, 48
Selbstladepistole 57
Selbstladewaffen 16, 29
Selbstschutz 55
Senkung 38
Sicherheit 149, 158
Sicherheitsbehältnisse 52
Sicherheitsbüchse 152
Sicherheitswaffen 152
Sicherheitswinkel 154
Sitzendschießen 179
Skeet -2 45, 157
Skeet-Streu-Patrone 107
Sollbruchstellen 59
Sonderschäftung 25
Spannschieber 15, 19, 152
Spektiv 110, 125ff.
Spezialpatronen 73
Sprengstoff 78
Stahlblechscheibe 45
Stahlplatte 157
Standardpatronen 25, 73, 77, 96, 169
Starkmantelgeschoss 83, 84
Stecher 32, 35, 150, 160, 176
Stecherabzug 211
Steppe 221
Strapazierwaffen 27ff.
Streukreis 108, 184
Streukreisdurchmesser 188
Streupatronen 25, 45, 106ff.
Streuschuss 105

Stufe B 52
Stutzen 23, 24, 39
Suhler Einhakmontage 145
Swarovski 130
Take Down 48
Taschenholster 64
Taschenlampe 220
Taschenpistolenpatronen 59
Taumeln 82
Teilmantelgeschoss 58, 59, 68, 83
Teilmantelpatronen 60
Teilzerlegungsgeschoss 89
Teleskope 116
Tiefenwirkung 89, 96
Tiefschuss 192
Tiefstichgravuren 46
Tools 202
Tornado-Einstecklauf 44
Torpedo Ideal Geschoss 83
Torpedo Universal Geschoss 83
Tourenrucksack 213
Trägerschuss 89
Trap 157
Trapflinte 24
Treffersitz 89, 92, 97
Trefferwahrscheinlichkeit 187
Treffpunkt 187
Treffpunktlage 10, 14, 41, 42, 50, 80, 154, 157, 161, 191
Treiben 198
Treibkäfiggeschosse 17
Treibladung 76, 78
Treibladungspulver 76, 77, 78, 104
Treibspiegelkonstruktion 109
Triumph-Bock 8
Tropen 223

Übergangskegel 82
Übergepäck 214
Überschallknall 166
Umpresswerkzeug 75
Unfallstatistik 149
Unfallverhütungsvorschriften 151, 160, 164
Universal-Abzugssystem 34
Universalgeschoss 71
Unterhebelrepetierer 18
Unterladen 153

Variable 113, 136
Varipoint 114, 136, 138
Vergrößerung 110, 113, 114, 124, 134, 136, 142
Vergrößerungsbereich 127
Verriegelung 16
Verschluss 11, 23, 29, 48
Verschneidungen 38
Verspannung 28, 193
Verstellmechanik 133
V-Geräte 205
Vierling 10
Visierlinie 159, 187, 188
Visierung 190, 210
Vollgeschoss 83, 175
Vollholzschaft 27
Vollmantelgeschoss 57, 58, 68, 83, 175
Vorderschaft-Repetierer 18, 29
Vorhalt 182
Vorhaltemaß 183
Vorlage 39, 104
Vorschwingen 194
Vulcan 72

Waagen 79
Wadenholster 62
Waffenaufbewahrung 52ff.

Waffendrill 181
Waffengesetzgebung 52
Waffengewicht 39ff.
Waffenhistorie 74
Waffenkoffer 214, 215, 227
Waffenpapiere 207
Waffenverspannungen 185
Waidblatt 202
Warmschießen 8, 10, 14
Wasseroberfläche 154
Weatherby 73, 93
Weatherby Magnum 70, 71
Wechselfähigkeit 10, 11, 41
Wechselläufe 17
Weichblei 108
Weichbleischrot 104
Weicheisenschrot 103
Weite Schüsse 170ff.
Weitschuss 68
Weitschussgrenze 103, 171
Weitschusspatrone 77
Weitschusstauglichkeit 172
Wellenschliff 205
Westen 64
Wiederladen 75ff.
Wildbret 104
Wildbretentwertung 69, 71, 88, 89, 91, 174
Wildbretschuss 90
Wildscheiben 89
Wildunfälle 173
Winchester 69
Winkelschuss 211
Wundwirkung 104
Wurfscheibenpatronen 102
Wurftaubenstand 99
Wurzelmaserholz 36

# Register

**Y**aqui-Gürtelholster 63

**Z**eiss 123, 125, 138
Zerwirken 202
Zielballistik 58, 95
Zieldurchdringungs-
  geschwindigkeit 89
Zielfernrohr 50, 51, 110,
  112, 133ff.
Zielfernrohrabsehen
  139ff.
Zielfernrohrmontagen
  143ff.
Zielgläser 133

Zieloptik 116, 127
Zielwiderstand 97
Zoll 219
Zündglocke 79
Zündglockenreiniger
  78
Zündhütchensetzgerät
  78
Zündhütchen
  31, 75, 79
Zündsatzasche 79
Zweibein 222
Zweikammergeschoss
  84

Zweitglas 116, 135
Zwilling 11, 15
Zwischenmittel
  81, 104
Zylinderbohrung 45

---

Die Deutsche Bibliothek –
CIP-Einheitsaufnahme

Ein Titelsatz für diese
Publikation ist bei
Der Deutschen Bibliothek
erhältlich

**Bildnachweis:**
Fa. Sauer & Sohn S. 28
Fa. Krieghoff S. 11, 12, 16, 209
T. Garcia S. 211
R. Krippner S. 150
alle übrigen Fotos vom
Verfasser

**Illustrationen:**
Alle übrigen Illustrationen
stammen vom Verfasser

Umschlaggestaltung:
Studio Schübel, München
Umschlagfotos: Werner Reb

Lektorat: Gerhard Seilmeier
Konzeption und Layout:
Walter Werbegrafik,
Gundelfingen
Satz: DTP-Design Walter,
Gundelfingen
Herstellung: Peter Rudolph

BLV Verlagsgesellschaft mbH
München Wien Zürich
80797 München

© 2001 BLV Verlagsgesell-
schaft mbH, München

Das Werk einschließlich aller
seiner Teile ist urheberrecht-
lich geschützt. Jede Verwertung
außerhalb der engen Grenzen

des Urheberrechtsgesetzes ist
ohne Zustimmung des Verlages
unzulässig und strafbar. Das
gilt insbesondere für Verviel-
fältigungen, Übersetzungen, Mi-
kroverfilmungen und die Ein-
speicherung und Verarbeitung
in elektronischen Systemen.

Druck und Bindung:
Bosch-Druck, Landshut
Gedruckt auf chlorfrei
gebleichtem Papier

Printed in Germany
ISBN 3-405-16177-0

# Die Standardwerke.

**Rolf Hennig**
**Die Waffen-Sachkundeprüfung**
Das Standardwerk für die Prüfung – jetzt wieder neu: Handhabung von Waffen und Munition, Reichweite und Wirkungsweise der Geschosse, Waffenrecht, Hinweise zur Genehmigung zum Waffensammeln, ballistische Grundbegriffe.

**Walter Lampel / Richard Mahrholdt**
**Waffen-Lexikon**
Das bewährte Standardwerk: der Ratgeber für alle waffen-, schieß- und schußtechnischen Fragen mit 2450 Stichwörtern – komprimiertes Wissen und kompetente, zuverlässige Information nach neuesten Erkenntnissen.

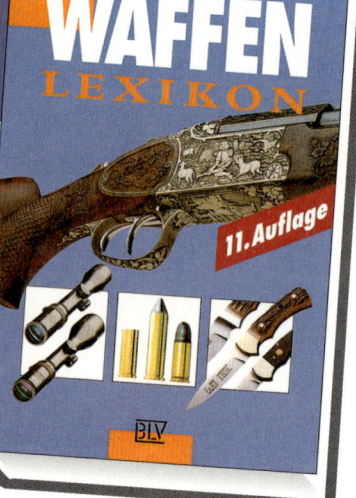

---

*Im BLV Verlag finden Sie Bücher zu den Themen:* Garten und Zimmerpflanzen • Natur • Heimtiere • Jagd und Angeln • Pferde und Reiten • Sport und Fitness • Wandern und Alpinismus • Essen und Trinken

*Ausführliche Informationen erhalten Sie bei:*

**BLV Verlagsgesellschaft mbH • Postfach 40 03 20 • 80703 München**
**Tel. 089 / 127 05-0 • Fax 089 / 127 05-543 • http://www.blv.de**